李小红 著

一名扶贫干部的工作手记

行走在山川大道

浙江工商大学出版社
杭州

▲ 青川茶观路风情

青川岁月（103）

　　汽车穿过一条隧道后，那个既熟悉又陌生的小城豁然展现在眼前面前，灯还是那样亮，水还是那样清。高山上的感恩闸、清水上的感恩桥、平地上的感恩墙，你熟悉的老朋友一样，在那静静地候。他们像撑起青川县的脊梁架，用感恩的精神力量支撑着青川阔步发展。一个小小的县城，一直都有着大大的梦想，他从不自悲，也从不狂妄，倒像是一个打坐的智者，有着冷静的理性与平淡。——2020年3月4日，春节后从浙江返回青川县城，脑海中冒出这样一段话。

　　昨天，按照上级指示，经青川方面同意，我们踏上了返回青川的路途，开启了新的一年的工作之路一。临行之前，区委区政府给我交待了一个特殊任务，给青川县委县政府和青川人民去一封感谢信，感谢青川人民，在并不富有的条件下，募筹集了十五万元捐款给到了吴兴，为吴兴战"疫"递去青川的问候。当时，得知这个消息，过为之无比感动，作为吴兴对口帮扶的受扶县，人民还深深记挂着远在千里之外的吴兴，因为他们得知吴兴已有确诊的病例，就立即开展了募捐活动。

　　这次捐款是一次是有历史意义的捐款，因为它打破了人们常规的定向思维，认为国家说是帮扶县向受扶地捐款的固有思维。其实正因为这样，才真正吻合了这些东西部扶贫协作的概念，"协作"一词的本意本来就是双方互动的。只是青川县委县政府的主动、仗义，青川人民的感恩、善举，着实让吴兴为之感动。吴兴的到捐款后，马上在官方微信公众号上发表了篇题为《一张来自青川的特殊汇款单》的新闻。我相信所有的吴兴读者阅读后也会感动。十五万元钱对东部地区来讲，不是什么大数字，但是对相对偏远落后的青川县来讲，并不算小数。

到达宿舍已是晚上十点，接待办的同志还来电话询问为我们送吃的来，且以晚了，我们好说歹说婉言谢绝，而后勤局的同志已等在楼下，为我们准备了清香的橙橘。收拾好久未住人的宿舍已是十二点了，躺在床上久久不能入睡。一是感动于青川人民的热情，二是内疚于在本次疫情中没有为青川做点什么，细细想来就做了两件事，一个是写了一篇文章，关于疫情后青川发展的想法，全是个人观点，一个是在朋友圈发了三间镇苏阳春桥子滞销的事，可能起到了一些作用，因为很多人咨询我，说要买柑橘，我让他们按信息上留下的联系方式去购买了。总之，做的还不够。第二天一早，我把吴兴托我转交的《感谢信》上交了有关部门，希望青川方面也能明白吴兴的真诚谢意。

有一天，我们将战胜这场"劫难"，但这份战友的情谊将不会被忘记，东西部扶贫协作连接起的两地，将永远像诗里写的那样："青山一道同云雨，明月何曾是两乡"。

2020. 3. 5

▲ 手稿之二

序

　　李小红，农村娃出身，一双眼睛炯炯生光，说话干脆利落，自信，聪慧，有很强的判断力和决断力，阅读面很广。我和他是在写有关湖州城市化大发展的一部书《行走的村庄》时，通过采访接触到的。当时的动迁工作中有一块最难啃的骨头，小地名叫"甘斗"，是外地移民集中居住的城中村，别处的居民都搬进了崭新的现代化小区，可这个村子不肯拆迁，宁可居住在"脏乱差"的村子里，收点微薄的房租。镇上派了几茬干部去都解决不了，后面派镇党委副书记李小红带队去拆，30天之内他给拿下了，所以我说他啃了一块"钢骨头"，可见他是有思想、有能力、有作为的。扶贫大决战开始以后，根据习近平总书记的重要讲话精神，全国各地展开了东西部扶贫协作和对口支援。李小红作为湖州市吴兴区委办公室副主任，下派到八里店镇担任副书记，干了一年多之后，主动要求去发生过特大地震的四川省青川县挂职，而且一去三年。青川县地处川、陕、甘三省接合部，是秦巴山区连片扶贫开发重点县，山高路陡，沟壑纵横，九山半水半分地，扶贫任务是极为艰巨的。

2018年10月，我到绵阳出差，顺便和他见了面。他还是那样精神饱满、斗志昂扬。经过在扶贫道路上的认真思考和调研，他写了不少文字，洋洋洒洒100多篇文章。这些文章体现了一个年轻扶贫干部的用心用情和真干实干，且有很多有价值的独特思考。翻读之后，我颇为感慨，这个伟大的新时代为年轻一代提供了无比广阔的平台，有梦想且有献身精神和坚持精神的年轻人，一定能够为人民、为国家，同时也为自己做出有意义的事业。

而我，年轻时候正在北大荒喂猪、赶马车，手中只有半本书可看——恩格斯的《自然辩证法》，后半本找不到了。当然，我也做出了优秀的业绩，丈八长矛般的红缨长鞭横空一甩，能把一丈开外的女孩的棉帽子抽得老远，而她本人毫发无伤。估计我这本事上武当山也能横扫一片。事实证明，有才的人在哪儿都能显得有才。青年朋友们，记住我这句经典吧。

蒋　巍

2020年1月

自序

2018年4月27日是一个很特别的日子，韩国、朝鲜最高领导人签订了《板门店宣言》，并发表共同协议，停止一切针对对方的敌对行为。

当天，在浙江省委组织部的统一部署安排下，我们参与东西部扶贫协作的第二批队伍60名干部在杭州萧山机场集结，准备奔赴四川各结对县区。

友好合作是建立命运共同体的基本前提。

在新一轮的扶贫协作中，吴兴区结对青川县。青川县是"5·12"汶川特大地震极重灾区县之一，也是浙江省灾后援建的县。作为一名扶贫协作干部，同时又是土生土长的四川人，能投入这场脱贫攻坚战当中去，我感到使命光荣、责任重大、意义非凡。

我曾在大学工作，也在地方党委办公室、政策研究室做过文字工作，后来又在基层乡镇工作，在青川的三年时间，除了按照上级党委、政府和专项工作组的要求，争先争优、对标对表认真工作外，还坚持边工作边思考边总结，把一些工作思考、生活感悟、对策建议写下来，从离开浙江的第一天就开始写，直到今天，不知不觉已经有 100 多篇了。很多文字都是工作记录和基于对某些工作的思考，尤其是对青川县农业、旅游、工业，以及农旅融合发展等展开了较多的思考和调研。对比东西部发展的共性与个性、优势与劣势、现实与未来，我发挥了从事政研工作以来积累的一些思维方法，更多的是借鉴专家的意见与建议，也夹杂着自己作为"四川的浙江人、浙江的四川人"的个人情感，很多观点不一定成熟。絮絮叨叨约 30 万字，想表达的是我作为一名扶贫干部，参与到历史性伟大战略中的点滴感悟，以及作为 90 多名浙江援川干部中唯一的四川人，那种对浙江省委、省政府和浙江人民给予的真金白银、真帮实扶、真情实意的独特感受。这些都值得铭记。

最欣慰的是看到从千里之外运来的承载习近平总书记关心的安吉"白叶一号"茶苗在青川大地上茁壮成长，看到雷竹、湖羊等浙江优势产业在青川落地生根；最有幸的是 2019 年 10 月 10 日，浙江省委书记车俊（时任）来青川县专题调研东西部扶贫协作工作，慰问接见援派干部，对两地协作工作给予了高度肯定；最幸福的是看到青川贫困老百姓在东西部扶贫协作中得到实惠后脸上泛起的灿烂笑容。

四川省的 40 个浙江受帮扶县区基本是山区，我们援派干部用三年的时间在崇山峻岭和东西部之间奔波，只有一个目的，就是协助他们摘掉贫困的帽子，踏上致富的路子，过上幸福的日子。山路虽险，道路虽远，但是我们中国人民的"奔康大道"是无比宽广明亮的，摆脱贫困的中国方案是行之有效的。因此，我结集出版此书，并命名为《行走在山川大道》。

李小红

2020 年 9 月

目 录

离别与期待

2018年4月27日是一个很特别的日子。韩国、朝鲜最高领导人签署了《板门店宣言》，并发表共同协议，停止一切针对对方的敌对行为。

这是历史性的握手。

而今天，对于我们新增派援川的60名浙江干部来说也是历史性的时刻，在机场的会议室，省委常委、组织部部长代表省委作了动员讲话，并一一与援川干部握手告别。

这也是历史性的握手。

我作为一名土生土长的四川人，同时作为一名浙江援川干部，以这样的身份参与到东西部扶贫协作国家战略中，备感荣幸。

上午10：50飞机飞离杭州，下午2：00到达成都双流机场，四川省委组织部、各市州组织部派专人到机场热情接待。广元的本批次8名同志集中后，一起出发向广元而去，经近5个小时车程才到达广元市区。

一路绿水青山，同志们都有点激动和兴奋，毕竟接下来的工作还没有立即传递压力，而之前的工作已经交接给别人。

大家一路感慨路途之远、风景之美。而我，此时十分想念远在千里之外的浙江"小家"和这么近又那么远的川南"老家"。

这次援助工作，正处在中国人民决战决胜脱贫攻坚的关键阶段，中央吹响了脱贫攻坚冲锋号，而作为一名四川籍的援派干部，我只知道我为什么而来，目前还不知道能做什么、怎么做，能做到怎样的程度。但内心告诉我，态度决定一切。

明天，简单的见面会后就将奔赴青川县，那个曾遭受过"5·12"汶川特大地震重创的山区小县，我很期待，也很激动。

记住明天的青川，对比三年后的青川，愿这些变化中，有我做出的贡献。

夜宿的凤台宾馆坐落在嘉陵江的江心岛上。正感风凉孤独的时候，收到老领导的短信，叮嘱我注意安全和防寒防潮，顿时心生暖意。

2018 年 4 月 27 日

初到青川

作家纳兰泽芸曾在文章中写道："淡看世事去如烟，铭记恩情存如血。将自己曾领受的恩情，珍存心间，然后如溪水绵延，流进所需者的心里，这才是感恩的最高价值。"

到青川县的第一天，看到的情景，让我情不自禁想到这句话。

一大早，我们在广元市凤台宾馆举行了简短的挂职干部座谈会。广元市委常委、组织部部长参加了会议并作了讲话。讲话不但表示出了热烈的欢迎之情，还始终透露着对浙江省委、省政府和浙江人民的感谢之情，尤其还在讲话中讲到了青川，讲到了十年前青川县遭受"5·12"汶川特大地震后，浙江省举全省之力援建青川的情景。部长说青川县的发展烙下了深刻的浙江印记。

当时，我还没有踏上青川的土地，只记得电视上播放的地震后的画面。我期待着看看青川现在的样子。

来广元的挂职干部中，驻广元的片长叫林强，之前是台州市交通投资集团董事长。座谈会上，林强代表浙江干部作了发言。他是乡镇干部出身，从乡镇一直干到县级领导，然后又到国有企业当老总，确实不一样。他的发言很有条理、很流畅，代表了浙江干部的水平。

座谈会结束后，我同吴兴区派出的张文斌副区长一起跟随青川县委常委、组织部部长乘车赶赴青川县。

汽车在高速公路上飞驰，一路崇山峻岭、沟壑纵横，一会穿隧道，一会跨高桥。高山上的树叶正在变绿，山花烂漫、万紫千红。车行一路，风景一路，随处是美丽乡村，处处是美丽风景。高速下来后半小时左右，汽车穿过一个隧道，眼前豁然开朗，沿江所见，便是青川县城。我对它的第一印象是小而精致。

青川县城建成区2.4平方公里，人口2.2万。矗立在县城山顶上的感恩塔，像奋斗的人举起拳头在自我勉励。镌刻在大道旁的巨大的感恩墙浮雕，像是一位老人在述说着青川的历史。

美，因为干净和有序。丽，因为清爽与怡人。

中午，县里主要领导陪同我们吃了中饭。我坐在县委书记罗云身旁，听他讲述灾后重建工作，很震撼，很感动。

下午，我们参加了县委副书记李彦江主持召开的纪念"5·12"十周年有关活动筹备会。会上看了画册与纪录片，我情不自禁地掉下了眼泪。

地震之伤害，让人悲痛；青川之崛起，让人感动。

看到青川县的领导干部如此深入地协调处理诸如画册中照片选择、纪录片中旁白言语等细节的时候，我看到了他们身上踏实务实的闪光点。

朴实无华的四川话，在协调推进工作中散发着独特魅力，这让作为四川人的我羡慕不已。在浙江工作期间，我虽听得懂当地方言，也能讲几句，但不常用。也许，在特殊语境下，普通话沟通工作的效果只有1或2，而方言可能有1.5或2.5。

当晚，我梦见了在八里店镇搞拆迁给乡亲们做动员工作时的情景，而我说的却是四川话。

2018年4月28日

奋斗就意味着总会孤独

尼采说，迟到的青春是最持久的青春。

我想，作为一名干部，真正的青春不是创造了多少价值，而是得到多少认可。

今天是五一小长假的第一天。早上，起床后第一件事情就是洗衣服，好像很多年没有洗过衣服了。我蹲在洗手间，用手搓着衣服，脸盆与地板撞得哐哐响，好像又听到了大学时光的回声。

洗好衣服走出房间，外面阳光灿烂，甚至有些刺眼，阳光下停靠的汽车跟慵懒的猫一样安静。走出小区，街面上行人熙熙攘攘，一辆用喇叭喊着卖大米、面条的小货车，划破了小县城的宁静。

走到小超市，买了办公室要用的茶杯，买了宣纸与墨汁，一共花了43元3角，服务员找了零钱，我看到了10多年没看到过的5角钱纸币。

我决定走路去办公室并在路上找个地方吃早饭，在路边看到一家面馆，就进去点了一碗杂碎面，6元钱，味道很好。

11:30，跟张县长（挂职青川县委常委、副县长）、何主任（青川县政府办副主任）去何主任的姐姐家吃中饭。何主任是本地人，十分热情地邀请我们，盛情难却。

汽车一直沿着一条蜿蜒的小路前行，路的两旁是绿意葱茏的山岭。张县长一路感叹一路拍照，惊艳于眼前这美丽的景色。我出生在山里，倒觉得稀疏平常。

经过20分钟左右的车程，我们到了何主任的姐姐家，那是公路旁的一幢白色小楼。姐姐一个人住家里，女儿在成都成家，60多岁的丈夫在福建打工。

没想到，为了更好的生活，60多岁的人还在外漂泊奋斗，忍受着夫妻两地分居。个子矮矮的姐姐跟这小楼一样孤独。

姐姐说，原来的屋子在"5·12"大地震中全部倒塌，幸好那是发生在下午，如果是夜晚，这里早已消失了。

怀着沉重的心情，我们和何主任在路边摘樱桃。几棵樱桃树是何主任在他正读大四的女儿两岁的时候种下的，现在树已很大很高，还在茁壮成长，正如其即将毕业的女儿。

姐姐养了2头猪、10只鸡，种了茶叶、油菜。她说，老伴每年还可以赚3万块钱，家里种点地只是补贴点家用，锻炼一下身体。

姐姐准备了地道的农家川菜，腊排骨、腊肉、腊肠、炒豌豆。

姐姐比较认生，不怎么说话。席间，我们听何主任从成都回家过节的侄女儿聊成都的生活。听得出他们不想再去回忆地震的往事，只想安全、安静、安稳地生活下去。

吃好饭，我们到周边走了一下。房子周边的自留地都界线分明地划分给不同的人家。家中还有人的，管理得井井有条，用细竹子搭起来的供四季豆攀爬的架子跟无锡拈花湾的竹篱笆一样整齐耐看。

姐姐说现在种庄稼收入不高，也很难种好，村里的人少了，种的玉米、红薯等农作物经常被野猪偷吃。不过，她说反正也种不动了，毕竟60多岁了，把口粮保障好就可以了。谈到发展不快的根源，何主任认为离大都市距离太远是最大的问题，土地资源缺乏，农产品产量少并且卖不起好价钱。作为四川人，我也知道，西部城市能级往往跟行政能级关系非常紧密，而浙江相对不是那么明显，省管县的体制，扁平化管理，注重县域经济发展，让县一级具有更大的活力与潜力。

离别的时候，我们跟姐姐合了影，细心的张县长悄悄地在姐姐家的小桌上留了300元钱。我们走了之后，姐姐打电话来，让何主任把钱还给张县长，下车时何主任硬是要还回，张县长坚决不收，毕竟这是对震后老百姓的一点心意。

返回青川县城，何主任带我们换了一条路，沿途经过一个叫"初心谷"的地方。初心谷沿着一条峡谷打造，在岩石上以红色为基调，雕刻了很多深入人心的口号标语以及哲理名言。河滩边较平整的土地都种植了花卉、苗木，以及油菜等作物，老百姓的房子都进行了立面改造，行车在峡谷中有种置身世外桃源的感觉。

习近平总书记提出"不忘初心"，青川人民打造了初心谷，这不是迎合，我想恰是智慧的体现。

2018 年 4 月 29 日

来川后第一次跨省调研

三分建设，七分管理，精细化管理是把"环境"变"意境"、"风景"变"风情"的关键路径。对此，今天有了最深的体会。

今天是五一小长假的第二天。中午时分，何主任带我和张县长以及政府办一名同事和她家属，一行五人去了隔壁甘肃省文县李子坝村。听起来已经跨省了，但其实从青川出发，十几分钟左右车程就可以到四川省与甘肃省的交界处。

汽车沿着峡谷旁的小路一直往里面开，路旁就是清澈见底的溪水，溪水在乱石中穿行，水较深的地方，因水之清、山之青以及水本身矿物质含量丰富，形成或碧绿、或五彩的池子，像镶嵌在峡谷中的宝石，美得让人陶醉。两边的青山抬头望不到顶，山上郁郁葱葱，同行的同事说，如果提前两个月景色会更美，山上全是野樱桃花，像一片白色海洋。仔细一看，真有人在路旁摘樱桃。野樱桃个头很小，长得密密麻麻。我们停下车，热情的四川老乡递了几颗野樱桃给我们。这野樱桃味道酸中带甜，比人工种植的樱桃多了几分鲜爽的滋味。

沿着山路继续前行，陆续有人家出现在山边稍微宽阔的空地上，房子的样子与一般的农房不一样，同事说，这是回族人的房子。路边出现一座精致的墨绿色建筑，拱门圆顶，是一座清真寺。在这深山中的小村，出现一座如此与众不同的建筑，顿时让这小山沟活泼了不少。

村民以种植茶叶和养殖牛羊为生。回族人的牛羊圈用木头做成，十分精致。我开玩笑说，这环境完全超越莫干山2000元一晚的民宿。

车子开到了路的尽头，何主任说这个地方叫马家桥，原来河上有座石桥，后来倒掉了。路的尽头有五六户人家，房子、院子都经过了人工改造，还在石坎上写了"美丽乡村"四个字。我问何主任这些房子是不是农家乐、民宿，何主任笑着说，政府改造后老百姓没有进行经营，还是以农业为主。这里停了七八辆汽车，何主任说游客都是来河边玩水或烧烤的，当地老百姓还没有经营的理念。

何主任带我们到河边。溪水很清，小鱼、蝌蚪在水中清晰可见。令人痛心的是，河边不时能发现游客留下的各种垃圾，有啤酒瓶、塑料袋、竹签等，与这天然绝美的环境极不融洽。

中午，我们在当地一户人家搭伙吃饭。乡亲们热情无比，准备了丰盛的酒菜。席间，我们聊了很多关于地震及家常生活的话题，了解了这里的人家以种植茶叶为生，今年茶叶产量很高，但价格不贵，近几天在持续下降。目前卖8元一斤，其中4元要给采茶工人，请的工人还要管饭和住宿，这样一来，每斤茶叶只能挣1元钱。女主人说，茶叶卖完后，男人就准备到新疆工地上打工，在那里每天能挣300多元。让她感到自豪和欣慰的是两个孩子，大女儿已出嫁，小儿子5月11日即将举办婚礼。能娶到媳妇，在这山沟沟里是件不容易的事。

下午，回到青川县城，让我久久不能平静的是那些散落在峡谷溪流中的垃圾。这些垃圾短时间内无法靠自然降解，如果游客增多，就会产生严重的"破窗效应"，后果将越来越糟糕。

回城路过县政府广场的时候，阳光下的五星红旗显得格外闪亮。

2018年4月30日

愿全世界都是一座"幸福岛"

　　提起笔，想到的就是何主任说起的木鱼中学289名在大地震中遇难的逝者。午休时间，师生们在醒来的瞬间又睡去了。

　　但愿他们都做了场好梦，在梦中睡去。

　　今天是五一小长假的第三天，我跟同事们去了白龙湖的幸福岛。路上去参观了一个黑木耳的种植基地。

　　这是一个典型的农旅基地，坐落在从青川县去广元市的省道旁。

　　基地管理得井井有条，整齐排列的木耳木桩、规范整齐的玻璃大棚、创新美观的宣传小品、环绕一周的木头栈道都是风景。同事重点介绍了培养木耳的木桩，是青川山上随处可见的灌木，叫青冈木。人们遵守"坐七砍八"的规则，就是养七年，第八年就可以砍，这样不破坏森林资源，并且这种树越砍越发。用天然木头为基，引山上泉水浇灌，才孕育出了国家地理标志保护产品"青川黑木耳"。

　　由于是假期，基地的负责人没在，简单看过之后我们便驱车去白龙湖。据说，白龙湖水域面积有78平方公里，最深处有150米。

　　途经木鱼镇，车上同事讲述了当年大地震时木鱼中学师生伤亡的悲剧。当时师生在午睡，地震发生后，很多人都没有再醒来。

　　重建后的木鱼中学屹立在老校址上面，显得新而稳。愿逝者安息，愿生者更加珍惜学习机会，学到有用的知识，实现人生价值，愿失去子女的家长早日走出阴影。

白龙湖像是一条缠绕的彩带，绕着苍翠的群山，碧绿蜿蜒。

围绕湖面，政府做了整体景观打造，进行了农房改造、道路硬化、步道修建。道路两旁都是农家乐，湖边都是垂钓的游客，十分热闹。

湖面上有一个醒目的景观，是漂浮的蓝色浮岛。同事说这里每年都举行"搏鱼"大赛。同事解释说，之所以叫"搏鱼"大赛，是因为钓上来的鱼会很大，有的可以钓到六七十斤的鱼，钓鱼过程好像是在跟鱼"搏斗"。浮岛平时供游客观景，平台做得很漂亮。走在稳稳的浮岛上，我脑中冒出的想法是，希望这样的平台能派上更多用途，举办更多活动，让投入大量资金的公共资源效益最大化。

午饭是在幸福村的一个农家乐吃的，饭菜依然十分可口。饭间，我继续向同事了解当地发展的一些情况，听得出同志们都十分热爱家乡青川，他们认为地震也是一次重生的机会，不去回忆伤痛，好好生活就好了。

回到宿舍，我给女儿打了一个电话，说了大地震带来的悲痛。她似懂非懂，只是"命令"我多练习跑步，假如发生地震能跑得快一点。显然，她没法体会灾害到来时的可怕。

愿全世界只有两个幸福岛，一个在你心里，一个在你身边。

2018 年 5 月 1 日

走旅游路还得先培养"旅游人"

一个人能走多远，不是由他的腿决定的，而是由他的心决定的。

今天跟着张县长拜访了县里的几个领导，大家都谈到了曾经的青川县城。地震前，从广元到青川至少要3个小时，当时的青川县城地方不大，人不多，大家都过着与世无争的生活。地震带走了近5000名老百姓的生命，灾后重建像是给青川带来又一次"改革开放"，发展至少加速了30年。现在高铁、高速都通了，县城里各种基础设施一应俱全，老百姓的物质生活发生了极大改变。不过，自脱贫攻坚工作开展以来，也有一小部分老百姓不再那么"朴实"，有点懒了、散了。

脱贫攻坚是发动干部深入基层、深入群众的一次大动员、大行动。越深入，就越容易发现一些问题，我觉得很正常。少部分不能代表大多数。

今天，我们全体挂职干部的"领头"——浙江驻川工作组组长、浙江省农业厅副厅长，挂职四川省人民政府副秘书长、阿坝州委常委陈利江到青川调研，为"浙川携手共奔小康"会议踩点，我有幸跟随参加了活动。调研组分别参观了木耳基地、白龙湖幸福村、油橄榄基地、张家村初心谷、七佛贡茶厂等点位。这是第一次正式调研，我感触颇深，农业发展、农村电商、农旅融合等形式，确实有效带动了当地脱贫增收。从来没有接触过扶贫工作的我，第一次深刻感受到扶贫工作不是空洞的，也不是弄点钱修条路什么的那么简单，而是要发展产业，产业扶贫才是真正扶贫之路。

通过看点和近期的调研，对于青川的发展，我有三点体会。

生态是青川发展的命

破坏了生态就等于伤害了青川的生命。灾后重建、振兴发展的十年中，青川始终把生态保护举过头顶，目前全县 1/3 以上面积建成了自然保护区，唐家河入选首批世界自然保护联盟（IUCN）绿色名录，全县森林覆盖率达 73.77%，全年空气优良天数达 360 天以上。灾后重建，浙江援建，青川没有急功近利地发展，而是选择留下了这片绿水青山。按照习近平总书记指引的路子走下去，这片绿水青山终究会变成金山银山。

农业是青川发展的根

青川县是典型的农业县，虽然耕地面积严重不足，但是传统上老百姓都是以农业生产为主要生产活动。近年来，青川县培育了七佛贡茶、青川黑木耳等七大国家地理标志保护产品，成为国家有机产品认证示范区、中国名茶之乡和四川首个国家生态原产地产品保护示范区。从看的点来看，青川的农业发展至少紧紧握住了三条线：一是原生态，二是互联网，三是品牌化。比如黑木耳的种植，仍采用传统种植方式，用青冈木露天栽种，不像其他一些地区，用大棚、菌袋培育。传统种植保证了木耳的品质，抓住了有机的牌子。在互联网方面，相对闭塞的青川也没有落后，创建了国家级的电商示范区，用互联网手段把青川的农特产品销到了全国甚至全世界，赵海伶、王淑娟成了赫赫有名的电商领军人物。在品牌化方面，青川黑木耳、七佛贡茶等已经成为国家地理标志保护产品。

旅游是青川发展的路

人气聚商气，商气聚财气。青川的绿水青山只有变成旅游产品才能转换为金山银山。近年来，青川成功举办了世界自然保护联盟年会等世界级会议；举办了唐家河·青溪古城国际音乐节、白龙湖·中国搏鱼大赛、国际马拉松赛等系列重大旅游节庆活动；生态青川宣传片亮相纽约时代广场，唐家河的野生大熊猫也频频亮相央视。应该说，近年来青川旅游的名片越来越亮，待正在兴建的广平高速开通，青川直接连接到九寨沟景区后，青川旅游的前景会更加美好。

做旅游，还得靠人，老百姓也是重要因素，及早培养好老百姓的旅游经营理念和精神文明素质，旅游的路子将走得更远。

2018 年 5 月 2 日

前进乡在前进

低眉春已逝，抬头夏伊始。

昨天是立夏，一早，在组织部和发改局有关同志的带领下，我们去了前进乡和东河口遗址公园。在悬崖上行车，在大山中走访人家，在遗址公园缅怀逝者，我切身感受到了山里老百姓生活的不易。

前进乡的大坪村，在大山最深处进行异地搬迁后，还有两三户人家住在那里。乡里书记说，其实山下的新房子已建好，还住在山里的都是90多岁的老人，老人不愿下山，故土难离。

山里没有信号，搬迁后村子里原来老百姓生活的痕迹还在，屋前屋后随处都是樱桃树、李子树、桃子树，长满了果子。没有人摘来吃，果子成熟后就自然掉落了。山坳里安静得像世外桃源，几幢破旧的房子跟山里住着的老人一样孤单，仿佛记录着那段过去的岁月，曾经炊烟四起、鸡鸣狗吠、孩童玩耍的日子只能停留在记忆之中。时代在飞速发展，而村子止步停留，但它终究不能被时代抛弃。时光的步伐带着村子，带着村子里的人，一起走进新的时代。

中午，我们到了大坪乡的义辉家庭农场。农场以合作社形式带动了村里200多户群众致富，以养殖土鸡和山羊为主。老板是个爽气的汉子，在成都经商赚到钱了，就回家带领老百姓致富，也担任村支书一职。农场提出"一颗红心向着党，赶着鸡羊奔小康"的口号，也提出"念生态经，打绿色牌，走特色路，发种养财"的思路。口号和思路很不错。村支书罗义辉很能干，在成都闯荡过，确实见识也多。聊天的时候，看着山脚下蜿蜒的盘山公路，我送了他一句话："这里的山路十八弯，这里的义辉红又专。"

我不知道全县像这样的农场有多少，如果每个乡镇都有这样的主体，脱贫的路子就更好走了。异地搬迁、飞地扶贫等，应该是当前最好的解决措施。

返回途中，我们去了东河口遗址公园。同事讲述了当年地震的情景和温家宝总理来视察时的情况。尤其讲到一名正在上课的老师用双手护着孩子，用隐形的翅膀带着孩子们去遥远的天堂的故事时，我忍不住掉了眼泪。大爱无疆，生死关头，人性是最伟大的力量。

东河口是汶川地震中地质应力的爆发口，想象着一座大山从几百米远的地方直接抛过来，一个村庄瞬间消失，让人不得不敬畏自然。愿逝者安息，生者坚强。

从东河口返回县城还有1小时左右车程，车子沿着大山脚下的河谷行驶，这里的道路建设得很好，大山上的树木也郁郁葱葱。但同事说，美丽中蕴含着风险，在这路上行车要当心山上的飞石，以前就有人死于飞石。

绿色的海洋中，每隔一段距离就散落着一个小村子，白墙黑瓦，让人感觉仿佛置身欧洲小镇。中国像这样的地方可能还有很多，但可能也不多，保护好这样的地方，让更美的青川展现在世人面前，是每一个青川人的责任。愿天佑青川，让灾难远离。

青川，这里还是世界本来的样子。

2018 年 5 月 6 日

竹溪谷要更加敞开流淌

毛泽东曾说："政治路线确定之后，干部就是决定的因素。"落实扶贫政策，做好乡村振兴这篇大文章，关键还得靠各级干部，越到基层，干部发挥的作用越是不可替代。

昨天，我跟随县里分管经济工作的罗建中副县长到竹溪谷调研。竹溪谷离县城七八公里，是在原有的茶树村基础上改造而成的美丽乡村，其中绝大部分建筑由老百姓原有房屋改造，一部分是异地搬迁安置房，初衷是打造成旅游景点，带动群众致富。

整个规划用不同颜色区分不同板块，景观打造、基础建设、河道治理都做得十分到位，整个村子像是镶嵌在山谷中的一条彩带，美丽灵动。

调研中我们了解到，目前工程建设基本完成，个别老百姓家中已经开始经营农家乐和茶室，但效果不是很好。在调研中可以明显发现，自驾和步行来旅游的游客的确不少，但停下来吃、住的人不多。这样的投入、这样的运营、这样的模式不禁让人心忧。我认为，要改变现状、实现预期，至少有这么几个方面需要引起注意。

要把握大和小的关系

大，就是整个竹溪谷项目的规划，甚至青川全域旅游的规划定位。要明确讲什么样的故事，引来什么样的人群，怎样吸引消费。小，就是具体到每个点位上运营的农户，哪些是民宿，哪些是饭馆，哪些是茶饮，由谁经营，是分散经营还是集中经营。调研中发现，虽然村子形态发生了大变化，但是"空心村"情况仍然突出，家中的年轻人仍然外出谋生，经营普遍存在理念不新、服务一般的情况，缺少了朝气与活力。我认为，采用集中、专业运营的模式可能会产生更好的效益。

要把握好上和下的关系

上，就是政府意志、上级政策，是推动乡村振兴、真正脱贫致富的美好愿景。下，则是老百姓自己的意愿与本身的能力。"牛不吃水强摁头"，肯定实现不了既定的目标。这就需要结合每户人家的实际情况，有针对性地提出在乡村旅游背景下的个性化致富方案，如果上级只搞环境、压任务、下指标，到最后可能会事与愿违。

要把握好内和外的关系

内，就是内部管理、内部环境，真正做到"三分建七分管"。调研中我们了解到，环境保洁仍由村里负责，安排建档立卡贫困户打扫卫生，但保洁人员年龄都偏大，完成的标准不高。外，则是整个景区的对外推介和宣传。要摒弃"酒香不怕巷子深"的固有思想，变为"酒香敞开巷子卖"，在有条件的情况下可以通过举办宣传活动、举办主题节庆等形式，迅速提升景区影响力，让人民群众获得实实在在的收益。人民群众有了绿水青山转变为金山银山的切身感受，就会提高积极性，发挥更多聪明才智，进而实现真正的致富与振兴。

竹溪谷，有竹子的清秀，有溪水的灵动，但不能深藏于山谷。我相信青川干部的智慧与踏实，也相信竹溪谷的美好与前景，因为新时代不容停留。

2018 年 5 月 7 日

青川·青春

——写在"5·12"大地震十周年之际

时光永远像是手中的流沙，抓得越紧，流失越快。

2008年，我在浙江，那时还没有微信朋友圈，只有QQ空间，里面至今还留着我当时用摩托罗拉手机拍的不太清晰的大雪封道的照片。令人没想到的是，当全国人民沉浸在喜迎北京奥运盛会的喜悦中时，四川竟发生了那样强烈的地震。

那场地震，震动四川，震惊全国，震撼世界。山河破碎，生离死别。

2018年，我回到四川青川，朋友圈里，有震后青川的美丽城市、清幽山川、幸福笑脸……这一切来之不易，汇聚的是无疆大爱，凝聚的是奋进人心，依靠的是党的领导、中国方案。

因东西部协作、精准扶贫、携手奔小康，我们来到青川。把青川当作"浙江的第101个县"来建设，这是浙江省委、省政府坚定的声音。

回到四川，因为我是"浙江的四川人"。

援建青川，因为我是"四川的浙江人"。

依然清晰记得十年前的5月12日下午，江南大学毕业的苏北汉子居世宾急匆匆跟我说："地震了，刚在电梯里震晕了，电梯里咣当响！"

湖州师范学院文印中心的美女主任说："老居，你是不是太胖了？别把电梯压坏了。"同事们都笑了，老居一脸茫然。

老居是跟我同一年参加工作的师院同事。我还用四川话跟他开玩笑说："你怕是鬼摸了脑壳，睁着眼睛说瞎话。"

事实证明，他是对的。

老居，我看不仅是"大汉子"，还是个"地动仪"。

2008年是我工作的第三个年头。地震后的第二天，各大新闻媒体已经进入灾区开展报道，那些惨烈现场、星夜驰援、日夜奋战、英勇无畏和感人瞬间，拨动心弦。那天，我骑着摩托车，在华丰桥上，眼泪横飞。那天，我第一次感受到苕溪河水荡起的风是如此的冰凉。

2008年6月13日，中央部署灾后重建，浙江援建青川。当时，我向学校汇报，想参与援建，但当时大学没有名额。2018年，我有幸参与了东西部扶贫协作计划，好像冥冥中自有安排。

十年弹指一挥，青川凤凰涅槃。

青川经济总量比震前增长了2.6倍，城乡居民收入比震前分别增长了3.3倍、3.9倍，县城建成面积比震前增加了2.3倍，成功创建文明城市、宜居城市，高速、高铁贯通，森林覆盖率达73.77%，空气优良天数每年达360天以上……一幅全域旅游的画卷正在徐徐展开。

经历灾难的青川人，感恩奋进。

看到未来的奋斗者，扬鞭阔步。

在小店吃早餐时，老板知道我们是浙江来的援建干部，啧啧称赞，盛上来的稀饭，满得不能再满。

来到青川的短短十多天时间里，我跟张县长的共同体会是这里景美、人好。纯朴的青川人，犹如灾后建起的房子，不一定最美，但一定实在。

历史好像总是青睐"十"这个数字。

1978 年，农村联产承包责任制实施，拉开改革开放大幕……

1988 年，邓小平提出"科学技术是第一生产力"的重要论断。

1998 年，在犹豫是否去上高中的中考后的暑假，洪水过后，我和伙伴们提着木棍在田里打鱼，以为人生就那么快乐、简单。送别远赴广东打工的同伴后，我还是去上了高中。原来，那一年竟是人生的转折。

2008 年，人民自发地聚集在天安门广场，高喊："坚强中国，加油四川！""四川挺住，中国挺住！"恩格斯曾说："没有哪一次巨大的历史灾难，不是以历史的进步为补偿的。"多难兴邦。

2018 年，我在青川。习总书记指示："只有奋斗的人生才称得上幸福的人生。"

…………

历史的车轮，永不停歇。

忆往昔感慨万千，新时代催人奋进。

对，我在青川，这里还是世界本来的样子。

2008 年 5 月 12 日

念兹在兹，唯此为大

"40多年来，我先后在中国县、市、省、中央工作，扶贫始终是我工作的一个重要内容，我花的精力最多。"习近平总书记曾在大会上这样说。

从5月12日至15日，我们全体驻川工作组成员参加了"浙川携手共奔小康"扶贫协作现场推进会暨系列帮扶活动，其间会议还专门组织了扶贫协作培训班。国务院扶贫开发领导小组办公室副主任洪天云、浙江省常务副省长冯飞、四川省常务副省长王宁（时任）等参加了会议。本次活动尤其让我们受用的是专题培训班的讲座，对我们这些从来都没有认识、参与过扶贫工作的人来讲，思想触动很大。我们认识到，扛起这面政治大旗，共同完成这项历史使命，是每一个参与这项工作的人必须有的责任和担当。

认识更深，任务艰巨

携手扶贫，共同富裕，是人类历史的一大壮举。通过专家，尤其是国务院扶贫办洪天云副主任的讲解，我深刻认识到，贫困问题、扶贫成果问题已经上升到执政安全、国家安全的高度。我们国家的扶贫工作，自中华人民共和国成立以来，国家就十分重视，其理论依据是邓小平同志的"两个大局"思想："沿海地区要加快对外开放，使这个拥有两亿人口的广大地带较快地先发展起来，从而带动内地更好地发展，这是一个事关大局的问题。反过来，发展到一定的时候，又要求沿海拿出更多力量来帮助内地发展，这也是个大局。那时候，沿海也要服从这个大局。"

最近，我在认真阅读《习近平的七年知青岁月》这本书，书中有段内容写到了1973年周恩来带国外领导人到延安视察，看到延安当时的落后场面十分震惊，他流泪说："没想到全国解放这么多年了，陕北人民的生活还这么苦。"于是回北京后，就让北京市从各方面对延安进行支援，提出"三年变面貌，五年粮食翻一番"的目标，当时就派了一批干部。我想，这可能是最早派出的援建干部。

尽管近年来中国的扶贫工作取得了举世瞩目的成绩，但是目前我们仍然还有大量的贫困人口，并且剩下的都是"硬骨头"，少数民族地区、因病因残致贫者等，都是需要攻克的堡垒，并且贫困人口大多集中在"老少边穷"地区，呈连片贫困状况，扶贫的难度很大，任务很重。就青川而言，虽然经过灾后重建，基础设施、城乡面貌都已发生了翻天覆地的变化，但脱贫任务依然艰巨繁重。2014年，青川县省定贫困村79个（全县268个行政村），建卡贫困人口10180户、31295人，贫困发生率16.59%。到2017年底退出49个村，减贫经验在各级得到推广，贫困发生率下降到4.29%。今年，全县争取实现整体脱贫摘帽。从目前情况来看，这项任务还相当艰巨。

决心很大，绝不放松

信心是成功的一半，决心也是如此。面对国家、省、市的高标准、高要求，面对长效致富的新要求，我们对青川的脱贫工作是有信心、有决心的。一是因为班子状态好。县里几套班子的领导，这段时间我大部分见到了，总体感觉很务实。尤其5月14日，全体挂职干部培训班成员到青川参观项目，青川展现出了很好的水平，无论是现场准备还是会务安排，都得到了与会者的高度肯定。这是领导带头，务实干出来的。二是因为生态环境好。"绿水青山就是金山银山"绝不能只注重眼前实效，需要长期培育。青川73.77%的森林覆盖率，360天以上的优良空气，Ⅰ、Ⅱ类水长期稳定，这样的大花园、大景区，后发优势无可限量。三是因为交通持续改善。离广元盘龙机场1.5小时，有高铁、高速，同时作为川陕甘交界点，以后旅游目的地、集散地的优势与交通优势会形成良好的叠加效益。四是因为经历过大灾的群众懂得感恩奋进。人们在经历那场惨烈的大地震之后，在目睹全国人民，尤其是浙江人民支援建设家园后，更加懂得珍惜生活、敬畏自然，懂得感恩，地震"两幅标语"的精神一定会不断延续，发挥作用。

如今，东西部协作已经是中央高度重视的大战略，全国上下对其重视程度之高前所未有，我很庆幸自己能有机会作为一名援川干部参与这项工作。我想，通过与当地干部群众的共同努力，克服困难，如期完成这项历史使命，这是一名共产党员应有的政治担当和政治觉悟。

唯此为大，为民惠民

四川很多关于扶贫工作的宣传文字中都能看到"念兹在兹，唯此为大"这句话。"念兹在兹"出自《尚书》，意思是，念念不忘某一件事情。"念兹在兹，唯此为大"这句话有政治高度，同时也是贫困群众的所思所盼。四川是一个发展极不均衡，人口分布极不均衡，少数民族众多，但战略位置又十分特殊的地方，脱贫奔小康确实应该是每一名四川干部心中的头等大事。作为一个四川人，我真的不忍心看到部分群众再穷下去。过去，沿海城市的人认为四川穷是因为这里的人懒散，对四川的印象是"小酒、麻将、麻辣烫"，四川人应主动努力打破这种偏见。我们要走出"盆地意识"，绝不能"坐井观天"。

习近平总书记对扶贫工作念兹在兹。2012年12月，习近平在当选总书记后不久，就来到河北保定调研扶贫工作。2015年2月13日，习近平总书记到陕西延安主持召开陕甘宁革命老区脱贫致富座谈会，再次强调"小康不小康，关键看老乡"。2015年6月18日，习近平总书记在贵州贵阳主持召开涉及武陵山、乌蒙山、滇桂黔集中连片特困地区扶贫攻坚座谈会，提出"六个精准"。2015年11月，习近平总书记主持召开中央扶贫开发工作会议。2016年7月20日，习近平总书记在宁夏银川主持召开东西部扶贫协作座谈会。2017年6月24日，习近平总书记在山西太原主持召开深度贫困地区脱贫攻坚座谈会……每一次会议，每一次慰问，都体现了党中央对扶贫工作的高度重视。

伴随精准脱贫攻坚战的深入推进，今年各东部省市将扶贫工作提升到了前所未有的重视程度，扶贫资金翻倍增长，扶贫力度空前加大，各对口单位真正形成了手拉手、心连心奔小康的浓厚氛围和强劲态势。作为一名参与这次伟大而艰巨战斗的"战士"，我既感到使命光荣，又感到责任重大。现在工作还没有完全上手，但通过前段时间的调研走访，我认为合理安排资金，确实应着力在"精准"二字上，把有限的资金用在最偏远、最困难、最需要的群众身上，不能投在一些锦上添花的项目上，更不能"富了老板，富不了老乡"，让人民群众，尤其是建档立卡的人赶快脱贫，树立致富信心，是我们作为扶贫干部的首要任务。

念兹在兹，唯此为大。

2018年5月15日

小康不小康，关键看老乡

"中国是世界上最大的发展中国家，一直是世界减贫事业的积极倡导者和有力推动者。改革开放30多年来，中国人民积极探索、顽强奋斗，走出了一条中国特色减贫道路。"这是习总书记在2015年减贫与发展高层论坛上，向世界发出的强劲声音。

来青川20多天，我对这里调研不深、了解不够。目前来看，青川脱贫攻坚、振兴发展的优势不少。一是政治优势：党中央对脱贫工作高度重视，当前的态势、力度前所未有，全县上下一盘棋、一条心，正全力脱贫奔小康。二是生态优势：天然大氧吧，全域山水画，绿水青山正转化为金山银山。三是交通优势：飞机、高铁、高速都不远，蜀道不再那么难。四是情感优势：经历大地震的青川人民更热爱生活、珍惜生命，怀着感恩的心，争先恐后脱贫致富，内生动力强劲。

震后青川，经历三年重建、七年振兴，实现了凤凰涅槃、华丽转变，正在开启赶超发展新篇章。对照吴兴，其实我们已经感觉到了差距和压力。青川人民正在从脱贫致富奔康，直接迈向奔康，三步并作两步走，赶超态势十分强劲。吴兴地处杭嘉湖平原，是典型的江南水乡，辖区内也有三个山区乡镇，也在依托山水资源发展全域旅游。结合青川实际和吴兴经验，我认为青川要发展，生态是命，农业是根，旅游是路。在发展全域旅游过程中，要处理好以下四对关系。

要处理好"农业生产"与"旅游发展"的关系

经过近几年浙江省的长效帮扶和自身的奋进发展，目前青川的农业发展取得了良好的成效，有了主打品种，如茶叶、黑木耳、竹荪、油橄榄、天麻、青竹江娃娃鱼、唐家河蜂蜜等；也有了主打品牌，如七佛贡茶、青川黑木耳等；几个浙川共建农业产业园也都有了一定规模，亮点、看点、卖点都很足。当前，伴随旅游热的兴起，各地都在大力度、快速度地推进全域旅游。在推进旅游发展的时候，要防止以旅游"冲淡"农业，尤其在改善农业设施过程中，不能一味为旅游发展求大求精求美，导致过多占用或因位置设置不合理等影响农业生产。要始终坚持"农业＋"，慎重实施"旅游＋"。

要处理好"百花齐放"与"一枝独秀"的关系

全域旅游是全地域、全方位、全产业、全社会的活动现象，突出"百花齐放"是"面"，是全域旅游的应有之义。在推动面上发展的同时，还要有"拳头产品"，甚至其知名度、美誉度应超越青川本身。只有以点带面，用一个强大的产品像磁铁一样把游客吸引过来，才能更好地向周边辐射。浙江湖州的莫干山就是一个典型案例，知道莫干山的人不一定知道德清，但莫干山民宿产业的发展，带动了全德清，甚至周边的吴兴、安吉等地的民宿产业蓬勃兴起。青川如果主打唐家河蜂蜜，建议集中财力、人力、物力，在保护的基础上开发更多项目，喊出更响口号，进一步推动营销，让唐家河成为青川的"代表作"。

要处理好"千村一面"与"一村一品"的关系

青川竹溪谷、初心谷打造得非常漂亮，无论是基础设施、景观打造，还是房屋改建、风貌设计，都已经达到了一个很高的水平。这些村交通便利，环境幽雅，发展潜力大，当前最重要的就是提高管理和运营水平。环境打造是乡村振兴的第一步，是物理改变。如何注入不同产品，实行怎样的运营模式，体现差异化主题很重要。每个村都有自己的主题是打造美丽乡村、发展美丽经济、实现乡村振兴的关键。前十年，浙江都在打造美丽乡村，改造了很多村庄，但真正实现从"美丽乡村"到"美丽经济"转变的也不是全部。近两年，浙江省委、省政府提出打造"美丽乡村升级版"，核心就是要实现"一村一品"，走差异化发展之路。我们青川后发赶超，更要"不走寻常路"。

要处理好"老板富"与"老乡富"的关系

摆在青川发展面前的头等大事是脱贫摘帽。加强产业发展，引进新项目，提升老项目，都是我们推进脱贫摘帽的关键之路、长效之路。在扶贫项目主体发展的同时，我们必须建立起紧密的利益联结机制。主体发展必须首先带动周边建档立卡贫困户脱贫，让他们在劳动参与、土地租金、入股分红、产品销售等方面得到实实在在的利益。就青川目前来看，农业发展带动建档立卡农户的利益联结机制是到位的，在省考、国考中都得到了很好的评价。要在接下来的新项目，尤其是旅游项目发展上，探索出更多更新更实的机制，让更多老百姓在产业发展中脱贫、奔康。

习近平总书记说："小康不小康，关键看老乡。"这样的至理箴言，随时都指示着我们，奔康与否不是看数据报表、高楼通途，而是看群众的获得感、幸福感。

2018 年 5 月 20 日

保护和发展并不矛盾

"还老百姓蓝天白云、繁星闪烁","还给老百姓清水绿岸、鱼翔浅底的景象","为老百姓留住鸟语花香田园风光"。这是习近平总书记在5月19日闭幕的全国生态环境保护大会上强调指出的话,每一句话都提到了老百姓,每一句话都描绘了一幅诗意而美好的景象。

5月19日是中国旅游日,我跟张县长根据县里安排,参加了一个全省活动——文明旅游的启动仪式,活动在广元的朝天区明月峡景区举行。

从青川去朝天,车程约1小时40分钟,一路全部是山区,穿越隧道,跨过大桥。尤其是过了广元高速出口之后,去朝天区的一路,虽然全程高速,但车速并不能加快,一是因为车辆非常多,二是因为道路基本是高架,路面几乎都是沿着峡谷的河道打桩铺设,并行通过的还有铁路以及沿着山腰铺设的通镇通村公路,景象奇特、壮观。人们把这里称为"中国交通博物馆"。

我在活动现场拿到了有关朝天的区情以及旅游介绍资料,看后感到十分震撼。当年唐玄宗为避安史之乱逃往巴蜀,巴蜀几百大臣在此接驾,朝拜天子,此地因而取名朝天。朝天的景区不少,如明月峡、雪溪洞……朝天的县城与青川比各有不同,朝天显得更加粗犷,县城有大水、大山、火车、隧道,城市中建造的房屋也更加高,但总体没有青川精致。

综观国内情况，凡是生态优良的地方，人类活动一般较少，经济发展也相对落后。部分欧美国家在付出先污染后治理的惨痛代价后，目前这种情况已大为改善了。习近平总书记提出"绿水青山就是金山银山"的重大科学论断，给当代中国发展指明了正确方向。

这次的全国生态环境保护大会对加强生态环境保护、打好污染防治攻坚战做出部署，动员全党全国全社会一起动手，推动生态文明建设迈上新台阶。

同样，西部贫困落后地区打好"精准扶贫攻坚战"也是摆在面前的一大重要政治任务，"两战"同打，这当中看似有涉及发展的矛盾问题（要发展就要引进、新进、扩大项目，势必造成一定的环境破坏），但本质上两者并不冲突，核心在于怎样充分保护、利用好良好的生态资源，让"绿水青山"转变为"金山银山"。

面对上级要求、群众需求，"两战"同打，不能"急先疯"，更不能"等靠要"。

"急"就是面对上级各种考核指标，尤其在脱贫工作的硬性经济指标方面，对照现状，感到着急，急着上项目，急着增产量，因考虑不周，容易影响决策的科学性，造成环境的破坏。

"先"就是认为目前总体生态是好的，虽然知道有些项目存在一定环保问题，但为了发展，"先上了再说"。这样做的后果往往是原来的老路"先污染后治理"，显然与中央精神、群众期盼是相违背的。

"疯"就是疯狂，面对上级给的发展压力和脱贫要求，变得不理智，以"脱贫"这项首要政治任务压倒一切，作为决策风险的挡箭牌，在工业、农业、旅游业开发方面，不顾及生态，造成破坏，甚至导致山区泥石流、水污染等灾害。

"等"就是思想上形成依赖，主观认为携手奔康，上级会有总体布置，能干的先干，不能干的等等看。

"靠"就是依靠的思想。近两年以来，习近平总书记对东西部扶贫协作和精准脱贫提了很多新要求，加大了力度。面对实实在在的真金白银支持，脱贫县区不能形成依靠思想，不能想着"抱着大腿脱贫"。

"要"就是在协作扶贫方面，不能只盯着对口单位，盯着上级转移支付，不能因为对生态保护做出了牺牲和贡献，就吊高胃口，认为得到支持"理所当然"。我们可以"理所当然地得"，更要"合情合理地用"，真正发挥有限资金"四两拨千斤"的作用。

保护生态和加速发展并不矛盾，关键在于认识到位，行动自觉。

2018 年 5 月 21 日

所有的英雄其实都是平凡的样子

"中华民族是崇尚英雄、成就英雄、英雄辈出的民族，和平年代同样需要英雄情怀。"2016年2月2日，习近平总书记赴江西看望慰问广大干部群众时这样强调。

什么样的人才叫英雄？近日网络上有评论指出，英雄就是普通人拥有一颗伟大的心。

昨天和今天（5月23日、24日），湖州市市长钱三雄（时任）率代表团到青川县考察。我们吴兴区委吴智勇书记（时任）也来到了青川，一是来看望我们，二是来进行协作工作对接。活动安排了签约仪式，走访慰问了困难群众，现场踏看了结对的镇、村、学校。

在活动中，有两个场景不禁让人落泪。

在马鹿小学的时候，离别上车前，孩子们准备了两样自己动手制作的小礼品，异口同声地喊道："浙江的亲人、恩人，感谢你们。"孩子们虽然对援建工作没有太多的认识，但是他们部分经历过地震，能把镇上其他房子与学校房子做对比，美丽的校园可能是他们亲眼看到过的最美丽的建筑了。孩子们天真无邪，他们眼中的恩是纯洁的恩。吴书记鼓励他们好好学习，欢迎他们到湖州去学习、工作。

竹园镇的河口村（与移沿山村结对的村）用展板汇报了竹园镇以及河口村的发展规划。我们走到村子里的时候，听说是浙江来的领导，大家都出来了，还有乡亲拿出了自家种的花生，请我们吃。大家都在说："感谢浙江亲人，如果没有你们，我们不可能会有现在的生活。"看得出，老百姓是真情实意的。经历过大灾大难的人们，更加珍惜当下生活，更加期待美好未来。

我在想，像如此偏远，犹如世外桃源的地方，如果没有共产党的好政策，修通公路，发展产业，那将会是怎样的情景。阳光的照耀下，那些山脚下静静坐落的房子，好像变得更加生动，仿佛张开笑脸等待太阳照常升起。

像中国这样一个大国，发展不平衡不充分的矛盾客观存在，像这样的山区山村还大量存在，这里的人们与世隔绝又期望涅槃重生，他们不是不想发展、过上更好的日子，而是现实条件确实太差。在九山半水半分田的青川土地上，人们能走到今天，本来就是个奇迹。

走到今天靠的是什么呢？

显然，就是习近平总书记口中说的英雄。各个层面的英雄，都根据自己的角色定位，怀着伟大的心，干着不平凡的事，汇聚起来的力量，就是创造奇迹的力量。

脱贫攻坚工作，不是哪一方面的事，也不是一件轻而易举的事，要携手奔小康，必须手牵手、心连心，必须让参与这项工作的所有干部，让被扶贫的所有对象，都要有一颗英雄的心。英雄不一定要干什么惊天动地的事，关键要有"敢教日月换新天"的情和"凤凰涅槃，浴火重生"的胆。

实现伟大复兴，需要英雄。

2018年5月24日

深山中的两河村

"乡村振兴不光是乡村改造，而是导入城市资本、科技人才、旅游消费等多种资源，激活乡村，实现城市人回归乡村，提升城乡融合发展。"最近网络上关于乡村振兴的论点描述有很多，我认为这句话讲得比较贴切。

昨天，利用周六时间，我们去了观音店乡的两河村。观音店乡是青川县内第一个拥有高速出口的乡，离广元市最近，辖6村1社区。乡党委书记姓何，是位女书记，与她搭档的是一位1987年出生的乡长。

观音店的集镇很小，比我出生的雷音乡的集镇还小，只是因为灾后重建的原因，这里的房子比较新。尤其公共配套的房子，都是当年浙江援建的，在群山环抱的山谷之中，点缀着一片白墙黑瓦，小集镇也有了大味道，给这寂静山谷增添了不少生气。

乡里带我们去了一个准备打造乡村旅游的比较传统的村子——两河村，隐藏在离乡政府10多公里的大山深处。汽车先是在大山脚下沿着泥巴路行驶了10多分钟，到达一个节点后，转入一条更加狭窄、陡峭的土坯子路。土路是正在修建的通村公路，公路沿着山脚开挖出来，左边是陡峭的山崖，右边是清澈的小溪，山上是翠绿一片。

大山无言，小路崎岖，这条路是一条山村百姓的求生求富之路。

由于前一天晚上下大雨的原因，小路湿滑，汽车打滑没法前行，只好作罢，我们几个人徒步上山。

徒步中，我认识了其中一位姓谭的同志。他是四川日报社下派的扶贫干部，下派工作两年，全脱产扶贫。谭主任已经对村里情况很熟悉了，他平时就住在乡政府的宿舍。村支书姓杨，是一个小老板，已是祖孙三代当支书，小伙子是1984年出生的，人很机灵。

爬上一个陡坡，马上一个右急转，便看到一个小村子。村里的房子十分古朴，均是用就地取材的片石叠成墙基，用木椽结构做成房子。其中确实有两处房子历史比较久远，应该是清末建造的，房子雕花，比较精致，尤其是大堂中的两副对联，字很漂亮，文字内容也很好。据说是中医世家。

村子里还剩22户人家，其中3户是贫困户。村子被列入住建部传统村落保护名录，已争取到资金300万元，同时，为了开发这个村子，县里投资400余万元修建通村公路。

整体考察完村子后，大家对村子的旅游开发都提了不少的建议。我个人认为，整体开发村子的难度还是比较大的，一是地理位置确实比较偏远，二是缺少鲜明独特的主题文化。

乡党委何书记介绍，来村里参观考察的人员不少，但目前还没有达成明确意向。

目前村子的状况是绝大部分的年轻人都在外务工，只在年底返乡回家。房子因为人气不足，常年失修，给人的感觉十分破旧。

何书记表示县里和乡里对村子开发还是充满信心的，目前就是想抓紧把道路修建好。

对此，四川日报社谭主任和我都表示有点担心，资金投入后到底能产生怎样的效果，能经营到什么程度，能给扶贫工作带来多少效益，这些都难以估计。

我认为还是应做好以下几点。

确定一个主题

乡村旅游最容易同质化，容易陷入看看老房子、吃吃土灶饭、采点小水果、买点农产品的模板式样。这样的模式在城市近郊没有运营压力，维持运转很容易。但是就两河村而言，这样的模式显然不行。其中最好的那栋房子是中医世家的，可以抓住这个主题，打造隐居的中医养生地，把中医世家的文化深挖出来，周边的土地全部种植中药，打造药膳美食，改造健康居所等，把整个村子贴上中医养生的标签。

完善一个规划

在确定主题的情况下，要对村落的基础设施、景观节点、绿化设计等进行统一规划，形成主题突出、样式独特、美观实用的风格，让游客从视觉上受到冲击，让看到宣传海报的游客产生强烈的好奇心，让小村子成为散落在大山深处的一颗明珠。目前的规划据说是请一个干部的朋友免费设计的，暂时只是一张非常简单的图纸而已。

处理一个关系

所有方案、规划公布之前，要处理好运营与群众之间的关系。首先是房子的关系，可以探索以长期租用作为收储的模式，比如签订20年以上的使用权，这样既可以保障原住民眼前的收入，又可以确保运营中不产生其他矛盾。其次是土地的关系，可以尝试流转租用一部分作为景观打造，主打药材种植板块，其他零星土地引导群众种植中药材，增加农民劳动性收入，避免原住民在土地全部流转后没事可做。

策划一个宣传

旅游发展永远离不开宣传，即便是远离尘世的终南山，其实也有不少宣传内容。两河村的宣传要在规划完成后就着手启动，以规划引客商。这可以借助扶贫干部谭主任作为四川日报社工作人员的优势，组织百名记者采访，制作宣传品，召开发布会等，把两河村的生态美、故事奇、前景好充分向社会发布，让其在某一段时间成为网友关注的焦点，吸引社会资本入驻。同时，利用行车道路沿途风景好的优势，组织策划自驾游活动，打造自驾游+养生游结合的模式，让游客的身心在两河村得到放松，让两河村药膳成为养生一绝，从而以主题体验、民宿栖居、身心疗养为引爆点，点燃僻远幽静的两河村乡村振兴之星火。

别急，路还很远。

2018 年 5 月 27 日

48个孩子组成的学校

习近平总书记指出，中国特色、世界水平的现代教育，是"两个一百年"奋斗目标和中华民族伟大复兴中国梦的重要组成部分。

来青川已经1个多月了，还没有去了解过基层教育。于是，我们联系了相关部门，今天去了楼子乡，主要是为了看看楼子小学的情况。楼子乡是由湖州市德清县援建的，据说在全县算是比较小的乡。车子沿山谷行驶1小时左右，经过大路小路和无数的弯道才到达。道路两旁都是奇山秀峰，一片苍翠绿意。

楼子乡共4个村，总人口1500人左右，领导班子共5人，加上工作人员共14人。楼子小学共48名学生、15名教师，规模最小的班级只有3个人，规模最大的班级12人。总体硬件还好，跟场镇上的房子比起来，学校的建筑算是地标建筑。但毕竟已过10年，楼道的油漆已经有些斑驳脱落，铝合金栏杆也有些生锈腐蚀。

学校的李校长是2017年从竹园镇小学副校长岗位调来的。初步接触后，我感觉李校长是一个爱岗敬业、有管理思路、有爱心的校长。

学校的孩子基本是留守儿童，23名孩子住校，每个寝室住8人。到宿舍看后，我回想起当年自己住校的情景，那时我们的条件比这差很多，寝室里乱成一团，但楼子小学孩子们的寝室很整齐，略带污渍的破旧床单、被套叠得有模有样。参观寝室后，我感到很心酸，有一个住校的孩子只有6岁。

李校长还带我们参观了图书室、电子室、食堂等地方。他重点介绍了学校电子室的情况，里面有20多台援建单位购买的电脑，14寸屏，在当年应该算不错，但是目前已显得十分陈旧了，其中能使用的还有13台，教师们目前使用的也是这一批电脑。

学校的教师们十分不易，平时都住在学校，周一来，周五走，放学后的活动以体育锻炼为主。听起来好像很自由舒畅，其实换位想想，激情飞扬的青春年华落在这大山之中，再自由也只是限于一隅。在一个全场镇人口不到300人的地方，要坚持每周在这里工作5天，真要有些耐心才行。在跟李校长的沟通中，我表达了希望学校多组织活动，多跟教师们交流，让他们调节好心理，更加热爱工作和生活的建议。我认为一个人的强大不仅是因为他的能力，很多时候更重要的是耐力，强大恰恰是因为孤独。

听取了学校当前需解决的几个问题后，我马上与吴兴有关企业进行了沟通联系，介绍了学校情况。织里镇新蟠龙广告公司立即答应给他们解决校服48套，床上用品48套，图书若干。能为孩子们办点实事，我心里也感到欣慰和满足。

李校长说，家里经济条件稍微好点的孩子都到外面去读书了，这个地方实在不方便，没有通公交车，没有车的老师们只能搭乘乡亲们的摩托车或者运货的小货车到学校来上班。孩子们更是不容易，基本是留守儿童，周五放学，周日上学，爷爷奶奶身体还好的尚且能走来学校接送，爷爷奶奶身体不好的，孩子们只能自己结伴或者独自回家，而路途最短的1小时，最远的3个小时。

留守儿童已经是中西部，甚至所有欠发达地区普遍存在的一个大问题。我自己的亲侄女也是典型的留守儿童。每次看到留守的孩子们，我总觉得他们真的很可怜、很无奈，也很无助。

乡村振兴是一个宏大的战略问题。乡村衰败的原因是人口流失，人口流失的原因是乡村缺产业。有了产业才能实现乡村振兴，农民才能返乡创业、就业，才能真正解决留守儿童问题。

离开的时候，站在校门口，我开玩笑地对李校长说，"楼子小学"可以改成"楼子国际小学"了，因为这里实现了真正的"小班化"教学。李校长等同志哈哈笑了。

中国梦，复兴梦，也是48个孩子的梦。我期待他们穿上崭新的校服时，脸上洋溢着灿烂、自信的笑容。

2018 年 6 月 7 日

全域旅游促绿色崛起

"旅游是传播文明、交流文化、增进友谊的桥梁，是人民生活水平提高的一个重要指标……旅游是修身养性之道，中华民族自古就把旅游和读书结合在一起，崇尚'读万卷书，行万里路'。"习近平总书记在俄罗斯中国旅游年开幕式上的致辞中这样说。

今天，湖州旅游和青川旅游来了个亲密接触。湖州市旅游委员会主任干永福（时任），亲自赶到青川为干部读书班作专题讲座，介绍文旅融合下湖州乡村旅游的发展实践。湖州盘古文化创意有限公司的蒋晓锋在我的邀请之下，也来到青川，上午参观了张家村（初心谷）、竹溪谷、幸福岛，一路上都给他留下了深刻的印象。青川很美，乡村旅游大有可为，这是他们俩的共同看法。

干永福主任的讲课给同志们留下了深刻印象，他讲课认真严谨的态度更是让大家称赞。蒋晓锋这次来，还有一个任务，就是按照青川县委书记罗云"别具一格，独具匠心"的八字要求，为与移沿山村结对的河口村做规划设计。

今天去考察的地方都是青川近两年来重点打造的亮点，环境和设计应该都非常不错，但从现场来看，人气不足是最大的问题。人气不足导致的问题是细节管理不到位，业主（农户）积极性不高，大量基础设施投入后产生的直接经济效益不够。

在青川这样的人口小县，乡村旅游该如何推进？如何把"人口小县"变成"人气大县"？能不能让旅游成为青川"赶超发展""绿色崛起""脱贫攻坚"的驱动器、增长极？

谋定而后动，让道超车

任何事物都有两面性，任何问题都应该辩证看待。快与慢永远只是对立面，根本没有好与坏之分。当年的余村，开采石矿每年可以为村集体带来300万元的收入，但是过度开采带来的是"雨天一身泥，晴天一身灰"。习近平总书记指出"绿水青山就是金山银山"，让环境保护优先，一时是减少了集体的收入，但长期来看却是"时间换了空间"。当前，余村年收入已达3000万元，这只是经济效益。青川山水秀美，在全国大力推进全域旅游的背景之下，我们切不可急功近利，为早出形象、早出效益，过度开发旅游，尤其在推进茶叶种植项目时，既要适度控制规模，又要把已有园区管理好，让"园区"成为"景区"，让"茶园"变成"公园"。推动新项目时，要高起点、大视野地谋划好、思考好，让每个项目都能超越当前、引领未来。让道超车，本身就是一种智慧。

应势而发力，借道超车

党的十九大报告指出，要坚决打赢脱贫攻坚战，确保2020年农村贫困人口实现脱贫，贫困县全部摘帽。今年以来，习近平总书记多次召开专题会议，对扶贫协作工作提出了更高标准。当前东西部协作高层互访、产业合作、资金支持等力度空前加大，战略更加具体化、精准化。同时，党的十九大报告还提出乡村振兴战略，并将其写入新党章，开启了加快我国农业农村现代化的新征程。青川县是农业县，农产品丰富且品质很好，只有很好地融入乡村振兴大战略，用好东西部扶贫协作和支农惠农政策，推动农旅融合发展，才能真正后发赶超。与东部同类型的丽水等地相比，青川有国家发展战略上的大支持，是其独特优势。借道超车，本身就是一种能力。

独特而稀有，弯道超车

只有差异发展才能迅速而长久。同样是在国外从事餐饮行业，湖州一小有名气的老板在意大利将生意做得风生水起，他说方式很简单，他做的西餐只让中国人点单，做的中餐只让外国人点单。没有对比就没有差别，尝到不同味道的人，都有新鲜感，无可挑剔，评价高，名气就上来了。中国人吃到西餐一般不会提意见，同样外国人吃中餐也没有提意见的理由，因为彼此都不知道哪种口味才是正宗的、好吃的。青川独特而稀有的是什么呢？青山绿水、美味山珍、野生动物……这些其他地方也都有，并且在不远的地域当中就有。因而，这个"独特而稀有"，可以做成一个相对的概念，通过在国外、省外、平原地区、大城市开展高频率和大力度推介，通过与知名旅行社合作，让青川每一个元素成为不熟悉这里的人心中的一种"独特而稀有"，这便是弯道超车。弯道超车，本身就是一种水平。

青川发展有很多种可能，最大的确定点应该是越来越美、越来越好，因为青川人民感恩奋进，不忘初心，懂得前行。

2018 年 6 月 20 日

崛起的路上难免有阻力

脱贫攻坚，全国一盘棋；全面小康，决胜在合力。习近平总书记在扶贫工作会议上强调，中国东西部牵手，协作扶贫，是最具中国特色的"扶贫故事"，要成为世界减贫大业里最瞩目的"中国篇章"。

6月20日至23日，盘古文创的蒋晓锋等人来到青川，我先后带他们到初心谷、竹溪谷、幸福岛、黄金岛等地考察，让人感动的是罗云书记亲自陪同调研了好几个地方。调研过程中，罗书记客气地向蒋晓锋请教，场景让人感动。我深切感受到党和政府对赶超发展的热情，感受到青川人民对美好生活的追求。

蒋晓锋团队本次过来，我重点让他们到与八里店镇结对的竹园镇，以及与移沿山村结对的河口村开展调研。对河口村的发展，罗书记寄予了很高期望，指示要按照"别具一格，独具匠心"的要求进行打造，要成为"东西部扶贫协作的亮点，乡村振兴的看点"。我感到压力巨大，一是方案没有商定，哪种模式才是人民满意、领导认可的，不得而知；二是资金从哪里来，结对乡镇是否能出资帮扶，额度是多少，还是问题；三是真正实施改造后怎样运营，是否真的能带动百姓脱贫致富，路还很远。

在规划讨论中，其实我最关心的是钱从哪里来。因此，在村委会集中点的改造上，我提出项目名称改为"八里驿站"，里面改造的每一个节点房屋都以八里店镇的行政村命名，让八里店镇元素充分融入河口村的打造中，让八里店镇的记忆留在河口村的每一个细节之中，要让这个方案感动八里店镇领导，争取到结对镇的资金支持。

这次蒋晓锋团队来，整体还是让人感动的，体现了企业的担当精神和社会责任。我期望能有更多的企业参与支持青川的发展。

今天调研下来，我们有几点共同感受。

青川"资源多""人口少"

无论走在青川的县城，还是相对热闹的竹园镇，给人的印象都是人少，青川县城常住人口中很大一部分是在体制内上班的人，一到周末，人流就分散了。晚上出现最多的人只有两类：一是散步锻炼的人，以中老年为主；二是夜摊上吃夜宵喝酒的人，以中青年为主。时尚、个性的年轻人很难看到。而相对较大的竹园镇，人口也不多，据说有2万，但看起来仍然稀稀拉拉的。就资源来讲，青川3216平方公里的面积已经很让人震撼，随处可见的奇峰秀山让人感觉处处是景。另外，伴随灾后重建和长效帮扶，青川县的整体基础设施建设明显好于川内很多同类县区。资源多，人口少，各种资源存在较突出的闲置问题。

青川"名气大""人气少"

青川是"5·12"汶川大地震10个极重灾区县之一，灾后浙江省举全省之力建设和帮扶青川。可以说，在青川的每一个有人的角落都能找到浙江的影子，有浙江字样，有浙江风格。同时，伴随着青川近几年的快速发展、宣传力度的加大，以及旅游业的发展，越来越多的人开始关注青川、了解青川。但经过几天的考察，我们明显感觉到，这里本地人口不足，外来人口不多，比如改造好的离县城很近的张家村（初心谷），环境打造得很不错，但去旅游、体验的人并不多，有也是以本地人口为主。名气大而人气不足，带来的是"大投入、小回报、慢回报"的问题。

青川"线很长""点很小"

两三天时间里，我们把青川几个重点景点都走了一遍，大部分时间行驶在路上，里程超过700公里。走完后的感觉是，点很小，而串起来的线很长。线长本身是好事，能够拉长游客停留的时间，从而带动消费，但是每个点都太小，并且植入的内容太少，肉眼能及的只是风景，游客能参与体验的项目很少，并且旅游商品店缺乏，难以满足游客即使不买也要观赏的心态。比如幸福岛的水景、山景都很好，但现成的产品仅限于农家乐的棋牌休闲和餐饮，住宿的酒店、客栈等也相对没有名气。更明显的是，几个景区都没有植入成功的活动，尤其是业主自发组织的节庆营销等，缺少活动氛围的景区难免给人以萧条的感觉。

如何解决以上问题，需要时间来解答。这也是蒋晓锋走之前，我拜托他思考的问题，尤其是河口村的运营与人气问题。他上车后给我发了一条信息，说："崛起的路上难免有阻力。"

2018 年 6 月 25 日

洪水无情人有情

"好多年没有涨过这么大的水。""半小时内涨了十几米高。""这次糟了，几百万的投资打水漂了。"……这是这两天在竹园镇查看洪水实情时听到的一些让人非常揪心的话。

6月26日，广元特大洪灾上了中央电视台。10年前是大地震，10年后是大洪水，虽然洪水没有造成人员伤亡，但是财产损失是严重的，尤其对于比较贫困的地区来讲，这简直就是雪上加霜。这两天我们主要去了竹园镇，这是张县长负责联系的乡镇，在本次洪灾中损失最严重。

现在雨还在下，据说最大的雨还在后面，预计在7月2日至7月3日，但愿是虚惊一场。

青竹江的水漫过了大堤，集镇上较低洼的地方全部被淹。进镇口公路上垮塌的石头足以损毁过往的大型卡车，十几辆大型卡车直接被河水卷走。我们去看的青江村、河口村损失都比较严重。很多干部坦言，这次洪水真的很厉害，以前也每年都抗洪，但这次来的水特别急、特别猛，洪峰过境的时候，只能眼睁睁看着水直接往上漫。

这次竹园镇的情况也特别引起了关注，广元市市长、有关副市长都亲自前来视察。县里还从特别紧张的经费中调拨了5万元给镇上，用于各项保障工作的开展。

这两天在竹园镇的抗洪工作，给我留下了几个特别深的感受。

干部很辛苦

青川乡镇干部都住在乡镇的周转房中，工作日一般不允许回县城。说实话，这边乡镇的条件真的很差，以竹园镇来说，尽管竹园镇是青川的经济中心和人口大镇，但是乡镇发展水平不高。经过10年前杭州市的援建，大的框架和一些建筑已经具备一定的规模，但是因产业发展不足，人口聚集度不够，财政保障无力，街道上好多道路已经破损。镇上坦言无钱可支配，破损了就打报告，但很多报告打上去就石沉大海。当然，这也不能怪县里，因为财政经费就那么点。这次洪灾，乡镇同志冲在抢险第一线，很多人都通宵工作，道路垮塌、桥梁损毁没法通行，就跋山涉水通过，到受灾严重的地方去抢险、慰问。大家拖着疲惫的身体，但仍然干劲十足，毫无怨言。

财力很吃紧

这次洪灾，到目前已造成7亿元以上损失，整个青川县一年收入不到2亿元，按此计算，至少三年收入被这场洪水一冲而光。在竹园镇的两天，镇上书记除了指挥协调抗洪工作之外，主要工作就是在向县级干部汇报灾情，尽最大努力争取最大的资金支持。在交谈中得知，镇一级没有独立财政，实行实报实销，日常经费就是每年每人1万元多点的人头经费，保运转都十分困难。按乡镇书记们的说法，镇上破了一个井盖，也只有打报告。县一级财政非常吃力，收入低，开支大。

同志很热情

不管是上次盘古文创公司的人到竹园，还是这次我们去参与抗洪工作，镇上的同志们都十分客气，在本来就十分吃紧的财力下还安排吃住，虽然很简单，但表现十分热情。尤其让人感动的是郭文桃书记全程陪同，还有镇上的驾驶员忙前忙后帮助打理生活，冒着道路垮塌、淹没的风险，既要保障速度，又要确保安全。同志们的工作，真的是收入很低，但责任重大。向他们致敬！

面对这样的发展现状，面对同志们竭尽所能的热情，面对竹园镇对结对协作的期盼，我愿尽我所能、倾我所有。

期待洪水早点退去，太阳照常升起。

2018 年 6 月 28 日

甜蜜的背后是勤奋

"青川电商人才太缺了，光靠我一人真的很难，关键要靠团队。"富乐蜂业的网络营销总监这样对我们说。的确，通过今天对青川中蜂养殖产业的调研，我深刻体会到青川的好产品真的很多，但是推广的力度还不够，很多人对青川的了解仅限于地震受灾。

早上，我跟随张县长到板桥乡的富乐蜂业去调研，看了基地、仓储中心和电商中心，对这一产业有了更加深刻的认识。原来我们在超市里购买的蜂蜜不一定是正宗的蜂蜜，即使是，也大多是意蜂蜜，不是中蜂蜜。中蜂养殖难度较大，对技术要求很高，但中蜂蜜品质非常好，口感不一样。我尝了两大杯，真切感受了一下那种清新自然的香味。

富乐蜂业的技术骨干，据说水平在广元市都是首屈一指的，关键是这个专家才学了4年，靠自己研究、摸索、实践，就得出了一套很有效的方法。现在，他经常到甘肃等地指导工作。上次昭化的挂职副区长到青川考察了该基地，现在双方已就技术指导和种蜂繁殖达成了合作协议。

公司负责人姓李，是个1988年出生的小伙子，他接手父亲留下来的产业。交谈中，得知他小时候家里很穷，住在大山深处，交通很不方便。他父亲是个很有想法的人，坚持送两个孩子上学，从山里出来，到城里租房读书，然后开始养蜂，一步一步发展到今天。年轻人的加入使企业发展更加迅速，尤其网络销售市场正在逐渐打开，最近又拿下了阿里巴巴在青川的代理权，各项业务正在加速发展。

创业固然辛苦，但在创业路上的点滴还是让人着迷的。想要体现人生价值，创业是一条很好的路。交谈中，我发现小伙子很有思路，也很有信心把这个产业做得更大更好。

产品质量是根本

土蜂蜜之所以卖得很好，是因为其品质真的好。青川县森林覆盖率达到73.77%，没有任何工业污染，在这样的天然环境中，蜜蜂采集百花花粉酿造出来的蜜，其品质肯定好。守住这个品质，就是要守住这片山水。

技术支撑是核心

负责人一直强调，找对了专家，产量、品质、名气自然上升了。为请到专家，富乐开出高薪加股份给专家，这样才让他加入团队。专家说，一是心动，看好这个市场前景；二是感动，1988年出生的小伙子做事认真踏实，有上进心、进取心，用诚心打动了他。

市场推广是动力

好产品必须要有好的营销，市场上的蜜很多，不缺大品牌，怎样让人们真正了解蜂蜜，认识到中蜂蜜、青川蜜的独特品质，显得十分重要。要通过淘宝、阿里的网络营销渠道，让品牌化、标志性产品产生竞争力，从而提高价格，占领市场。同时，政府做好中蜂产业发展规划，出台扶持政策，也是加快这个产业发展的重要方法。

延伸开发是方向

蜂蜜作为美容养颜、调理滋养的产品，市场前景很好，但卖原蜜还不够，开发衍生产品应该是一条很好的路子，这样既可以解决储存和运输问题，又可以提升附加值。比如开发酒类产品，我今天才知道原来蜂蜜酿酒是用蜜直接发酵，以前认为蜂蜜酒就是蜂蜜直接勾兑酒。此外，还可以开发蜂蜜饮料、含片等。通过衍生产品的开发，可以更大限度地提升附加值，对增收是一大驱动。目前，青川还没有这样的企业。

祝福青川的人民也能像蜜蜂一样酿出甜蜜的生活，而我也愿意像蜜蜂一样在这里勤劳付出。

2018 年 6 月 29 日

想清楚，干到底

罗兰曾说："懒惰是很奇怪的东西，它使你以为那是安逸，是休息，是福气。但实际上，它所给你的是无聊，是倦怠，是消沉；它剥夺你对前途的希望，割断你和别人之间的友情，使你心胸日渐狭窄，对人生也越来越怀疑。"

实际上没有人天生喜欢懒惰，关键是有没有找到那条让自己勤奋起来的路。社会上有人对四川人的评价是"吃吃麻辣烫，打打小麻将"，认为四川人比较懒惰。这个评价客观但不全面，看到的只是一点点表象。全中国有数不清的大厦、隧道、桥梁、高速、高铁的修建工人是四川工人，为了生活他们汗流浃背，为了家庭他们四处漂泊。

致富道路只有多跑、多干才能实现。发展也是一样的道理，不多跑、多干，只能原地踏步。

7月11日至14日，张县长率队，带竹园镇郭文桃书记等一行人到结对的八里店镇对接工作，参观了八里店南片、妙西智慧谷、丝绸小镇、谷堆乡创等项目，和八里店有关领导开展了对接座谈会，行程相当丰富。此行给了他们很震撼的印象，看到了东西部发展理念、思维、模式等方面的差距，坚定了加强学习、奋起赶超的决心。郭文桃书记多次表示，回去以后要好好理一理思路，写一篇学习心得，尤其是河口村的建设，要谋划好，结合实际打造出特色和亮点。

八里店镇镇长张学民（时任）表示，一定提高政治站位，领会党中央开展扶贫协作战略精神，尽其所能，切实把好事办好，把实事办实，办出成效。他表示镇上将按照区委、区政府的统一部署，按照竹园镇所需、八里店镇所能，优化配置社会资源，充分发挥纽带作用，多途径参与竹园镇扶贫开发，形成合力，实现合作共赢、共同发展。

合作对接活动的安排总体是有序、丰富的。竹园镇干部的态度让人感动，他们编制了一本项目书，列出了切实期望开展的项目，并对每个项目进行了内容描述和可行性分析，测算了将达到的各项社会效益。项目书编制得非常规范有序。

在对接过程中，我一直思考着这么几个问题。

竹园镇行不行

本次对接内容中有一个重要项目，就是在与移沿山村结对的河口村打造一个乡村振兴示范点，把原有老百姓的房屋进行改造，办乡村民宿、振兴学堂等。依照我在八里店开展的小城镇综合整治和杨溇村打造与运营的模式来看，老百姓的房屋最好统一收回使用权、统一改造、统一运营，否则很难达到预期效果。我与竹园镇干部交流了意见，郭书记表示工作难度比较大，目前的房屋均有老人住着，逢年过节子女回家还要住，收回使用权，一是群众没地方住，二是当地群众观念整体比较陈旧，要实现"三个统一"难度的确不小。

八里店能不能

东西部扶贫协作虽然是一项国家战略、政治任务，但对口帮扶毕竟少不了真金白银。当前，政府要求控制债务，所有融资平台都已关闭，想要拿出预算外的财政资金，难度相当之大。就排定项目来看，仅"八里驿站"一个点的改造费用都将至少达500万元，这在之前都不算大数字，但目前来看，难度不小。钱从哪里来？该怎么付？这些都是问题。引进社会资本？就目前来看，因为整个竹园镇还没有形成大开发、大建设的氛围，所以难度也很大。

效果好不好

三分产品，七分销售，再好的产品都需要卖好。竹园镇从区位条件来讲，优势十分明显：一是交通好，周边离高铁、高速最近；二是平台大，竹园镇已经是一个聚集了1万多人的场镇，地势也相对比较平整，发展的空间还有富余。但放眼周边来看，跟绵阳、广元的其他地方相比，竹园镇还有很多不足。首先，竹园镇不是青川县县城所在地，政治优势不明显；其次，类似河口村这样自然禀赋丰厚的地方真的太多了，比较优势还是不够明显。

以上问题的解决之道在哪里？

战术换战略

精准扶贫，东西协作，整体脱贫，这是国家战略，大的方向、框架十分明确，自上而下，层层推进。在这样的大环境下，竹园镇作为青川县的经济中心，其战略优势毋庸置疑。在这样的情况下，战术显得尤为重要。县委常委、组织部部长王磊（时任）高瞻远瞩，提出以青川新城或高铁新城理念来推动竹园镇的整体跃升。长远来讲，这是竹园镇发展的必经之路。用新城概念吸引社会投资是英明的战术。我在力所能及的范围内，已与华景川集团的地产公司取得联系，希望他们能来考察投资。

时间换空间

简单来说，"时间换空间"就是集中精力，用最短的时间，打造出一个可看、可学、可运营、可见效的点，形成面上示范，成为项目开发的引爆点。比如，抓紧谈妥一户相对好谈的人家，签好协议就进场改造，让效果在短时间内呈现在大家眼前，改造好后运营管理快速跟进，让一个点成为稀缺，从而带动老百姓签约，推动面上工作开展。

资产换资金

做任何事情都少不了花钱，这样的工程，一动就得花钱。第一步面临的就是回收使用权，即使老百姓答应了签约，但钱从哪里来？一是对房屋进行评估，折算成相应股金，说服老百姓以股金入股，参与年底分红，并让老百姓回到改造好的经营项目中开展一些基本劳务工作，得到一些基本报酬作为生活保障；二是政府以土地入股引进地产公司先行开发一个小型楼盘，把老百姓的房屋折算成"房票"，到新楼盘中购买商品房，形成可住进新城、新房的心理预期，从而推进项目建设。

理想是丰满的，现实是骨感的。脚下的路有千万条，但不走就是死路一条。

回来的路上，郭书记问我有什么高见。我说没有，唯一的想法就是"想清楚，干到底"。

2018 年 7 月 27 日

刘大姐的马家大院

树高万丈不忘根，人若辉煌莫忘恩。感恩是一种处世哲学，是一种生活态度，是一种优秀品质，是一种道德情操。有位哲学家说过，世界上最大的悲哀和不幸，就是一个人大言不惭地说，没有人给我任何东西。

昨天，在幸福岛的马家大院，我切身感受到了老板娘刘大姐的感恩之心和情真意切。

幸福岛是木鱼镇打造的一个农家乐集群区，依山傍水，主打白龙湖水产。沿途老百姓的房子都进行了整体风貌改造，农家乐集群的地方，大部分都是新建的房子，这里的老百姓属于水库移民。岛上修建了游步道，种植了大量的油橄榄、香梨、李子等水果，碧水蓝天，自然环境十分优美。从目前的经营情况来看，总体还行，尤其马家大院的生意一直都不错，其他的几家相对差点，根本原因还是青川县人口太少，而就四川全省来看，这样的地方又实在太多。

梁志林是青川县的民政局局长，之前是木鱼镇的党委书记。马家大院的打造让梁局长引以为豪，因为这家农家乐是他通过做刘大姐一家人的思想工作，并且联系了银行贷款30万元盖起来的，目前农家乐经营状况良好，昨天还因接待不过来，推掉了好几桌生意。

我们中饭和晚饭都是在马家大院吃的。吃晚饭的时候，刘大姐亲自端菜。刘大姐60多岁，皮肤晒得很黑，她每端上一个菜就对客人嘘寒问暖，问还需要加什么菜。敬茶的时候她用非常质朴的语言说，能发展到今天这个样子，从来都没想过，要特别感谢浙江亲人，同时特别感谢梁局长，没有浙江的援建，没有梁局长，就没有今天的幸福，也不会有马家大院和幸福岛。

刘大姐敬茶的时候，一直表达着对浙江的谢意，作为新一轮东西部扶贫协作参与者的我，突然感到责任重大，不做好工作，对不起组织的期望，更对不起青川百姓的一片深情。看到年过花甲的老人，怀着激动不已的心情表达如此深切的感恩之情，我的眼角不由得湿润了，我想人这一辈子能做点好事，能给人造福，能让人记住，真的是一件平凡而伟大的事情。

刘大姐和她丈夫都是中共党员，她丈夫是社长（小组长），当年镇上鼓励他们开农家乐的时候，大家都不敢试，因为投入几十万元对农村人来讲，一旦失败，那基本上这辈子很难再翻身了。在他们犹豫不决的时刻，作为镇党委书记的梁志林同志，几乎每周去刘大姐家三次，不断鼓励开导，甚至拍着胸膛说"如果亏了，我来负责"。显然，镇党委是看到了幸福岛的开发前景，也确实想为老百姓致富做点实事。

在党员夫妇的带动下，十来家农家乐纷纷开了起来。政府整合各类资金对农家乐的外部环境进行打造，成功创建成为国家3A级景区。在乡村振兴战略全面实施、逆城市化发展的大背景下，幸福岛的未来会更加美好。

在可期的前景下，结合自己的思考和认识，我认为该项目仍然有几个方面得引起注意和加强。

对老百姓的引导要进一步加强

至少有两方面要加强：一是针对沿途老百姓的房子房前屋后的打理和杂物堆放问题要加强教育引导，政府已经按设计方案对其进行了整体改造，统一性、整体性都比较好，但是没有开门经营的农家，普遍存在房前屋后比较"乱"的现象，比如乱堆乱放，杂草凌乱，电瓶车、摩托车乱停等问题严重，影响了视觉美观，不能给人以更清新自然的感觉；二是已经开设农家乐的经营户，目前的经营还停留在最初级阶段的等客吃饭状态，在主动营销、创新经营方法方面非常不足，必要的培训急需开展。

对外宣传的力度要进一步加强

幸福岛紧依高速出口，有78平方公里的水域面积，农家乐接待能力充足，但以目前的客源来看，仅仅以青川人为主，没有像长兴水口村那样，有旅游公司介入，主动到周边大城市对接客源。同时，幸福岛主打水产资源的菜没有响亮的名字，像千岛湖和天目湖的菜，就以"鱼头"为特色，在全国都叫得响。要尽快成立农家乐协会，抱团发展，聘请运营高手或者旅行社参与，全面扩大幸福岛在广元、绵阳等城市的影响力。

村级组织的作用要进一步加强

充分发挥基层组织的作用对一个地方的发展起到强大的保障和引领作用。我们已三次去幸福岛调研或陪同考察，但都没有看到村里的干部出现，同时也没有经营户提起过村级组织对幸福岛发展的作用发挥。我个人认为，幸福岛是一个发展集体经济的典型基地，有着得天独厚的条件。一是要强化组织对幸福岛品牌的打造和保护，全面加强对村民的教育和引导，让全体村民因幸福岛而自豪。二是可以让村集体资产入股参与到经营户经营中去，这样既可以增强经营户的信心，同时可以让全体村民在经营中受益，让全体村民因幸福岛而致富。

只有让全体村民都受益的幸福岛，才称得上真正的"幸福岛"。

2018 年 7 月 29 日

创造幸福就像捡玻璃片

"人心这么黑暗，我想找一个不再痛苦的秘密。"陈凯歌导演的电影《妖猫传》中，白鹤少年丹龙被白龙当作害死杨贵妃的同谋愤怒斥责而选择离开时这样说道。

痛苦是什么？有解药吗？幸福又是什么？有秘密吗？

到昨天，我已来青川整整三个月，三个月里因工作对接需要也曾回浙江。来青川最大的感受是凉快，这是最直接的幸福；回浙江最大的感受是炎热，这是最直接的痛苦。在青川会思念亲人，在浙江会向往远方。无论在哪里都有你想要的和不想要的那部分存在。

昨天女儿的夏令营班结束了，毕业典礼上，妻子给我传来了宝贝在营中写的日记。其中有一篇是给父母的信，信中写道："妈妈，我知道，爸爸不在的三年内你很辛苦，每天送我上学，还要给我洗衣服、检查作业，平常你出差时都是爸爸陪我在家里……爸爸，虽然我不知道你为什么总是对我那么暴力，但是那都是为我好，你不是一直都想让我变得更好吗？……我每天都很想你……"宝贝用稚嫩的文字写出了她的心声。其实她跟我一样，都不善于很直接地表白。

孩子马上要上五年级了，等我这边工作结束回去就要上初中了，孩子一天天在成长，而我自己呢？在复杂的社会大形势下，怎样的成长才算成长？是职位变化，还是身体健康？

月初回自贡老家看望亲人，父母头发白了很多，母亲中风后手脚非常不便，父亲痛风的毛病经常发作。奶奶80多岁了，虽然腿脚仍然利索，但看着她满头的白发和深陷的眼睛，我知道，她再也不是当年那个可以做出世界上最好吃的饭菜的奶奶了。加上去年的一场重病，奶奶明白自己已到"鬼门关"前走了一圈，对死亡感到十分恐惧。

晚上回到宿舍，电影频道正在播放电影《妖猫传》，讲述的是有关杨贵妃之死的一些事情，因为是大导演陈凯歌的作品，所以我很认真地看完了。故事是个小故事，电影通过这个故事阐述了很多道理，情节虽然玄幻，但富含哲理。

回想过去一年自己在八里店镇的工作，艰辛、艰难，小城镇整治、文明创建、教育就学、旅游农业发展，每一项工作都有寸步难行的时候，都有让人难以入眠的时候。人晒得黝黑，脾气有时也变得暴躁，甚至在家人面前都难以控制，现在想想很是后悔。

电影告诉我们，这个世界是由真相和谎言交织而成的，我们必须接受现实，明白这个世界有残酷、无情、虚伪、冷血的部分，但不能因此而消极厌世，而应该将这一部分搁置、放下，努力珍惜点滴美好，放大人性中的真善美。看透了生活的真相，但依旧要热爱生活。

幸福像一颗玻璃球，掉在地上成了碎片，每个人都可以去捡。在拾碎玻璃时，如不小心翼翼就会被扎伤，让人疼痛不已。

生活中难免有一些伤害，一些挫折，一些无奈，一些叹息。想要幸福，只能用自己的双手去努力，去争取，去改变。

脱贫工作也是一样，不自己去"拾碎片"，得到的"碎片"放在口袋里也会把自己扎伤。

2018 年 7 月 30 日

竹园镇可以做新城梦

"巴山楚水凄凉地，二十三年弃置身。怀旧空吟闻笛赋，到乡翻似烂柯人。沉舟侧畔千帆过，病树前头万木春。今日听君歌一曲，暂凭杯酒长精神。"刘禹锡曾以此诗酬答白居易。该诗描绘了诗人在荒远凄凉的巴山楚水中，思念故人只能吟诵《思旧赋》，回乡时自己也好似神话中烂掉斧头的那个人一样，已无人认得，听到白居易为自己吟诵的诗歌，让人精神振奋。这首诗表达了一个落魄之人遇到知己时的那种感激与兴奋之情。

今日是建军节，我们迎来了一批客人，碧桂园沪浙区域市场拓展总监孟德杰与助理曾建来青川考察。虽然当前碧桂园公司因在建工地房屋垮塌的事情被很多人指责，但我们不得不承认碧桂园公司在房地产开发市场中的龙头份额，不得不折服于该企业坚持的"造房先造景""给你一个五星级的家"的做法与追求。

青川发展，缺信心，缺塔吊林立的感觉。作为交通节点的竹园镇，曾按新县城选址进行了城市框架的打造，因各种原因，城市搬迁未能实现，目前的竹园镇仍有不少闲置的土地。在高铁、高速都接通的情况下，竹园镇虽然迎来了发展机遇，但是仍然显得艰难。

碧桂园考察团的到来，虽未必能顺利实现投资，但至少带来了希望。孟总一行先后考察了竹园镇的三个地块，对交通优势很满意，但对目前人口总量表示担忧。后又考察了县城的金洞坪地块和现有的地产项目。孟总认为，目前楼盘能卖到当前的价格是他没有想到的。

座谈会上，相关县领导详细介绍了青川的情况，分析了交通、生态等优势，又增强了孟总一行的信心。通过仔细聆听介绍，我也感受到青川的未来是前景广阔的，至少生态红利会加快释放，伴随广平高速的开通，青川交通将更加便利。不过开通之时，我或许已任期满返回浙江了，希望那个时候的青川变得更美，发展更快。

碧桂园是我来青川之后接触的第一批大企业、大集团之一，在大家热切盼望有企业来考察的时候，它来了，真的有刘禹锡写那首诗时的感觉。在接待客商的时候，我们青川的干部是认真的、充满热情的，很多细节都让人感动，从他们的工作状态来看，他们对青川发展的愿望是十分热切的。干部们认真地在图纸上做介绍，用最详细的介绍尽可能把优势分析得很深，把劣势也讲得很实。尤其是竹园镇的郭文桃书记在给碧桂园做介绍时，满头大汗，既紧张又激动，有种生怕介绍得不到位的感觉。

我个人分析，竹园镇开发一个小型房产项目应该不会愁卖。在新型城镇化推进的时代背景下，在大量外出务工人员完成一定财富积累的阶段，大镇开发小地产前景是有的，辐射带动的效果也是明显的。因务工或做小生意而致富的人在农村地区正逐渐增多，离老家近、房价低，成为他们购房的首要考虑因素。

在青川工作了三个月，我已深深爱上这片土地，深深爱上这里的人，内心真的很期待通过自己的努力给他们带来发展，缩小与东部地区的差距，让"协作"推动"协调"，共同发展，踏步迈向小康。

2018 年 8 月 1 日

传奇的青木川与魏辅唐

　　"事无顺逆，万法皆空，随缘即应，不留心中。""任何事情到最后都是好事，如果不是好事，就说明还没有到最后。""看一个人优不优秀，不只是看他做过什么，还得看他拒绝过什么。""时间是可以成就一切，也是可以毁灭一切的东西。""平安回来就是圆满，不要执念太深，你从鬼界一下到了佛界，我却一直在人间，是人就得执着。"……这些话是电视剧《一代枭雄》中的经典台词。电视剧改编自作家叶广芩的长篇小说《青木川》。该剧以20世纪20年代贫穷落后的陕南小镇风雷镇为背景，讲述了留洋归来的何辅堂为报父仇，励精图治，力促风雷镇和平解放的故事。

　　其实真实故事确有原型存在，就发生在与青川交界的陕南小镇青木川，何辅堂实为魏辅唐，他并非什么留洋归来的学子，他出生在贫穷山区，却创造了传奇的一生。

　　今天，我在同事的带领下到青木川古镇参观学习，在导游的讲解下，参观了简单古朴的小镇，感受了魏辅唐传奇的一生。

　　我们从乔庄镇出发，经姚渡镇，一小时十几分钟便到了青木川古镇，这里虽为陕西地界，但从房屋建筑、风土人情、方言体系来看，小镇完全是四川味道。可以想象、推测，该镇人物故事仍是巴蜀故事，与川西土匪故事有类似之处，至少故事背景、走向、结局都有雷同。

小镇沿江而建，两边都是高山环绕，而小镇屹立之地还算平坦，有大宅院落、商业小街。据说小镇之前因为地理位置等原因，一直不温不火，但在孙红雷主演的电视剧《一代枭雄》播出之后，便成为网红。的确，小镇集散中心偌大的停车场，几乎没有什么空位。

古镇主要景点有魏辅唐宅院、烟馆、青楼等，整个景区由河流、古街组成，老街保留得比较完整，川北风格的建筑风味十分浓厚。

魏辅唐出身寒门，却不甘平庸，因勇杀国民党民团团长魏正先而成功上位。魏辅唐在当时以种植鸦片、开设妓院等为主要经济来源，修建了十分讲究的魏氏大宅。他让乡亲们种植鸦片，但明确规定不能吸食，如经发现，第一次是掌嘴，第二次是灌粪尿，第三次便要枪决；他开设妓院，但绝不允许本地姑娘去做工，也绝不允许本地男人去消遣；他投资建造大桥，还投资建造了辅仁中学，要求本地甚至周边地区的小孩去免费学习，除了基础的学习科目外，还开设了俄语、英语，如果本地适龄儿童不去上学，他就派人将其父母绑起来，戴高帽游街……从这些事情来看，他应该是一个枭雄的典型，电视剧的名称起得恰到好处。

治理地方的方法有很多，如法治、德治等，但核心还在于人。民风的治理，不能缺少强有力的引导和具有威慑力的管理。反观目前的乡风文明、基层治理，机制仍然需要探索完善。

游完古镇回青川的路上，一路奇山异水，一路奇思妙想。我始终认为，成功没有命中注定，但一定有点点滴滴，一定要日积月累。

2018 年 8 月 12 日

慈善的初心就是纯粹

有这样一个著名的禅宗故事。一位高僧说起之前没有得道时的生活，每天打柴、挑水、做饭；得道之后，每天还是打柴、挑水、做饭。那有什么区别呢？他说，之前打柴的时候总想着挑水，挑水的时候总想着做饭；得道之后，打柴就是打柴，挑水就是挑水，做饭就是做饭。

不同的人读同一个故事会有自己不同的理解和看法。这个故事让我明白，真正的道，是简单、专一、没有杂念地去做一件事情。

8月19日，湖州美欣达集团董事长单建明在市委原副书记金建新的带领下，来青川开展慈善工作，成立了150万元的基金，捐赠了电脑、书包等物资。企业开展慈善工作就是做慈善本身，就是一种社会担当，没有什么先利后名、先名后利、名利双收等杂念。

企业给得起，社会很需要，这就是慈善。

单建明给人的感觉十分低调，我之前只跟他接触过一次。那次我跟随领导到他的企业调研，在他公司食堂吃了个中饭。调研中，我对他的印象是，这个企业家对国外发展形势分析得比较深刻，有战略眼光、发展思维。他的企业最初从事印染行业，后成功转型成为一家环保企业，这个举动确实令人敬佩。当时我就有一个判断，这家企业肯定会有很好的发展前景。

"2018年新财富500富人榜"上，单建明以74.2亿元的身家位列第431。2017年，美欣达上缴税收已超3亿元，同时企业热心慈善事业，每年都为全国各地无偿捐款捐物，是"湖州慈善排行榜"的榜首。

这次美欣达无偿拿出150万元设立"慈善基金"，还捐了电脑、书包、文具等爱心物资。一同前来的另一家企业临时起意，也捐赠了20台电脑。

金书记现虽已退休，但是他在会上仍饱含深情地发表了讲话。老领导讲到情深处，不由得说，如果自己是个企业家，也马上拿钱成立专项基金。

对啊，很多时候不是钱的问题，关键要看是否有这份心。本次活动，他们还带了家里的小孩子一起参加，希望让孩子从小接受要回馈社会的教育。虽然小孩们可能还没法理解慈善真正的含义，但是企业家们能有这份心便是难能可贵。

我们时常在思考，一个企业的发展到底靠什么。技术创新、团队精神、领头雁……这些都对，但我们不能忘了必然性中的偶然性，偶然性中的必然性。

当年的慈善大红人陈光标，在汶川大地震后，第一时间出钱出力，被温家宝总理称为"有良知、有感情、心系灾区的企业家"。2010年，他宣布死后捐出全部财产；2012年，他在《纽约时报》登广告宣传钓鱼岛主权属于中国；2013年，将16吨百元人民币堆在演播室，支持经济普查；2014年，在《环球时报》发表文章称，愿倾尽家产收购《纽约时报》。到2012年，他的捐款总额已达20亿元。之后，他几乎销声匿迹。

2018年6月，沉寂多年的陈光标在微博上晒出了六一回家跟父母一起割麦子的照片。

虽然沉寂多年，也不知道他的经济现状，但是这个细节让人感动的是，捐款额达20亿元的他，父母仍在农村劳动，没有像一般的富人一样，早早地让父母到城市享受富贵人生，可能二老生于农村，不适应城市生活吧。这再次让我感动于其纯朴、天然。

这几年来，他做慈善的张扬之举是彻底销匿了，但是其纯朴、善意还是没有改变。我仍然相信他的慈善事业没有断，可能只是改变了方式。

企业发展推动做大慈善，慈善做大反作用于企业发展，这便是偶然性中的必然性，必然性中的偶然性。

义行天下，善行其道。做慈善就是为了道义，就应该纯粹。

2018 年 8 月 20 日

期待白龙腾飞

坚持新发展理念，坚持稳中求进工作总基调，坚持共抓大保护、不搞大开发，加强改革创新、战略统筹、规划引导，以长江经济带发展推动经济高质量发展。要坚持把修复长江生态环境摆在推动长江经济带发展工作的重要位置，共抓大保护，不搞大开发。不搞大开发不是不要开发，而是不搞破坏性开发，要走生态优先、绿色发展之路。这是习近平总书记4月26日在深入推动长江经济带发展座谈会上强调的。

保护和开发不是一对矛盾体，而是一体两面。

8月25日，我到白龙湖调研考察，碧绿清澈的湖水，两岸绵延的青山，零星散布的村庄，历史感厚重的码头……让人难以忘怀。白龙湖像是一块镶嵌在青川大地上的碧玉，美丽动人，清秀婀娜。

乘船3小时左右，我返回沙州集镇。地震后重建的小集镇就在湖边，显得十分别致，多了文化青年的秀气，文气而不失优雅。

游完白龙湖，我对它的整体感觉是山清水秀、空气清新，但从运营管理角度来看，还有很多不足之处，比如洪涝垃圾清运机制的健全、水岸保护开发的刚性制度、水库移民的致富路子等，很多东西还有待进一步提高和完善。

处理好保护与开发的关系

白龙湖被列为水源保护地，据说前两年花了几千万元对湖面网箱养殖进行了集中清理。现在的水质为常年Ⅰ类水质，整治后的湖面如镜面一般干净透明，湖面上停留的只有零星的船只和钓鱼的浮岛。网箱养殖的确会对水质造成严重损害，但整治后加强水资源利用刻不容缓。整治掉的网箱也是库区百姓生活的饭碗，砸掉旧饭碗，就要尽快打造新饭碗。现在的白龙湖就像一个待嫁的姑娘，素颜待妆，要想嫁个好婆家，就得略加打扮。首先，要有个征得上级部门认可的保护性开发的方案，毕竟是水源保护地；其次，对水岸线也要进行适当的整治，比如改善沿岸的乱搭乱建、私占水面、集中畜禽养殖等，要让投资商有眼前一亮的感觉。保护是应该的，但开发也是必然的。

处理好个体和整体的关系

幸福岛是青川县重点打造的乡村旅游景区，是库区移民的集中安置点，也有不少原住民。政府对幸福岛进行了统一的规划和打造，种植了上万亩的油橄榄，对老百姓的房子也进行了统一改造，使之色调都趋于一致。在环岛的湖岸线还打造了4.8公里的自行车骑行道。同时，还配置了游客中心、观景平台、旅游厕所等公建设施。岛上有10多家规模不一的农家乐。幸福岛的硬件条件和自然资源都十分优越，但从运营角度来看，并没有达到预期效果。一是人气不够旺，生意好的农家乐不多；二是景区内公共设施破损比较严重，缺乏管理和修复；三是农民组织化程度不够，各自经营，存在价格互压现象，岛上很大一部分居民以给垂钓爱好者配送盒饭和收取廉价的停车费为经营收入，效益极低。进行统一运营势在必行，可以引进一家旅游公司进行统一运营和管理，加大营销力度，把影响力扩大到大城市，吸引更多人来这里休闲度假。走市场化道路，才有更大活力。

处理好近期和远期的关系

远近结合，让白龙湖的发展更加健康，符合自然规律和经济规律。近期来看，可以把周边已建成的点，比如幸福岛、沙州集镇、营盘集镇等管理好、运营好，将其打造成如碧玉般的湖面边上镶嵌的小钻石，以便更好地吸引投资商。种植和管护好小岛上茁壮成长的油橄榄树，将它们既当作"风景树"，又当作"摇钱树"。远期来看，一定要放长眼光招商引资，引进真正有实力、有眼光、有社会责任的大企业和大财团对白龙湖进行整体开发。这方面，可以学习借鉴千岛湖的开发，更应该超越千岛湖的开发，立意更高远，更加体现白龙湖的野奢价值。

我相信"白龙湖鱼头"的价值，但我更看重"千岛湖鱼头"的价格。

期待白龙湖有一天能如白龙般腾飞，带着老百姓致富奔康。

2018 年 8 月 30 日

福气不是运气，是底气

战国时，荆轲欲赴咸阳刺杀秦王。燕太子丹给荆轲找了个帮手，叫秦舞阳。秦舞阳12岁就当街杀人，满街的人都不敢上前看他一眼，杀气十足。可是，等到荆轲带着秦舞阳见到秦王的时候，秦舞阳"色变振恐"，吓得尿裤子了。

为什么会这样？秦舞阳是燕国大将秦开的孙子，他12岁当街杀人，是因为他家有权势，并不是因为他有勇气。等他见到秦王这个全天下最有权势的人时，才知道别人的权势是真的，自己的勇气是假的。

其实，一个人因为什么欺负人，就一定会被什么欺负。正如莎士比亚所说："这场残暴的欢愉，终将以残暴终结。"

有很多东西是暂时的，也有很多东西是注定的。做正确的事，可能从表象来看恰恰是最傻的事。

古永春，外号"古董"，是我高中时的好哥们。他的经历似乎可以略加证明。

8月29日晚上，我翻开手机，给古董打了个电话，请他来青川考察一下山珍特产。古董，当年这个无心起的绰号，却把他叫成了一个真正的古董。古董是重庆果汇源果业的董事长，目前已拥有18家门店，员工100多人，年销售额达4000万元。

那年高考，他因为成绩实在太差了，没有考上大学。复读的时候，他听了我的建议，报考了四川烹饪高等专科学校（现改名为四川旅游学院）。建议他去上这个学校的原因很简单，因为这家伙确实比较好吃。高中时，大家真的都不富，每餐吃肉简直不可思议。我每个月的生活费只有100元，包括来回车费，那时候基本每周只能吃一次肉。有时，碰上鞋子坏了，要买双鞋穿，那就一个月都吃不上肉了。古董和我形影不离，但他很不一样，这家伙即便把鞋子穿破到大脚趾都从鞋子里跑出来，也不会去买新鞋子，而隔三岔五吃顿肉丝是绝对不能少的。

我大学快毕业那年，古董也刚好参加毕业实习，于是他到湖州来了。我非常清晰地记得这家伙刚来时的情形，他那一口极其标准的"川普"，使我宿舍里的同学笑得前仰后合。后来因宿舍住宿管理很严，不让留宿外人，古董就去学校边的城中村租房子住，租在一个老人家家里。那阴冷潮湿的房间里什么都没有，床是由两张长凳和一块门板组成的，蚊帐是我从毕业的学长那里弄来的，直接挂在床上方的屋顶上，挂下来的边缘压在门板下面，床边上还放了一条长凳，睡觉的时候就把脱下来的衣裤放在凳子上。现在回想起来，真是心酸。

古董先后在正方食品厂、佳路利印染厂上班。毕业后，我留校工作，空闲时间较多，我们就一起在城中村（后庄）开了一段时间川菜馆，取名"兄弟川菜馆"。前几天，我在青木川古镇看到一家川菜馆也叫"兄弟川菜馆"，马上拍了照片传给他。这家川菜馆勾起了我们的回忆。那个年代，我们好像什么都不怕，觉得人生有无尽可能，从来没有为出身卑微、家底薄弱等而感到悲伤，只觉得自己有使不完的力气、做不完的美梦。

川菜馆开不下去之后，古董又去学校边上卖快餐、米线等，后来又在出租房专做师院学生外卖的生意。一段时间后，他觉得实在没什么前途和机会了，便决定回四川。

回川前一天晚上，我们在河边公园露天喝了茶。那时候，身边几个要好的朋友都有了稳定的工作，甚至有了家庭，而那时的古董一无所有。在湖州生活的几年，对他来说是空空荡荡的，甚至还把喝过的酒都吐光了，因为他的酒量确实不行。

8月30日，古董来青川了，后来我们把高中同学胡银模也叫来了。银模在绵阳做石材生意，高中时也是很好的兄弟。三个朋友一见面，一聊天，一回忆，很多内心的阴霾和苦楚一下子消失了，心情舒畅了很多。

8月31日，我带他们到大沟去考察，古董虽然被美景吸引了，但更多的是被老乡家传统养殖的蜜蜂产的土蜂蜜吸引。他认真察看，仔细询问，准备在他的门店销售青川土蜂蜜。

古董的变化，除了外形胖了以外，还变得更加成熟和专注于事业发展。唯一没变的是，他依然纯朴简单，即便衣着打扮十分随意，也从心底透露出坦然的自信。

至少到目前为止，古董的发展是成功的，可能有偶然性，但认真梳理分析更能看出其必然性。

福气绝不是运气，而是积累起来的一点一滴的底气。

2018 年 9 月 1 日

尽力而为，量力而行

8月21日，李克强总理主持召开国务院西部地区开发领导小组会议，部署深入推进西部开发工作。李克强指出，要坚持以人民为中心的发展思想，立足我国仍是最大的发展中国家和仍处于社会主义初级阶段的基本国情，尽力而为，量力而行，促进西部地区民生不断改善。坚决打赢精准脱贫攻坚战，坚决兜住保障困难群众基本生活的底线。着力推动基本公共服务均等化，运用"互联网+"等新模式使边远贫困地区享有更多优质教育、医疗资源，提高西部就业、养老等公共服务水平。

李克强总理讲话中"尽力而为，量力而行"八个字让我很受触动。西部开发建设、东西部扶贫协作、脱贫攻坚等，核心是推动西部地区经济发展壮大，"尽力而为，量力而行"体现了实事求是的唯物主义思想，体现了"过犹不及"的忧患思想，值得各级党委、政府，以及所有从事扶贫开发工作的同志认真执行。

来到青川已经第5个月，我对东西部扶贫协作工作的认识从陌生到熟悉，应该说，目前已基本掌握了其中的方法和要求。张县长对东西部扶贫协作的阐释很有道理，他认为，"扶贫"是核心，"协作"是关键，"东西"是方法。"东西"就是要求充分整合东部与西部的各种资源，形成互补、互促、互用、互利的良性循环模式。

驻川工作组的机构是健全的，分了各大片区，各片区设有挂职市（州）政府副秘书长来进行协调指导，也建立了工作微信群，群里每天都能关注到浙江各地市、县区结对单位的工作动态。网络的便捷让工作变得公开透明，信息的及时公开发布也让大家能互相学习、比拼、改进。从群里大家发布的信息来看，浙江的协作工作抓得很紧很实，体现了大力度、大气度、大角度。

8月29日，浙江省召开了扶贫协作推进会，省委、省政府高度重视此次会议，省委书记、省长分别对会议作批示，常务副省长冯飞出席会议并发表讲话。浙江派驻各地扶贫协作和对口支援的挂职干部人数已达199名，这并不包括援助的教师和医生等专业人才。对于下一步工作，省里也有明确要求：一是聚焦增收脱贫，深化产业合作；二是聚焦就业脱贫，推进劳务协作；三是聚焦智力帮扶，加强急需人才帮扶；四是聚焦爱心帮扶，加大社会参与力度；五是聚焦深度贫困，深化携手奔康行动。

会议还安排了六个单位交流发言。会议开得很成功，各地、各部门都有了压力，形成了进一步的比拼态势。面对当前情况，根据几个月来的学习思考，就比拼问题，我个人认为完全应该遵守李克强总理所说的八个字："尽力而为，量力而行。"

互访要适度

高层互访已经纳入协作考核。开展高层互访，对推进扶贫协作工作有很好的促进作用，可以建立友好关系，可以共同商议协作事宜，可以共同解决工作难题等。但根据目前情况来看，互访的频率似乎有点过，至少从微信群里经常看到结对两地互访活动的信息。其实，一旦机制形成，互访只要达到预期效果即可，毕竟高层互访也会产生一定的费用，造成一些经济压力，毕竟西部地区都还不富。同时，互访活动可以通过网络视频连线等形式开展，不宜过度，否则既流于形式，又造成浪费。

项目要精度

新一轮的扶贫协作更加聚力产业项目的扶持，强调发展的更可持续性。这肯定是很好的方向，是从"输血"向"造血"转变的关键之举。但是项目的安排还是要更加注重"实事求是，因地制宜"，要更多地考虑到当地的地理条件、买方市场、产业基础、民俗习惯、生态容量等方面。一方面，老项目要突出发展壮大，通过扩大规模、改进技术、扩大市场、品牌打造等，使原有产业提升扩面壮大。比如，青川县传统的山珍产业，就是要通过扶贫协作资金的注入，让原来的项目业主在政府的支持下，树立更强的信心，发挥协作资金"四两拨千斤"的作用，让产业具备更强的市场竞争力，带动更多农户增收致富。同时，新发展项目，一定要有超前思维和环保理念，不能"为产业而产业"，特别是绝对不能把东部地区有环保压力的产业简单转移到西部，对西部良好生态造成破坏，"不能走老路，否则没有回头路"。

结对要力度

在推进扶贫工作的过程中，各地都非常注重携手结对，推动了企业与村、学校与学校、医院与医院、镇与镇等多种层面的结对关系，各级组织间纷纷签订结对协议。协议形式固化下的关系自然更有说服力，但至少有两点我们必须考虑到：一是协议的内容要经双方三思而定，内容上要有针对性，要有血有肉，体现真金白银和真抓实干；二是协议签订后不能成为"一纸空文"，放在抽屉里，关键要抓好协议内容的落实，要把协议中商定的内容，以清单形式罗列，双方排定分管领导和专门人员，要抓好落实工作。

捐赠要温度

推动扶贫工作，社会捐赠意义重大，至少捐赠更加直接，更加有针对性。从目前来看，各方面捐赠的力度都很大，就青川而言，目前4个月里收到的捐款已达260万元，其他物资有衣服1600套、书包128套、文具128套、体育用品261套、床上用品48套、电脑40台，折合人民币40万元。相信其他地方也不少。捐赠物款体现了协作单位地区社会人士的无私大爱，因此，我们要体现更多的温情：一是要加强宣传，对捐款方的善举，要利用媒体进行宣传，在全社会形成良好的氛围；二是要通过信用荣誉证书、感谢信等方式，对捐赠方的善举予以肯定；三是在年底的一些表彰大会上，可以根据实际情况，邀请捐赠方到受赠地参加会议，也可以进行表彰。同时，也要邀请爱心人士到受赠地的学校或贫困户家里去走走看看，做一些交流活动，让爱心更有温度。

工作抓得紧肯定很好，但同时也要有张有弛、讲究法度。有些时候，很多事可能也像手中的流沙，抓得越紧，流失越快。

2018年9月7日

每一位教师都要是仁者

我国自古以来都有尊师重教的传统。在中国古代，教师一直备受尊重，汉武帝便是一位尊师有礼的贤君。据《通鉴·汉纪三十九》载，有一天汉武帝到东郡巡视，顺便去看望自己做太子时的老师，"丙辰，帝东巡，幸东郡，引酺及门生并郡县掾史并会庭中。帝先备弟子之仪，使酺讲《尚书》一篇，然后修君臣之礼"。就这样一个小动作，使得天下大化。

明天便是第34个教师节，对于曾经也当过教师的我来讲，自然会想到这样的特殊日子，倘若没有从湖州师范学院出来，明天定能收到学生们的祝福。

1985年1月21日，第六届全国人大常委会第九次会议做出决议，将每年教师节定为9月10日，今年已是第34个教师节，回想自己工作已经14个年头了，曾经以为会从教一生，但世事变化无常。

近日，12名专业人才已经入川，不巧的是，他们来的时候，我们恰好回浙对接工作，没有碰面。明天就是教师节了，我们计划去看望他们。6名教师被分配到了乡镇学校，条件是艰苦的，但我相信，这会使他们的人生有更多不同寻常的获得感。

昨天晚上，我偶然在江苏卫视看到一个访谈节目，讲述的是一个保研的女大学生毅然放弃保研资格，到云南偏远山区学校去支教的故事。故事很感人，能让边远地区的留守儿童得到改变，爱上生活，真的是一件不容易但很伟大的事情。

东西部扶贫协作，派专业人才参与，无论是对于当地的人才事业发展、民生改善，还是对于挂职同志的成长，都是一件很有意义的事情。从青川的角度来看，其实医疗事业发展得已经很不错了，基本能满足常住的十来万群众的需求，但从教育来看，问题就比较突出了。据了解，家庭条件好点的学生都去绵阳上学了。到绵阳购房，送孩子到绵阳上学，已经成为青川人的一种追求，也是很平常的一件事情。优质生源的流失，对青川整体教学质量的提升肯定有很大影响。

教育的公平才是最大的公平，不管面对的是什么样的学生，作为教师都不能有任何懈怠，反而要努力让相对贫困的孩子通过学习知识，去改变命运。

吴兴支持青川教育发展，应该把着力点放在留守儿童的认知教育、行为教育、启智教育上，让教师用温度去教育学生，让有限的财力投入教师的爱心教育，让有限的经费更多地用在学生身上。可以组织一些活动，带领学生到外面的世界看看，让他们在切身体验中学会长大，提升对"知识改变命运"的认同感。

其实，我那远在荣县老家的两个小侄女也是典型的留守儿童，每次看到她们的现状，想到她们的未来，都让我有痛心的感觉。也许，每个人都有自己的命运，祝愿孩子们都有好运。

突然，我有一个想法，定期到最边远的乡镇学校，去和孩子们、老师们做一些交流。

作为老师，希望你们是仁者；作为仁者，希望你们都像老师。

2018 年 9 月 9 日

慰问挂职教师

唐代诗人罗隐的诗作《蜂》中有这样一句："采得百花成蜜后，为谁辛苦为谁甜。"教师忙碌一生，青丝变白发，又是为了谁呢？教师秉承一份责任，学生要懂得感恩，社会也要给予尊重。

今天，我陪同县领导慰问了马鹿乡中心小学支教教师王国忠，三锅镇小学支教教师贾东梅、潘莹，青溪中学支教教师周继明，青溪小学支教教师朱梓华、姜金娥。他们都是从吴兴来的。马鹿镇是地震后湖州市本级援建的，马鹿乡中心小学据说是当年援建工作中交付的第一所学校。三锅镇和青溪镇是当年温州市援建的，青溪镇是青川县的老县城所在地，三锅镇是青川县相对地理条件较好的一个镇。

三锅镇是青川县城去青溪镇的必经之地。相传三国名将邓艾曾在三锅屯兵，当地土地肥沃、粮草充足，将士们搬来三块巨大的石头支起大锅煮饭。如今三块巨石还在，要是锅还在，可能可以破吉尼斯世界纪录。三锅镇的镇名源于三锅石。三锅镇被我们戏称为"青川县的成都平原"，条件还是不错的。三锅镇的这点平地，放在东部就是"毛毛雨"，但是在青川，这么点平地真的是十分难得。由此，可以想象青川发展之难，摆在面前的就有"三缺"——缺地、缺人、缺钱。

考虑到今天是教师节这么一个特殊的节日，同时又是支教教师们在遥远他乡过的第一个节日，所以我们为每位挂职教师都准备了一份水果作为慰问品，聊表心意。

车子开往三锅、青溪，一路经过了几百个大转弯，我像护着孩子一般护着这些水果，生怕因滚动而影响了水果的新鲜程度。我也当过教师，深知被认可和被尊重的感觉。

看到领导专程前去慰问，教师们自然很高兴，这也是他们来到他乡第一次见到湖州的同志，相信这将是他们一生中很难忘记的一个教师节。

青川真是大，慰问几个教师，我们马不停蹄地跑了一整天。今天的工作结束后，我内心有几点非常明显的感受。

组织很重视

交谈中得知，无论是乡镇领导还是学校领导，对挂职教师的工作和生活都十分重视，亲自过问。尤其是对教师们提出的一些生活上的问题和建议，学校都根据实际情况，及时整改和满足。周继明老师刚去的时候睡的是学生的高低铺，铺很窄，也不温馨，经过沟通，学校尽快做出了调整。学校领导提出，只要老师们有什么要求，他们都会尽力满足。其他老师也都表示，学校对他们很关照。

教师素质高

这次派来的教师都是经过自愿报名和组织选拔的，在跟他们的交谈中，能非常明显地感觉到教师们身上透露出来的那种和善、包容。姜金娥老师教英语，四川的英语教材与浙江不一样，每一堂课都要重新备课，教具都是她自己花钱从网络上购买的。她明确表示，这些东西都会留给后面来的老师。王国忠老师的夫人也是老师，目前正怀着二胎。王老师表示，因为路途遥远，他家人反对他国庆长假回去，所以打算学期结束再回去。在和老师们的交谈中，我发现他们没有任何怨言，体现了很好的气度和风范。

教育路还长

教育涉及千家万户，教育的质量问题、均衡问题、公平问题等，也是目前面临的比较难解决的问题。审视青川教育，与中西部地区大多数地方面临的问题一样。留守儿童教育质量保障是很严重突出的问题，相比之下，生源的流失根本就不是问题，好生源到好学校得到好发展，其实不是件坏事，但是，留下来的孩子们的教育问题，最让人担心的是出现"破罐子破摔"的情况。三锅镇小学的袁副校长就坦言，孩子们的父母不在家，爷爷奶奶照看孩子，在行为习惯上根本管不住，孩子们为方便与父母联系基本都配备了手机，于是玩手机游戏的情况就十分普遍，并且十分严重，学校在管理上下了很大功夫，但是要坚决遏制住仍然有难度。

令人担心的是，如果广大农村教育中的诸多问题得不到解决，那东西部差距可能会在将来更加明显，并且由此带来的社会治理问题会像恶疾一样难以治愈。

值得欣慰的是，国家为这些西部学校的孩子都免费安排了课间营养牛奶，孩子们平均个子在明显增高。教育部门也在不断努力，老师们都说在这里教好书育好人，不光是一份责任，也是一份情怀。教育决胜未来。

忽然，我好想知道我当年在讲台上讲课的样子。

2018 年 9 月 10 日

留下像大象一样的脚印

最近有这么一则新闻：一位企业家富了之后回报乡里，给乡里捐建了很多栋别墅，但是在分配过程中遇到了问题，已经离开村子的人也要回来分，家里人口多的要求多分。结果，原本很好的乡亲关系，因为这个天上掉下来的"馅饼"，闹得鸡飞狗跳。

人都是善良的，但人都是趋利的。

东西部扶贫协作是精准脱贫攻坚战的一部分，是习近平总书记扶贫开发思想的重要组成部分，但扶贫协作不是扶贫工作的全部，协作体现的应该是互相的帮助，是互利共赢的，而不是"单边协助"。

我们不是那个来"造别墅的人"，只是为造别墅提供可选的规划方案、可选的市场材料信息的人。我认为，我们全体扶贫干部都应该是这样的人。

昨天上午，广元市召开了东西部扶贫协作浙江省挂职干部座谈会，市委常委、组织部部长许东明（时任）亲自参加并讲话。会议听取了每一位挂职干部的工作汇报，我也谈了自己的想法和观点，得到了市领导和与会同志的"点赞"。

我作为一名四川人，"出口转内销"到四川工作，各种感受很不一样，同时我也想趁此机会当面对来到广元的全体浙江挂职干部道一声谢谢，感谢他们的无私帮助。

参加这支队伍前，在湖州，我曾经做过高校教师，后来到区委办公室主要从事文字写作、政策研究、联络服务工作，来四川之前的一年多在乡镇工作，主要负责征地拆迁和环境治理方面的工作，可以说以前的工作是"一手拿笔，一手提刀"。来到四川后，我的工作发生了很大变化，从事东西部扶贫协作，主要"靠嘴、靠腿"。

来到新岗位上，我尽快调整心态，适应环境，进入角色，工作方向上，自我明确了四个方面。

一是抓重点。按上级确定的打造"东西部扶贫协作示范"的要求，围绕考核指标做梳理分析，确保压力传递到吴兴、青川双方的有关部门，形成共抓、共管、共促的格局。目前氛围很好，劲头很足，方法很多。

二是破难点。经分析，考核的难点主要是劳务协作。据统计，目前在浙江的青川人5270人，在湖州仅5人，建档立卡贫困户226人，这远远达不到考核要求。要完成这个目标，只能依托商会，因此通过湖州成都商会找到了一些办法，下一步应抓紧开展有关劳务输出工作。

三是聚焦点。利用自己喜欢思考的优点，利用空余的时间，围绕青川发展、群众关切的焦点问题，写一些体会、思考、建议，当好"联络员""战斗员""参谋员"。

四是创亮点。集中精力把竹园镇河口村作为"东西协作示范，乡村振兴典范"来打造，形成"别具一格、独具匠心"的可看、可学、可增收的示范点。目前初步方案已完成，正在积极筹措资金，积极发动群众支持参与，积极探索运营管理新模式。

作为一名四川人，通过在浙江和在四川期间工作的对比，我认为有三点差别值得我们总结。

首先，四川干部，至少广元、青川干部工作是"逗硬"的，但浙江干部更能"落细"。四川的工作，各种检查考核很多，也很细，方案很周到，考核很严格，处理很严肃，顶层设计到位。而在浙江，干部则把更多的精力放在方案实施过程中，把每一项工作都落到细处，市、县级主要领导都会研究具体问题、具体事项，对事情真相的掌握都很透彻。我深刻感到，"落细"比"逗硬"更能解决实际问题。

其次，四川干部，至少广元、青川干部都有"开放意识"，但浙江干部更有"开放格局"。其实四川人的"盆地意识"真的不是坐井观天，近年来，四川的开放程度已经十分明显，成都已经位列一线城市，竞争力很强。"意识"与"格局"的区别是什么呢？正如浙江、四川都像一个可以独自上山打野猪的猎人，四川人上去打一枪，没打着，一群野猪冲过来，他会拔出腰上的柴刀与野猪火拼；而浙江人可能撒腿就跑，回到村子里，叫上一帮人去与野猪搏斗，结果可想而知。"格局"更能体现一种智慧与气度，这一点，值得我们学习。

再次，四川发展，如广元、青川等地，只是"暂时落后"，要坚信"后发赶超"。四川省委书记彭清华指出，要把脱贫攻坚作为最大的政治责任、最大的民生工程、最大的发展机遇，体现了辩证思维和自信态度。四川省是资源大省，因为交通等方面原因导致相对贫困，但是伴随西部大开发战略的推进，生态优势、能源优势会逐渐显现。东西部扶贫协作是机遇，不是发展的主动力，而是推动力，勤劳刻苦的四川人民，不会向贫穷低头，在返乡创业、振兴乡村的时代号召下，明天一定会更好。

如诸迹中，象迹为胜。作为挂职干部，我们的脚步应该像大象，平静、踏实、敞开、无畏，在融合、学习、改变中提升自我、完善自我。

2018 年 9 月 19 日

考察学习不是任务，是愿力

最近听到几个退休老人的故事。他们原先都是成功人物，但是几乎无一例外，退休之后想做一番事业，却总是搞不成。问题出在哪儿呢？是因为老了，能力不行了？也许有这方面因素。我倒觉得是另有其因。

他们可能太习惯使用一个成熟系统来做事，他们之前的成功，可能更多是因为搭建有一个帮他们做事的组织系统。在这个系统的支持下，他们习惯于做事只想战略，而不是自己去实践和落实。

考察学习也是一样，要学战略模式，更要学实践操作。

罗云书记的首次吴兴考察之行，几经变更，终于成行，并且非常顺利地完成。此次吴兴之行让青川的各位领导从安排上满意、内容上满意，关键是希望真的能学到具体可操作的经验做法，而不是富有创意和冒险的战略思维。

罗云书记本次赴吴兴主要安排了两地联席会议、优势资源招商推介会和创新亮点考察工作。

9月26日下午，考察团到杭州，罗云书记等县领导一行当晚与负责灾后重建工作的谈月明指挥长在杭州碰面。其他部门领导随安排的车辆到吴兴住宿。当天我也参加了与谈月明指挥长的碰面会，会上谈月明指挥长饱含深情地讲了话，回忆起了当年援建工作的点点滴滴。

听他诉说，好像那些情景历历在目。他说三年任务两年完成，真的不分昼夜、排除万难，与青川干部、群众结下了深厚的友谊。分别的时候，谈月明指挥长还给每一位参加会面的人写了一幅字以表达自己对青川的情谊。我收到的那幅字是"惠风和畅"，字体刚劲有力、线条优美。

9月27日上午，考察团考察了美欣达集团、老恒和集团、丝绸小镇。下午，举办了两地联席会议。会上，吴兴区发改经信局负责人杨元江对协作"十大工程"做了情况说明，签订了城投集团小微产业园投资框架协议，高新区常溪村和竹园镇银洲社区，织里镇朱湾村和观音店乡青竹村签订了结对协议，吴兴区水利局与青川县水务局签订了高效节水灌溉、小流域防洪治理、农村饮水援建框架协议。陈江区长、罗云书记分别作了讲话。

当天下午，县区领导分别赴织里镇东尼电子、童装城考察，各相关部门举行了两地对口部门具体工作对接会。

28日上午，在东吴开元酒店开元厅举办了青川县优势资源招商推介会。会场外围，还举办了青川部分农特产品的展示活动。会议邀请了吴兴工业、农业、服务业、旅游业等领域的企业参加，区级各部门也参加了活动。活动氛围热烈，取得了良好效果。尤其是摆在展台上的青川土特产吸引了不少参会人员参观询问，这些包装讲究的农特产品像是待嫁姑娘穿着盛装一样，向吴兴人民展示着她们无尽的韵味。

推介会后，考察团参观了位于衣裳街的德泰恒大药房、城市党建广场、湖师附小西山漾校区，中午特别安排在了太湖边的餐厅用餐。下午，考察团到安吉县余村、黄杜村等地考察，晚饭后返回吴兴。在安吉县黄杜村的白茶基地，青川代表团看到了青川"白叶一号"的

"母亲"基地，漫山遍野的茶树就像一片美丽的"摇钱树"。我们期待着从这里启运的"白叶一号"能继续上演"一片叶子富了一方百姓"的绿色传奇。

29日上午，考察团到妙西镇原乡小镇、谷堆乡创、慧心谷项目考察，在慧心谷自助餐厅用餐，餐后赴上海浦东机场登机返回青川。慧心谷项目是我还在吴兴区委办工作的时候启动的，项目工地我多次陪同领导做过调研考察，如今看到一栋栋漂亮精致的度假别墅矗立在翠绿的竹林中，建筑与大自然竟能如此和谐相处，真是让人惊叹。其实，青川并不缺少这样的景致，只是缺少这样的大项目。青川的同志们和我一样，都很期待能有这样的项目在青川落地，期待坡地村镇、点状供地这样的政策能在青川试点。

考察活动十分圆满，接待安排精心、细致、周到、热情，很让人感动。考察点也让青川的同志们十分感慨，饱含羡慕之情、向往之意。

此次跟随考察团跑下来，我自己也很受震撼，有几点体会很深。

湖州变化很大

无论是西南板块、仁皇山板块，还是湖东板块，都是塔吊林立，很多楼盘都起来了。虽然房地产是"一锤子买卖"，但是至少能改变城市形象，制造聚集人气的新空间。看到农房变了楼房，道路更加宽敞，城市框架更加大气，作为一个新湖州人的我由衷地激动和自豪。

工作需要创新

创新改变世界。慧心谷、原乡小镇的坡地村镇和点状供地政策给旅游产业发展开辟了一条新路。浙江省进行的这个试点，是机制创新的典型案例。四川有着比浙江更丰富的旅游资源，我想如果能出台这样的政策，将极大地推动旅游产业进一步发展（目前已出台相关政策）。尤其青川，点状供地可能是吸引旅游投资者的"总开关""大切口"。

关键在于落实

学习之后，关键在于结合实际探索好、实践好，不能"看看激动，想想心动，回去一动不动"。虽然青川很多方面条件不如湖州，但集中力量肯定能办成大事。就我们扶贫协作项目而言，每年3000万元的项目（之后两年大幅增加），我们第一年采用的是"撒胡椒面"式的做法，面尽量广、点尽量多，这样做的原因是我们聚焦"扩面、精准、长效"六字。希望无论有多少实惠，都能尽量让更多贫困群众享受到。只要落实，就能见效。

协作中的交流考察，不是一种任务，而是一种愿力，我们不求效果立竿见影，但希望可以潜移默化。

2018 年 9 月 30 日

一枝一叶总关情

接待工作也是生产力。我们作为扶贫协作一线的挂职干部，除了做好"参谋员""战斗员"外，也要做好"联络员"，把两地有效紧密地联系在一起，才能在相互协作发展中实现精准有效。

这段时间真的太忙了，很长时间没有用文字记录近期的工作和心得，因为大部分时间都在从事接待工作。虽然感觉很累、很辛苦、很吃力，但是看到这么多吴兴的同事过来对接工作、看望我们，我内心感到很亲切。

10月18日，织里镇党委副书记姚连华（时任）一行来青川开展镇村结对活动；19日，吴兴区副区长滕辉一行来青川开展"八里竹园"雷竹产业雷竹苗捐赠活动；当天，浙江大学吴昊设计团队一行来青川开展示范乡村前期规划考察；20日，织里镇党委副书记汤雪东（时任）一行来青川开展童装扶贫车间对接；近期，中央电视台、浙江电视台、湖州电视台均来青川报道"白叶一号"栽种工作。东部的同志们来对接工作，我们很高兴，没有他们的大力帮助，很多工作就没法推动。

近段时间以来，青川"两根苗"引起了中央电视台等各大媒体的极大关注：一是安吉黄杜村捐赠的茶苗，总书记关心批示的"扶贫苗"，期待"一片叶子再富一方百姓"；二是与竹园镇结对的八里店镇捐赠的竹苗，期望"种下一棵竹，长出万根笋，致富一方人"。

今天，在竹园镇河口村举行了简单而又隆重的竹苗捐赠活动，滕辉副区长代表八里店镇捐赠竹苗，并作了讲话，还带领同志们种了一片小竹林。我作为协作挂职干部，同时又是八里店镇、竹园镇的挂职党委副书记，十分感动、欣慰，但也备感压力。怎样才能按照领导的要求、群众的期盼，真正将河口村打造成为"东西协作示范，乡村振兴典范"？钱从哪里来？事情怎么干？干得怎么样？这些都是需要动脑筋、讲实效、出形象的问题。

一支竹笋一条路

雷竹是一种产笋率很高的竹子，雷竹笋的味道也十分鲜美。四川、重庆等西部大部分地方都盛行火锅，而竹笋是火锅爱好者的一个必备菜。鲜嫩的竹笋经高温烫煮后，鲜香可口。因此，笋的销售在市场上一直走俏。种好竹子，把青川县竹园镇打造成为"火锅笋基地"，让广大群众以笋致富一定是一条可以走好的路。同时，雷竹本身也是竹制品加工的一种重要原料，可以开发竹工艺品、竹席、竹地板、竹椅子等产品，只要竹子成活生长，老百姓就可以"卖笋子竹子挣票子"。

一棵竹子一根筋

"一根筋"听起来是贬义词，但恰恰是突破难题的"必杀技"，没有"一根筋"的闯劲，很多事情都容易半途而废。竹园镇种竹子，从名字上听起来理所当然，从地质土壤检测结果来看也十分适合，但是种竹子不是一种就能收效，种好之后的管护十分重要。如何创新管护机制、加强宣传引导，如何持之以恒地爱护好、管护好这片竹园，是我们全县、全镇、全体竹园人需要研究的问题。不管过程中遇到什么样的市场行情、政策变化，都要坚持走下去。

一片竹叶一生情

懂感情、讲恩情是做人的基本准则。八里店镇首批捐赠的竹苗，来自移沿山村村民自发捐出的社会资金，价值近百万元，每一分钱都出自村民们自身的点滴利益。对口协作，结对友好，体现了东部人民的无私大爱。河口村的老百姓应该牢记这份恩情，并且把两地感情源源不断地传递下去，要向子孙后代讲好这片竹林的故事，与移沿山村互相携手，共同发展。

我们一定要有"一支竹笋一条路"的干劲、"一棵竹子一根筋"的闯劲、"一片竹叶一生情"的韧劲。

2018 年 10 月 21 日

每一个男人都有一个武侠梦

10月30日，金庸在香港病逝，享年94岁。大家纷纷感叹：从此世间再无江湖。

金庸先生的小说，以及根据其小说改编的电视剧和电影，相信大部分人都看过，那些关于江湖恩怨情仇的故事引人入胜，故事中每一个人物都刻画得入木三分。每一个男人都有一个武侠梦，对于出生在偏远山区的我来说，这样的梦可能比很多人更加强烈，因为武侠梦对于我来讲，就是成才梦、翻身梦、人生梦，是想让自己变得强大的豪情梦。

到现在，我依然清晰地记得童年时的情景。夏天傍晚，我和弟弟把晒场上的稻谷收起来之后，晚霞映在大山之上，翠绿的树林被晚霞照得通红通红，凉风一阵阵吹来，道路上干完活回家的乡亲们脚步匆匆。我和弟弟开始比武，从电视里学来的"降龙十八掌""一阳指"等统统都会，赤着膊运着气，每一次决斗都做着同一个梦——我们要变得强大，要改变山沟里的生活，要走出去闯荡江湖，要在江湖决斗中胜出，成为江湖中人，夺得一席武林地位。

"有人的地方就有恩怨，有恩怨的地方就有江湖，人就是江湖。"这是金庸小说中十分经典的一句话。是的，虚幻的武林是江湖，而现实社会又何尝不是充满竞争的生存体系，恩怨在所难免，江湖无处不

在，真正的绝世武功变得像小说中描绘的一样，已经是无招无式，无须抬脚动手，技法已与心法真正合二为一，变得看不见，却能伤到人。

武林之中，江湖之内，真正的武功有章有法，而现实社会中，不是每一个拥有绝世武功的人都能成为胜者，打天下靠的不再是拳头！

于我，置身于现在的江湖之中，似乎对金庸小说中的侠肝义胆产生怀疑，侠肝义胆再也不是行走江湖的"通行证"，有时恰恰变成断送性命的江湖"格杀令"。

江湖再也不需要侠义，侠义却离不开江湖。

"他强由他强，清风拂山岗；他横任他横，明月照大江。"金庸写出如此的人生哲学，似乎又给那些落魄的江湖人点拨了一种继续生活的生存哲学。江湖中不可能人人做霸主，现实中不可能人人如意，重新认识生活，又可以点燃重生的希望。

同样，有人的地方就有消费，有消费的地方就有发展。所以，人在社会生活中扮演着不可或缺的角色。一个人口稀少的地方，很难看到发展的希望。青川发展，人少地广是一个制约因素。没有人气就没有商气，没有商气就没有财气。路子不是没有，通过发展旅游可以引进"流动消费人群"，通过发展电商可以集聚"虚拟消费人群"，线上线下的人都是宝贵的资源。

今年，全国各地都上演了"抢人"大战，尤其以西安为最。湖州出台了给予大学生来湖工作、生活前所未有的优惠条件，发放各种补贴，让前几年参加工作的人纷纷感叹"生不逢时"。

事实上，社会是个复杂的多元综合体，需要各种层次的人才，只有各层次的人才有机组合在一起才能形成良好、稳健的发展态势。

昨天，湖州市人力资源和社会保障局一行人来青川对接东西部扶贫协作劳务合作事宜。东西部扶贫协作对劳务协作提出了非常明确的

要求，劳务收入是脱贫的真招、实招、快招，这一点从中央到地方大家都十分清楚。这次湖州"抢人"，又下了狠招，出台了十分优越的政策，从交通补贴、探亲补贴、住房补贴、培训补贴等多个方面给予贫困人口优待，可以说是给青川贫困老乡带来了实实在在的"大礼包"。

从目前形势分析，很难断定这个政策能够吸引多少贫困人口去就业，至少目前有两个问题要面对：一是目前大部分有劳动能力的贫困人口已经在外务工；二是留在当地的贫困人口除了不能外出的，还有不愿外出的。全县劳动力外流的主方向是成都、新疆、西藏等地，工种上偏向比较简单、灵活的工地岗位，而江浙一带的劳动力需求主要集中在生产车间，不一定能受到青川当地劳动力的青睐。

作为四川人，我坦言，我们四川人求安逸、安稳的思想根深蒂固，较难改变。

跟浙江同志共事多年，每一次"交锋"的失败，似乎恰恰是手中的那点"绝世武功"和心中的那点"侠肝义胆"伤了自己。

此时江湖已不是当时江湖，无需"刀剑"，仅需"船桨"。

2018 年 11 月 2 日

温柔的硬核

突然想到一个词：和光同尘。记得是有一次我在开车的时候，听收音机里《冬吴相对论》栏目中讲到了这个词语。据查，该词出自《道德经》："挫其锐，解其纷，和其光，同其尘，是谓玄同。"意思是指挫去人们的锋芒，解脱他们的纷争，收敛他们的光辉，混同他们的尘世，这是深奥的同化境界。

说到底，这是一种处世哲学，有种与世无争的意味。与世无争，不露锋芒，在现代社会真的能让人游刃有余地生活吗？能适应当前激烈无比的竞争吗？对大部分人来说，工作所面临的考核压力无处不在，真的不能松懈。

这段时间，我的工作主要围绕东西部扶贫协作的考核，各种数据、各种考核、各种总结、各种台账，挖数据、找证据、理凭据，各县区都在激烈竞争。到青川半年多，我深刻感受到青川领导干部的认真、实干，以及他们对浙江人民的深情厚谊，对东西部扶贫协作的殷切期待。我们必须打胜仗，积极争创"东西部扶贫协作示范县区"。

我们连续通宵工作，精准对标对表。功夫不负有心人。值得庆幸的是，11月4日至6日，省督导组在实地检查后，给了我们很高的评价。但是，我们没有懈怠，坚定清醒。对检查组提出疑问的地方都拿出了最有说服力的解释和验证，检查组的同志们都及时解惑释怀。

面对目前的态势，我们既要"和光同尘"，又要"锐意进取"。所有智慧的背后不外乎是勤奋、坚韧、隐忍、思考。

每一个成功的人，都有一颗温柔的硬核。

2018 年 11 月 10 日

这里没有地平线

2018年5月28日，习近平总书记在中国科学院第十九次院士大会、中国工程院第十四次院士大会上说："吾心信其可行，则移山填海之难，终有成功之日；吾心信其不可行，则反掌折枝之易，亦无收效之期也。"原文出自孙中山的《建国方略·孙文学说》，意思就是说要有自信，要有信念，要相信美好，这样再难的事情都可以实现。

今天，送走吴兴区陈江区长（时任）考察团一行后，我跟张县长、青川县委组织部常务副部长张筱（时任）及蒋晓锋一行直奔茶坝乡调研，很早之前就一直想去调研一下茶坝乡独有的老鹰茶产业。与茶坝乡的党委书记王露（时任）等同志接触后，我为他们在大山里工作的那种精气神所感染，不由得想到习总书记的这句话。

送走陈区长一行后，我们从盘龙机场直接往茶坝赶去，因为观音店乡有段道路被冲毁，所以车只能从青川到广元的老路绕。路是单行道，沿着大山脚下的河边通行，经过中核集团在山谷中的基地时，我们看到大量看起来很陈旧的工厂，工程都是20世纪七八十年代的建筑，在当时应该是非常了不起的建筑，戒备十分森严，给这寂寞的山沟增添了不少神秘的色彩。

驱车两小时左右到了茶坝乡的新石村，在乡党委书记王露等人陪同下，我们现场看了老鹰茶的种植基地。我以前从来没有见过老鹰茶，在乡里同志们的介绍下，才了解到这个茶还不简单。老鹰茶的叶片呈椭圆形，面绿背白，故又称白茶，富含芳香油、多酚类化合物，泡饮时较清香，口感厚实，先涩后甘，滋味浓而口劲大。《本草纲目》记载其有止咳、祛痰、平喘、消暑解渴等功效。老鹰茶的历史可追溯至春秋战国时代，唐朝时期还曾被列为贡茶。当年，茶坝乡的老百姓在山上发现了一棵老鹰茶树王，就开始做扦插试验，试验成功后又做矮化培育，矮化后又采用制作绿茶、红茶的方法进行炒制，成功地开发了各种类型的老鹰茶。

看到村里整理出的茶叶种植项目地块都在陡峭的山坡上，我深刻感觉到村子的不易。这个村是全县最后一个通公路的村，也是今年的脱贫村。后来，我们又去了重楼种植项目基地和黑猪养殖基地，最后去了根艺老人李忠義家，并在老人家里吃了晚饭。李忠義老人原来是村里的党支部书记，从事了20多年的根艺工作。院子里摆满了老人从山上收集来的各种老树根，形神兼备，非常有特色。他的根艺作品主要是根据树根原来的形状进行简单的加工制作，尽量保留树根本来的样子。最让人感动的是，老人和妻子都得了癌症，但心态很好，这么多年都还健在。老人很有文化，他在客厅的墙上给妻子写了一幅动情的文字，老人一字一句地读给我们听，脸上洋溢着幸福的笑容。

吃晚饭的时候，县政协杨主席等领导也赶了过来，既是商量茶坝接下来的发展思路，也是看望一下李忠義老人。那晚，高山上的温度只有3摄氏度左右，我们围坐在小院里，火盆里蹿起了温暖的火焰，木头燃烧发出啪啪的声音，有点过节的感觉。

空气很冷，人心很暖。小院在高耸的大山环抱中，不再冷清孤独，李老爷子一家人十分热情，忙前忙后，让人感动。

我不由得想到作家蒋巍先生的一句话，是他给贵州省写的一部纪实文学上的文字："这里没有地平线，出生就没有行走，只有攀登。"

此次茶坝之行给我留下了深刻的印象。

这里没有地平线，只有生命线

去茶坝乡的公路，一直在山腰盘旋，所有农房不是在山谷，就是在山腰，有不少农户的房子因为地无三尺平，只能采用吊脚楼的形式，并且建造的房子都是就地取材，基本都是木结构。房子在巍峨的大山上，就像一棵小树一样立在那儿，孤独得像是走散的羊羔。无论你站在任何地方，眼前是山，山的背后还是山，找不到地平线，看着孤立且毫无生气的房子，再秀美的风光，都显得暗淡。站在高处俯瞰，那如麻绳一样缠绕在大山上的水泥路，宛如人体的血管，向老百姓输送着生活的希望。对，这里虽然没有地平线，但是有生命线，有生存、生活的希望，仍然燃烧着致富奔康的星星之火。

这里没有平庸，只有平凡

在茶坝乡，我接触到了乡镇干部、村干部、业主、百姓等，每一个人给人的感觉都朴实无华，无论言谈举止、衣着打扮，都给人一种典型的本色味道，淋漓尽致地展现着各自该有的样子。他们是一群平凡的人，但绝不是平庸的人。为了发展，他们眼中饱含期待。东西部协作没有什么大资金、大支持，本意是起到"四两拨千斤"的作用，但是他们对这"四两"充满了渴望和期待，用心地展示了他们项目的可能性与优越性。这种平凡而不平庸的精神值得敬佩。

这里没有不义，只有不易

争取项目，是每一个期待发展的人的权利，对于政府，更是义务。茶坝人用热情与真心向大家展示了想争取发展的初心，没有"不义"，反而让人实实在在感受到了他们的"不易"。乡党委书记年轻、能干，在县里相关部门担任过负责人，组织安排她到茶坝这样条件相对较差的乡镇锻炼，对她而言，无疑是一种磨炼。一名看似柔弱的女子，竟撑起一个地方的发展与稳定，着实不易。

青川县有27万亩茶园，并且面积还在不断扩大，而目前以茶致富的安吉县，全县仅有17万亩茶园。安吉这17万亩茶园每年面临的最大困难是采茶问题。清明前后是采茶的集中期，茶叶每天一个价，芽头每天都会变老，采茶必须争分夺秒。每年，除本地男女老少全部上山外，还要从河南、安徽等省份紧急调集大量采茶工人，工人难找的情况年年存在。青川目前同样面临采茶工人缺失的问题。

产业要适度，路子要精准。

我想到了去茶坝乡的十八道弯的盘山公路，道路虽曲折，但总是向上的，坚持向前就一定能到达山顶。

2018 年 11 月 12 日

孤独是人生的礼物

《孤独是人生的礼物》，这是同事章伟杰近期寄给我的书中的一本。书的扉页上写着："孤独是生命中最独特的力量，是成长和智慧的源泉，更是最珍贵的礼物。当你一个人独处，我们的内心开始变得沉静有力，自我的力量就开始觉醒。"

自4月27日离开浙江入川以来，半年多时间过去了，我熟悉了青川的山山水水，了解了产业发展的基本情况，与青川人民也结下了深厚的友谊。有时候，我会突然很羡慕来青川挂职的医生和教师，羡慕他们能很直接地用自己的一技之长帮助别人，从而获得最直接的反馈。曾经，我想过每个月到学校与老师和孩子们做一些交流，但现在看来有难度。一方面，我手头工作很忙，好像真的抽不出这样的时间来；另一方面，为了促进地方发展，领导希望我从招商引资、产业发展等方面发挥更大作用。东西部扶贫协作本意确实如此，只是各地在推进中确实要更加注重因地制宜，不能盲目求快求新，产业发展要注重规律，更要接地气，实事求是。

青川是一个可以大力发展全域旅游和现代农业的地方，无论是气候条件还是产业基础都还可以。面对思想认识、气候条件、人力资源、交通不便等问题，如果一味强调产业合作和产业建设，发展是很难的。

产业容量与人力资源的匹配问题

边远山区人口不多，如何吸引原住民返乡，返乡后的人员力量能否适应农业产业或引进工业的生产需求，这是我们必须要考虑的问题。尤其农业产业，一是人力需求量大，二是年轻一代的新增劳动力不一定愿意从事农业。这就意味着我们需要加强培训培养，树立创业致富的先进典型，起到示范引领作用。比如，对赵海伶、王淑娟、李明路等年轻的创业精英，应该进一步发挥他们的示范带动作用。

产品生产与营销推广的匹配问题

产品只有经过销售环节才能变为商品。尤其是中西部地区的农特产品，虽然有较好的品质，但因为交通问题、营销问题，价格一般不高，在劳动力成本不断上涨的形势下，利润空间并不大。以青川为例，农特产品品质虽好，但价格不高，段木木耳和袋料木耳同价，显然没有利润优势。在政策、资金的投入方面，我们要大力支持产品营销。

产业的升级与人才储备的匹配问题

乡村振兴战略中，人才是最核心的资源。在贫困山区大力发展产业的同时，要考虑到怎样让本地人才留下来，将外地人才引进来。比如，山谷原舍的李正军，曾在北京打拼多年，见过大世面，挣了大钞票，回到张家村发展民宿产业。因为他有情怀、有思路、有实力，才成就了现在的张家村，使张家村成为全县旅游民宿业的旗帜。

不早了，外面飘起了零星小雨，千里之外的宝贝女儿早已熟睡，我是在清醒思考吗？可能恰恰是孤独罢了。

2018 年 11 月 14 日

期待八里驿站的车马喧嚣

1000多年前，竹园便因遍布斑竹而闻名。

1000多年后，竹园又因广种雷竹而出彩。

这是11月18日《广元日报》头版头条，以题为《党建引领"八里竹园"结对共兴》报道八里店镇与竹园镇开展基层党建结对共建的开篇文字。

"出彩"，是一个大家都梦寐以求的状态。何谓出彩？在东西部扶贫协作中，真正的出彩，是让人民群众看到变化，看到发展，看到希望。"出彩点"就是"兴奋点"，就是老百姓的"致富点"。

"无肉令人瘦，无竹令人俗。"竹子不光有其独特高贵的品格，关键有其特有的经济价值。在人口较为稀缺、劳动力相对不足的条件下，发展竹产业既可以产生生态价值，又可以带来可观的经济价值，确实是一个不错的产业。

11月16日，八里店镇党委副书记吴群伟（时任）一行来到竹园镇，作为结对乡镇，双方代表签订了组织共建结对协议书。吴群伟还给竹园镇干部作了"竹园大讲坛"专题讲座，考察了河口村，参观了地震博物馆，虽然时间不长，但给他们一行留下了深刻印象。

在考察完河口村后的座谈会上，与会人员畅所欲言，对河口村的开发建设，同志们都充满信心，对当下建设、发展、运营都提了很好的意见。特别是吴群伟提出的，河口村作为移沿山湿地景区的飞地景区的思路很让人受启发。移沿山农庄董事长、中国盆景协会骨干人物汪拥军提出的在地少植物多、奇石多的条件下发展盆景、盆栽产业的思路很有见地。

竹园镇是八里店镇的结对乡镇，我作为两个乡镇的副书记，对于推动双方结对发展、携手发展有着义不容辞的责任。竹园镇作为全县的经济中心，交通最为便利，平台最为广阔，怎样发展好竹园镇，我一直在思考。

强工业发展

工业富民，农业稳民。竹园镇现有的工业基础和工业平台在全县没有一个乡镇可以比拟。强化工业招商，把现有平台做强，提高财政税收，聚集小镇人气，是做强做活小镇的首要任务。如果全镇能被华夏幸福看中，用华夏幸福的运作模式，让华夏幸福注资运作会是一条非常好的路子。目前，我与华夏幸福取得了初步沟通，是否能促成合作，现在还不得而知，因为青川确实偏僻而且人口、经济总量太小。

做环境风景

竹园镇作为全县经济发展较好的乡镇，人民群众的生活条件也相对较好，农村建房管控问题相对比较突出。口袋鼓起来的老百姓把房子越造越大、越造越高，同时因风貌不一、管理不严，随处可见的参差不齐的农房、大小不一的违章建筑，对城乡环境造成了不良影响。因采矿原因，各种大型车辆对道路造成了严重影响，路面坑坑洼洼的情况明显比其他乡镇严重。同时，镇区大型车辆随意停放问题也比较突出。这些问题都需要引起重视。当前正在开展河口村打造建设，面上管理也加大了力度，相信可以取得良好效果。

造亮点看点

竹园镇作为西成高铁青川站口所在地，无论是领导调研、工作考核、游客体验，都是一个最便利、最具发展可能性的重要节点。怎样打造出一个让人眼前一亮的点，是需要重点思考的问题。县里领导高度关注河口村的乡村旅游打造，罗云书记提出"别具一格，独具匠心"的要求。怎样聚焦聚力把村子打造出来，是我们目前除了完成常规考核之外的一项重中之重的工作。当前，我们正在加紧着手项目规划、资金筹备、模式探索、政策处理，同时也在积极寻找大主体、大资本，加大对外推介的力度。

不过，任何工作都不可能一蹴而就，尊重规律、遵守规则、看准时机才是关键。

不能急不可待

现在推进的东西部扶贫协作，不是当年的地震援建，同时东部地区化解政府债务也给自身发展带来了不小的压力，真正过上了紧日子。河口村的开发不能把太多资金期望交给政府，应充分利用工商资本，把自身的资源变成资本是关键一环。因此，我们可以满心期待，但绝不可以急不可待。

不能急于求成

无论是规划，还是建设，都要避免急于求成的心态。时间虽然很紧，但是任何事情都应该"放平心态，加快行动"，每一件事情都要先想清楚、弄明白，最后才是干到底。走弯路，走得早也没用，最后也是起了个大早，赶了个晚集。

不能急功近利

尤其在招商引资方面，不能"夹到碗里的都是菜"。同时，在推进整体打造中应更多考虑老百姓的集体利益，村子能不能火，关键要看老百姓日子能不能火。目前来看，村里老百姓生活水平并不低，至少从居住的房屋可以看出来。好的房子本身就是旅游开发的一大资源，如何做通老百姓的工作，转变他们的思想认识，调动他们入股开发民宿的积极性，帮助他们养成文明的生活习惯，是很重要的工作，也应该是提前要做的功课。

夜深了，万籁俱寂。希望多年后我们梦想打造的河口村八里驿站能车马喧嚣，燃起让老乡们致富奔康的烟火之气。

2018 年 11 月 18 日

路决定方向，人决定快慢

企业家李想在接受"得到"（App）总编辑李翔独家专访时说，一个人在工作中之所以焦虑和痛苦，有一个很重要的原因，就是他太关注事，而不是关注人。如果你眼中只有事，就只关注得失成败。但换个角度，你的所有立场都是关注人的成长，那你天然就有了长期性的眼光。

平时我们总说"对事不对人"。其实，一件事情的成败有太多不确定性，有太多偶然因素，而人的特性或者说性格都是相对稳定的，恰恰能比较稳定地决定其所主导的事情的成败。

今天是国庆假期结束回青川后的第一个休息日，这一段时间都太忙了，马不停蹄地赶来赶去。驾驶员刘师傅也难得休息，他说能放假休息真好，于是烧了一桌好菜，邀请我们到他家里做客。他家在离县城比较近的板桥乡，大约20分钟车程，所处位置算是我们在青川县看到的比较平整的地块了。房子是地震后重建的，两层小楼带个大院子。门前是一个大的蔬菜、草莓种植基地，再往前就是一条大河，房子的背后是一座大山，我开玩笑说他家是一块风水宝地。

刘师傅准备的是一桌典型的川北菜，以炖菜和腊肉为主，都是精心准备的。我因为这两天感冒了，全身酸痛，便没有喝酒，难得在不喝酒的情况下观察酒桌上大家喝酒的情形。

其实，认真观察，不难看出酒桌上每个人的酒风、性格、职位、身份。喝酒只是事，而酒风的背后是人。关注人的情形，基本能判断事的情形。

因为感冒实在难受，下午我就回到了县城。傍晚，我一个人走到双赢小吃，这里主要供应川北凉粉、面皮和炒饭。我点了一碗蛋炒饭。平时不在食堂吃饭的时候，我就喜欢到这里吃炒饭，因为这家店生意一般，不用等太长时间，环境还算干净。相比之下，隔壁的辣麻麻米粉店就不得了了，只卖早餐和中饭，随时都是客满，不排队就能吃到的机会不多。我周末偶尔也去吃，因为味道确实不错。

经过我的认真观察，辣麻麻的成功，除了其本身味道确实好之外，跟开店的人和店里的工作人员有很大关系。

店里5个人，首先，工作人员从形象上来看比较整洁，都穿了围裙，女服务员的头发都是扎起来的，个个看起来都比较干练；其次，店里对顾客点的各种口味的米粉，从不含糊，不会因为人多而忙乱搞错，忙而不乱、乱中有序是他们成功的一个重要方面。

生意好，这事归根到底还是由这批经营的人所决定的。也许口味哪天会稍有变化，但吃粉的人不一定会因为味道的变化而不去光顾。

路是人走出来的。路决定方向，人决定快慢。

2018 年 11 月 24 日

一杯粗茶一口馒头

赫尔曼·黑塞在《悉达多》中写道："当一个人以孩子般单纯而无所希求的目光去观看，这世界是如此美好。夜空的月轮和星辰很美，小溪、海滩、森林和岩石，山羊和金龟子，花儿和蝴蝶都很美。当一个人能够如此单纯，如此觉醒，如此专注于当下，毫无疑虑地走过这个世界，生命真是一件赏心乐事。"

单纯、专注，是极为不简单的事，是化繁为简，是充分觉醒。

10月27日，吴兴区副区长朱建忠（时任）带队到青川考察，带来了区里有关部门和部分企业。两地召开了联席会议，签订了联合招商协议。朱副区长一行还考察了地震博物馆、青溪古城、唐家河。我一路陪同，一路思考。在考察青溪古城和唐家河途中，区旅发委副主任吴仁斌（时任）和我同坐一车。

吴仁斌是我很早就认识的，那时候他在湖州市教育局工作，是一个很认真、很执着、爱摄影、爱生活的同志，对吴兴旅游发展也做出了不少贡献。去青溪古城的路上，他建议我买一部好相机，用心拍摄在青川的点点滴滴，以后可以在吴兴搞个摄影展。我一直想这样做，但一直没有做到。

在青溪古城，吴仁斌用他的相机一直拍摄，并告诉我，怎样拍好风景，怎样拍好人物，怎样拍好民俗。用自己的视角，去记录寻常百姓朴实的生活是一件很有意思的事情。

回来后，我认真看了吴仁斌拍的照片。几组照片中，最吸引我的，就是他抓拍的青溪古城老百姓的生活场景，尤其是抓拍的老人们的生活场景。温暖的阳光下，老人们安详地看着我们，跟我们一样，眼中充满了好奇，不同的是，他们显得更加单纯、专注、纯粹。他们不关注贸易战，不关心房价，只是单纯地看着游人，以及根据房子影子的变化来判断，是否已时间不早，该准备晚餐了。

上周日，我终于有了一个闲暇的周末。早上起床后，自己独自驾车去了孔溪、板桥、木鱼三个乡镇，想去体验一下小镇生活。开车行驶在安静的小镇，眼中是老百姓最真实、最平常的生活。安静的小镇，仿佛是热闹之后留下的余温，清静但不冷清。空气中弥漫着老百姓烤火烤馒头的阵阵麦香味，纯粹而迷人。

在木鱼镇，三个70多岁模样的老人，在街边用塑料棚搭起来的小房子里烤火。火堆上放着一个烧得漆黑的大铁水壶，铁架上放着一个大馒头。那大馒头被炭火一烤香味就窜出来，弥漫在空气当中，不断撩拨着我的味觉。我停下来，凑过去跟他们聊天。我问老人："这馒头是你们的早饭还是中饭啊？"一个老大爷说："这是点心，喝茶的时候啊，扯一块吃，香得很。"我实在忍不住了，便说我也想尝一下。老大爷马上给我倒了一杯茶，茶碗并不怎么干净，热茶从茶壶里流出来，微风吹了些炭灰到茶碗里。这恰恰是在这大冷天的路边烤火喝茶所要的感觉。我捧着热热的茶碗，迫不及待地扯下一块烤得焦黄的馒头往嘴里一塞，简直像是饥饿的野兽找到一大块肉。小麦粉的香味被烘烤到了极致。咽下馒头，再抿一口热茶，我真心体会到了质朴、简单的生活味道。老人们告诉我，从农历的十月份起，他们基本都在这里这样度过，花大把的时间打盹，不去管外面的精彩，只注重内心的自在。

走的时候，老人们邀请我有空再去喝茶。

哪有时间去喝茶，这匆匆流逝的岁月，我将油门踩到底也只是看到它即将消逝的那一刹那背影。

与时光战斗，一半妥协，一半坚守，两边都让一小步，刚好可以喘口气、踩个脚。

2018 年 11 月 30 日

酸甜苦辣连湖川

"2018"渐行渐远，"2019"扑面而来。站在时间行进的当口，总觉得时间就像存折里的钞票，总是不够用，无论你怎样努力也赚不回逝去的时间。

今天正好是我来到青川满8个月的日子。回味这8个月的青川生活，心中涌现四个字：酸、甜、苦、辣。

酸：地震之痛还在

刚到工作岗位上，我就开始跟青川的干部们一起筹备"5·12"汶川特大地震10周年纪念活动。10年前的电视画面虽然历历在目，但很多细节从未这么近距离地接触。5月7日那天，我跟随大会筹备组到各考察点进行路线踩点，那也是我第一次到青川地震博物馆和东河口遗址公园。在地震博物馆的现场体验厅里，影片播放了当时地震的有关情景，回顾了当时地震后新闻呈现的山河破碎、生离死别、哭天喊地的景象，尤其在介绍木鱼中学师生被掩埋的情景时，一阵酸楚涌上我的心头。影片快结束的时候，扣人心弦的音乐一响起，我彻底崩溃了，眼泪无法克制地滴落下来。我偷偷转过身，一抹脸，发现手掌心都湿透了。

甜：感恩之心长存

到青川以后，我最大的感受就是干部、群众经历地震后表现出来的感恩奋进、自强不息的精神。4月29日是五一假期的第一天，一早我跟同赴青川挂职的张县长到街边小吃店吃早饭，我们用普通话交流的时候，老板很好奇地问："你们是哪里来的？"因为这样的小县城，外地人很少。我们说是浙江来的，老板很惊讶，马上跑到我们桌边，很激动地说："浙江人好，大地震之后，我们整个青川县都是浙江人帮助建设的，没有浙江援建，就没有我们的今天，在他们的帮助下，我们的发展加快了20年。浙江人厉害，脑子聪明……"言语中充满了对浙江人的敬意。的确，在青川，感恩氛围很浓，有感恩墙、感恩桥、感恩阁等，并且随处可见浙江援建的字牌。在地震博物馆里，浙江省各级领导视察援建工作的影像都被一一呈现，深刻铭记。

苦：地质灾害频发

自6月24日凌晨起，青川全境普降大到暴雨，多个地方特大暴雨，全县乡镇普遍受灾严重。我清晰地记得，6月26日晚下瓢泼大雨的情景。我住的宿舍在二楼，房子依山而建，房子阳台临近山坡上的公路，我拉开窗帘，感觉情况不妙，大水像瀑布一样从公路外延直飞下来，形成巨大水帘，发出阵阵巨响。我心惊胆战一夜，6月27日一早，还来不及做任何准备，根据县委、县政府统一部署，干部到基层参与抗洪救灾。我跟着带队领导直奔竹园镇，车子刚开出去，镇上就来电话，说是道路中断，须从高速公路绕。车子在高速公路上迎着狂风暴雨行驶，两个多小时后，我们才辗转到乡镇。刚下高速，眼前一片汪洋，加油站、便利店、宾馆全部被淹，平时安静秀美的青竹江，变得像凶猛的野兽，一路咆哮。我们立即发动干部、群众开展自救，排水、清淤、消毒、慰问……庆幸的是6月27日下午雨渐渐转停，不幸的是7月2日、7月11日，再次发生强降雨，我们又赶到镇上度过了两个不眠之夜。"这三次洪灾造成直接经济损失22亿元，比汶川地震造成的基础设施损失还要大。"这是常务会议上大家讨论时听到的最令人揪心的一句话。到现在，洪灾造成的垮塌、滑坡等地质灾害点仍在修复中，像是绿水青山上的点点伤疤，一时难以抹去。

辣：奋进之中崛起

来到青川，我们常跟大家说是来学习的。这句话其实不是客套话，而是真心话。我在四川生活了19年，在浙江生活了17年，作为土生土长的四川人，我相信我们骨子里的倔劲和韧劲，这一点其实也值得先发展起来的浙江一带的人学习。大地震后，青川人没有被震垮，"有手有脚有条命，天大的困难能战胜""出自己的力，流自己的汗，自己的事情自己干"，"两幅标语"精神激励着全县人民，青川正在绿色崛起、飞速发展。短短10年，青川的经济总量比地震前增长了2.6倍，城乡居民收入增长了3.3倍、3.9倍，县城建成区增加了2.3倍，建成4个国家4A级景区，建立四川省首个国家生态原产地产品保护示范区，电子商务跻身全省十强县……

历史的车轮在不停地转动，在新的一年来临之际，青川下起了小雪。瑞雪兆丰年，希望我们能和青川一起，在新的一年走得更好、更稳、更健康。

2018年12月28日

往事如云烟

不为往事扰，余生都是笑。

今天已是 2019 年的第 6 天了。

《阿甘正传》中有句台词是这样的："我不懂，是我们有着各自不同的命运，还是，我们只不过都是在风中，茫然飘荡。"

每个人都有自己的命运、生活、历程，这就构成了人的一生。命运不同的根源跟性格、出身条件、把握机会的能力、遇到过的事情、点拨过的人是紧密相关的。

听说这两天吴兴将有人事上的大调整和大变动，好多年轻同志的职位都得到了提升。假如去年我不来青川会怎样？我的职位会在这次甚至之前就调整了吗？没有假如，选择了远方，便只能风雨兼程。

一切都是最好的安排。

做好自己，无愧于心。

去年是我的本命年，在改革开放 40 周年的大背景下，我回顾了自己一年的足迹，感到自身的渺小无力。

1 月，小城镇整治验收，一年心血，一亿投入，一万老百姓的笑容。过程艰辛，结果美好。

2 月，大雪过后，春节之前，组织开展"铁军风貌，铁的担当"年终汇报会，用"一个视频一部大片"，掀起"一群人温暖一座城"

热潮。

3月，去北京做群众工作，短短几天，犹如一生。劝、说……把所有的脾气都抛得老远。

4月，江南草长莺飞，八里店南片开始郁郁葱葱。开始推进融合发展、全域景区建设，好多规划仍在脑海。而我，准备离去。

5月，入川，发现青川山水就是中国典型山水画中嵌入的风景。

6月，在青川竹园接待了盘古文创的蒋晓锋，他用艺术的视角看到了更多的人间百态。在一段废弃的宝成铁路轨道上，我仿佛看到了过去多年的岁月。

7月，青川的洪水，让人揪心疼痛。洪水毁坏了道路、房屋，一些项目基地，一夜之间不知去向。

8月，回了趟自贡老家，父母脸上的皱纹像青川褶皱的山脊线。父母老了，而青山依旧。

9月，在四川工作两年的帆哥挂职结束回去，他始终认为，鸡蛋蘸酱油有海鲜的味道，而我始终认为，时间的味道酒知道。同月，吴兴"十大工程"全面启动，我回了趟浙江，感觉浙江发展太快，我仍在追，不在路上，还在心中。

10月，八里店镇运来资助的首批竹苗，愿"种下一棵竹，长出万根笋，致富一方人"。同月，蒋巍老师来绵阳，鼓励我说，扶贫协作是打造未来中国强大增长极的重大战略。

11月，省督导组来青川检查，22年的浙川感情，2年的援建，10年的长效帮扶，给督导组留下了深刻印象。

12月，对标对表考核，前方和后方给我们以强大的支持，让初雪飘飞的青川，远方不再远，高山不再高。

回忆起来都是鸡毛蒜皮，经历过的都是满天繁星。

2018年是中国改革开放40周年，我们不由得想到他，出生在四川的伟大人物邓小平，1978年3月，在全国科学大会上，他着重阐述了"科学技术是生产力"这个马克思主义的观点。这很可能为他南方谈话埋下了伏笔。

开放，让中国看到了真实的世界和真实的自己，从差距中奋起追赶，在追赶中实现自我。

窗外下着小雨，不久就有晴天。

2019年1月6日

脱贫考核的分数写在老百姓的脸上

庆山在《夏摩山谷》中写道:"人生虽然是一场梦,但每个人都还是在郑重其事地演出。我并没有勇气把假戏当作真,所以我失败了。"

人生确实如一场大梦,什么时候能醒来?也许只有到生命的尽头,或许只有那时才能真正明白一生想要的,一生所做对的、做错的,还有什么是没有做的。电影里看到过各种角色死亡前几秒钟的样子,那都带有浓重的表演色彩,而今年正月初七晚上,通过视频,我看到了奶奶临终的样子,终生难忘。

初八凌晨,奶奶走了,中风瘫痪从医院回来后,坚持了10余天。那段时间,我看到了奶奶痛苦的样子,也感受到了家人的不容易,照顾瘫痪的老人、生命垂危的亲人,所付出的各种艰辛难以描述。

庆幸的是,奶奶已是84岁的高龄,总算过了一段好日子,比起爷爷应该是幸福多了。爷爷在14年前的正月初三那晚,走得太匆忙了,因为脑出血突然就离开了,他一辈子没喝过超5块钱一斤的酒,没抽过超10块钱一包的烟,遗憾地离去。

正月十六早上,安葬好奶奶后,看着父辈们万分疲惫的面容,皱纹满面,白发满头,我仿佛看到了自己,仿佛看到将来有一天自己送走他们之后的疲惫。

正月十七一早，我就从内江坐高铁返回，一路上思考得最多的就是该以怎样的状态面对现实，该以怎样的心态面对死亡。已经正常上班了，我应该以怎样的激情投入新一年的战斗之中？我一定要更加珍惜生活，不辜负大家的期望。

昨天到竹园镇下乡，在黄沙村的群众大会上，看到朴实的老百姓，我真的感受到那份沉沉的责任。虽然我常说，青川农村基础设施比我老家荣县要好，但是我能感受到青川老百姓的思想开放程度、面对新事物的接受度、整体的综合素质还是有提升空间。

后来，我们到银沙村的一个地震灾后安置点调研，32户人家住在L形的半山腰的山脊上，下面是粮田油菜，风景、视线都非常好。村子里，老人们围在一起烤火。在村子尽头，两个80多岁的老奶奶拉着我，跟我聊天，她们在说政府的好，在谈未来发展。我突然想起了我奶奶，好想像这样拉着她的手，那一刻，我眼睛湿润了。我认真地跟老奶奶说，这个地方很好，是风水宝地，将来要出大人物，你们要保重身体，以后日子会越来越好。两位老人频频点头，其实，我当然不信什么风水，但可以肯定的是，将来真的会越来越好。如果竹园镇的老百姓都脱不了贫，那青川其他僻远乡镇脱贫就更加困难了。

参与脱贫工作已是第10个月了，我最大的体会是：贫困只是一种现象，是与所谓的富裕比对出来的相对落后，是现代文明的绊脚石，但绝不能为了表面的脱贫而扶贫，我们不要去刻意打乱某些"存在即合理"的真实。

贫穷是比较出来的，幸福是争取得来的。脱贫不仅仅是房子变大、环境变美，更重要的是看老百姓脸上是不是有幸福的微笑。

2019年2月24日

写在大考来临前

赫尔曼·黑塞在《德米安：彷徨少年时》中写道："对每个人而言，真正的职责只有一个：找到自我……然后在心中坚守其一生，全心全意，永不停息。所有其他的路都是不完整的，是人的逃避方式，是对大众理想的懦弱回归，是随波逐流，是对内心的恐惧。"

语言多少有些晦涩，我想其根本意思在于找到自我并坚持自我。走自己该走的路，并全心全意地走好、走稳。

每个人出生的地域、家庭环境都不一样，因此注定了每个人的路也不一样。就脱贫攻坚工作而言，对于东部发达地区来讲，这仅仅是一个词语，而对于很多欠发达地区的人，不论是干部还是群众，这都是一条必走的路，不论你愿不愿意，你所从事的很多工作都可以归纳到脱贫攻坚工作中去。

再过几天，对青川县而言就是迎接省脱贫攻坚的考核之日了，几年来的工作干的是脱贫，等待的是验收，期待的是"摘帽"。验收考核对于所有贫困县来讲，是关乎每个人的大事。基础设施建设是规划加建设的问题，主要靠技术和资金，而产业发展却是"无中生有"、由弱变强，靠的是坚持与智慧。从近几年青川产业发展来看，因地制宜发展农业是首要的。截至目前，全县累计登记注册农民专业合作社465家，登记注册家庭农场482家，建成茶园28.08万亩，食用菌基地

2.3万亩，中药材基地2.65万亩，畜禽适度规模养殖场909个，共培育28家县级以上农业产业化龙头企业（国家级1家、省级7家、市级20家），有茶叶加工厂158家、食用菌加工企业57家……这些数字的背后，是全县干部沿着脱贫攻坚的路子洒下的辛勤汗水。

此时，昭化区正在接受考核，昨天看了该区的工作手册，被迎考阵势吓到，50多人的检查队伍，光车辆都要安排好几十辆。

这确实是一次大考，虽功夫在平时，但迎考也关键。

我们每个人从小到大都参加过无数次考试，但脱贫攻坚考试与自己以往任何一次考试都不一样，这是为人民考试，而其他考试是为自己。我认为，一定要做好三点，才能交好这张答卷。

要精诚迎考

精诚就是要真心诚意。我们搞脱贫攻坚工作，对象是群众，尤其是建档立卡贫困户，他们是社会的底层，开展扶贫就要真心诚意深入人心，扶到心坎上，补助的资金、享受的政策都要跟他们讲深讲透，在细致耐心的工作中，逐步提升他们生活的信心、致富的期望、感恩的意识。没有感情投入的扶贫容易被误解为施舍。同时，在全局层面上来讲，发展致富产业也要真心诚意，要立足自然禀赋，根据市场所需，不能盲目发展产业，否则将事与愿违。

要精准备考

人民对脱贫的考核是全面的、综合的、长期的，而考核组的考核是按部就班的，是临时抽检的，有科学的维度、既定的制度作为参考，比如台账、现场、汇报稿等。因此，精准按照考核标准来准备考核所需的一切硬软件资料是非常重要的。准备越充分、越精准，考核通过的可能性就越大。

要精心应考

考核组是第三方机构，是由大学教师和学生组成的团队，为此我们要认真分析这个群体，看清由他们作为考核组与由其他干部队伍作为考核组的不同之处在哪里，这个团队的特点是什么。本次考核组是西南大学地理科学学院的团队，在接待考核团队时就要特别用心，比如，青川作为地震灾区、地震断裂带，他们可能会对这方面感兴趣，那接待的工作人员就可以多与他们交流这方面的内容，多说说当时发生地震的情景等，拉近与他们的距离，取得信任，有利于进行较深入的交流。

其实，考试只是短暂的过程，这张答卷的最终评分人是青川人民。

2019 年 2 月 26 日

最伤最痛是离别

宫崎骏的电影《千与千寻》中有这样一句台词："我不知道离别的滋味是这样凄凉，我不知道说声再见要这么坚强。"离别的滋味谁都受不了，但这个世界会让人忍受很多无奈的离别。

前两天，我到竹园镇走访，走进房子密布的村庄，却发现大多数的房子都房门紧闭，极少数开着门的房子里只有围着火炉烤火的老人和正在哺乳的妇女，年轻的劳动力都外出务工，投入新的一年的生计中去了。竹园镇算是青川县经济较发达地区，老百姓的房子都修得比较好，大楼房、大院子较多，有的甚至按照城里房子的装修风格，置办了新家具、木地板、大沙发……老百姓的日子看起来很不错，但在交流过程中能深刻感受到他们生活的不易，因为即使有这样的房子，男女主人也只在过年回家时小住几天就得离开，留下老人和孩子。

我来到青川挂职工作，也算是离家路远，但是至少中途因工作需要我还是可以回去探亲，而他们却不行，他们为生计奔波，没时间回来，也舍不得花那么多路费。短暂相聚，匆匆离别，那样的场景可以想象，却难以接受。

就像我当年到浙江读大学，因为要利用假期挣生活费，同时又舍不得花路费，所以四年大学期间只回了老家一次。那次回家后准备返回浙江的时候，全家人送我到路口，奶奶的泪水哗啦啦直流，哽咽得不能说话。我只能假装微笑，让他们放心，心里暗暗发誓一定要认真学习，找一份好工作，挣钱了好好报答他们。现在我已参加工作多年，但是仍然没有好好报答他们，仍然是父母最放心不下的人。

今年正月初八，奶奶去世了。我妈说，奶奶去世前几天老是念叨，说我最后一次去医院看望她居然没给一分钱，以前都给钱的。没想到这句话、这件事竟成了我人生的一大遗憾。当时到医院看望她，她已经完全瘫痪，我简单地认为，即使给她钱，她也没法使用了。但是，我错了，我没有从老人家的心理去思考问题，给钱是我的心意，不给让老人家心里受凉了。这样的离别，可能是最让人追悔莫及的离别了。

外出务工时的离别，即使再痛苦，至少是心怀梦想地出去，"人去楼空"换来的是"满载而归"，伤感中还有希望和豪情，承载着一家老小的生活寄托。而我与奶奶的离别，却是从此阴阳相隔，同时还留给我一句让我终生遗憾和悔恨的话。

我到青川挂职工作，就是想努力为青川发展做点事。加强产业发展，尽可能引入企业，让政府有税收，百姓有班上，就近就业增收，改变家人离散的现状，是最迫切的事。但是企业的引进确实是一件困难的事情，围绕资源禀赋、特色优势开展招商是针对性招商，自主培育一个产业是一个漫长的过程。幸好，在吴兴区委、区政府的重视下，吴兴城市投资发展集团确定在青川建设特色产业园项目，引入特色产业，解决部分贫困群众就近就业问题。

目前产业园正在开展前期工作，但愿一切顺利，真正发挥作用，至少可以让一部分人不再背井离乡，不再有那么多留守儿童。

最伤最痛是离别，就近就业最暖心。

2019 年 3 月 4 日

真正的成功要看厚度

李嘉诚曾说:"我常常想能列出我个人认为成功一生缺一不可的素质,坚毅、勇气、有志、有识、有恒、有为、诚恳、可靠、有礼、宽容、公平、正义、洞察、智慧、尊重、正直、和善、大方……今天社会对'精英'一词有很多定义和误解,对我而言,如果你们能够坚定捍卫你们净洁而反思的心,能努力正直取得自己的成就,能对别人的成功不存妒忌,能关怀无助贫弱的人,你就是我心中的精英。"

李嘉诚先生的话很直白,表达了他眼中精英的定义。当今社会确实有各种各样对"精英人士""成功人士"等的看法和定义,最直接的目光往往汇聚到他有多少财富、有多少资产上,这成为评价所谓精英与成功的核心指标,而忽视了如李嘉诚先生所说的净洁而反思的心、关怀贫弱的慈悲情怀等容易不被关注的方面。

我很赞同李嘉诚先生的观点,成功没有长度,只有厚度。

3月12日,吴兴区教育局党委副书记、副局长陈昌来跟局里面其他3位同志送今年新一批的5名教师到青川挂职,5名教师都是女教师,其中"70后"的3名、"80后"的2名,她们都是主动报名后经局里认真挑选的,是具有代表性的优秀教师。我也曾在教育系统工作过,尊师重教是中国的传统,但我也深知教师自身的局限性,5名女教师愿意主动报名参加支教工作,这是一种真诚的情怀。

3月13日的交流座谈会上，安排了每位教师发言。她们情真意切的发言，很让人感动。

这次5名教师挂职时间为一学期，虽然时间不长，但我想如果她们能紧紧抓住机会，利用好时间，一定能够有所收获。对于教师挂职，我有这么几点想法。

一定要品牌经营

去年的人才派驻因为是第一年，很多工作都在摸索阶段，比较匆忙，派驻教师都是以顶岗上班的模式开展工作，虽然也做了一些教研交流活动，但总体次数不多，给教师们精心准备的时间也不足。因此，今年在我的提议之下，紧急改变了方式，原本派到各乡镇学校顶岗教学的，全部调整到县城，组建"吴兴名师青川工作站"，以教学科研活动为主，以名师工作站名义运营，形成吴兴教师在青川的独特品牌，即使东西部扶贫协作结束，工作站还可以持续运营下去。

一定要双向互动

虽然吴兴的中小学教育水平在整个浙江省小有名气，派来的教师也是经过精挑细选，但是学无止境，青川中小学教育仍有自己的特色和长处，派出来的吴兴教师一定要有学习心态，点点滴滴中要体现出虚心好学，虽然青川的教师会很谦虚地向吴兴教师学习，但我们也绝对不能认为理所当然，而应该谦虚以对，互相学习。在青川工作、生活的点滴要转化为自身的思考和动力，尝试着在以后的教学、生活中做优化调整，经过锻炼，使自己能更加全面地发展。

一定要特色鲜明

每个地方的教学模式与理念都有自己的特点，吴兴教育在这么多年的发展积累下形成了很多品牌特色，这些特色虽然不一定能适应青川的情况，但是一定要带到青川，给他们展示吴兴特色、吴兴水平。在地震之后，浙江省各地市都派了很多教师到青川，青川的教师也接受了很多先进的理念，"胃口"自然也很高，我们的教师自然要以特色取胜，不能给青川教师留下平庸的感觉，而应该让大家眼前一亮。

成功没有长度，只有厚度。每一个参与东西部扶贫协作的人都应该在厚度上有所积累，活出不一样的人生。

2019 年 3 月 17 日

不管做什么都要全力以赴

电影《绿皮书》中有一句经典台词："不管你做什么，都要全力以赴。工作时，努力工作；大笑时，尽情地笑；吃东西时，要像在吃最后一餐一样地去享受。"电影讲述的是美国人保镖托尼，被聘用为世界上优秀的黑人爵士钢琴家唐开车。钢琴家将从纽约开始举办巡回演奏，两人之间由矛盾到信任，最后互相感染、改变对方，是一段跨越种族、阶级的友谊的故事。

这是一部非常感人的电影，能够看到人性的很多面。托尼是一个看起来简单粗暴的人，与钢琴家唐有点格格不入，但是在现实面前，托尼却给了唐很多生活的启示，唐也给了托尼带来了改变。

是的，不管做什么都要全力以赴，工作、生活都一样，很多时候是越努力越幸运。

今天，广元片区召开了今年一季度片区工作会议，会议放在昭化区召开，这是春节回来后片区的第一次会议，主要是交流2018年的工作心得，谋划2019年的工作重点。会议开得很及时，也很成功，大家都交流了很多有指导性意义的体会和有针对性的意见建议。同时，这次会议还打破常规，工作由我们几个挂职副主任汇报。

汇报工作也是一样的道理，你越深入细致，越善于总结，就越能抓住重点。我还是沿用了我在乡镇工作的作风，没有按照准备好的文稿读，而是临时用了几分钟梳理了一下内心最真实的体会。

2018 年工作体会：感谢、经验、压力

1. 感谢

作为一名四川人，我能够深刻感受到浙江援川干部在四川的辛勤付出，他们到四川工作，体现了真情实义，真帮实扶，也拿出了真金白银，值得真心感谢。同时也要感谢后方给予的强大支持，以及青川给予的良好工作、生活环境保障。

2. 经验

我们工作的开展必须紧紧依靠当地。作为一名四川人，我深刻了解四川人的性格，很多工作的推进必须讲究方式方法，很多工作的开展必须要依托当他人推进，绝不能以"桥"代替"路"。换句形象的话：动手不如动嘴，动嘴不如动脚，动脚不如动脑。

3. 压力

在青川开展扶贫协作工作，压力很大，至少有三方面。第一，青川在广元市地理位置最偏，自然条件最差，人口最少，发展产业的局限性很明显。第二，周边态势强劲。相比之下，其他县区所对口的台州和丽水等地，优势很明显，台州有很好的工业基础，丽水有很好的特色农业，并且两地的本地企业家都有外出闯荡的传统，而相比之下，湖州企业家因为大多出生在自古以来十分富足的平原水乡，外出闯荡市场的不多。第三，"白叶一号"种和管的压力。习近平总书记亲自关心的茶苗已经种植完成，尽管目前态势良好，但是还有很多不确定的因素，压力随时存在。

2019年工作思考：更加注重战略与战术相结合

1. 战略上：点、线、面结合

（1）点：打造几个突破点。茶：已有茶园管护好，新增面积拓展好、种植好。园：吴兴青川特色产业园项目加快建设，建设和招商同时推进。村：竹园镇河口村，打造乡村旅游示范点，今年加快进度出形象、出效益。

（2）线：围绕全县规划的农业产业园和旅游示范带，把协作资金、结对帮扶主动靠上去，达到锦上添花、为我所用的效果。

（3）面：牢牢锁定"国考""省考"的六大方面，一步一个脚印去完成，并经常开展回头看和督导工作，确保规定动作做到位，自选动作有特色，做到考核不扣分、多加分。

2. 战术上：快、准、狠推进

（1）快：确保开门红，工作抓紧全面启动，数字要上去，起步就冲刺、开局就领先。近期贫困劳动力培训工作是当务之急，应该立即启动。同时还有其他几个项目建设也得抓紧前期工作，力争4月份全面启动建设工作。

（2）准：深入研究利益联结机制，进一步深化股金、酬金、薪金等利益分配方式，虽然资金有限，但要确保能让贫困群众从中享受到实实在在的利益，精准地让人民群众获得实惠。

（3）狠：要集中力量抓重点。根据目前的情况，我们要重点抓好"白叶一号"基地建设，抓好"八里竹园"示范点打造，真正把有限的资金用在刀刃上。初步在"八里竹园"项目上排定了970万元，在"白叶一号"项目上排定了600万元，集中打造示范点。

我的工作汇报得到了领导的肯定，其实我只是讲出了自己的真实想法。

习近平总书记说，只有奋斗的人生才是幸福的人生。我不知道自己是不是幸福的，但是今天在回青川的路上看到微信群里同志们报告的去年栽种的雷竹长出了春笋，我知道，那一刻我的内心是幸福的。

不管做什么都要全力以赴。因为，未来很长，一切难讲。

2019 年 3 月 22 日

一年之计在于春

春分已过，青川的暖阳越来越明亮，油菜花正在激情绽放，桃花、梨花、海棠花，还有漫山遍野的野樱桃花也毫不示弱，像五彩斑斓的油墨倾倒在青川大地上。

这是一场视觉的盛宴，是一支春天的协奏曲。

一年之计在于春。万物在复苏，工作在推进。自上而下的是压力，自下而上的是担当。所有的工作，唯有以坚实的脚步去走，以勤劳的双手去干，才有实现目标的可能，我不反对工作上的细枝末节，但我更欣赏过程中的大刀阔斧。

2月18日，浙江省对口工作领导小组第十二次会议在杭州召开。省委书记车俊主持并作重要讲话，省委副书记、省长袁家军，省委常委陈金彪、冯飞、黄建发出席会议。省领导小组成员单位和省前方工作组主要负责人，各设区市和省对口办分管负责人参加会议。

车俊书记充分肯定了过去一年浙江省对口工作所取得的成绩，对全体援派干部表示问候。他表示，过去一年，浙江省上下认真贯彻落实中央关于对口工作的一系列决策部署，前后方密切配合，扎实做好对口支援、对口帮扶和对口合作各项工作，取得了明显成效，开创了浙江省对口工作新局面。特别是认真学习贯彻习近平总书记关于脱贫攻坚工作重要讲话精神，全面查摆存在问题，深刻反省，举一反三，以上率下，层层发动，主动与对口地区进行高频次、全方位沟通对接，加大财物的投入力度，推动东西部扶贫协作工作打好"翻身仗"，在全国会议上做了典型交流。

车俊书记指出，2020年是浙江省对口工作承前启后的重要历史节点，今明两年是冲刺收官阶段。要站在党和国家全局的高度深刻认识对口工作的极端重要性，从浙江"三个地"的战略高度，进一步提高政治站位，强化使命担当，以更加符合中央要求、更加贴近对口地区实际、更加体现浙江特色的思路和举措，高标准、高质量地完成好习近平总书记和党中央交给我们的重大政治任务，奋力推动新时代浙江对口工作走在前列。

车俊书记强调，做好新时代对口工作，必须做到"五个坚持"：

一要坚持政治账、经济账、人心账一起算，以更高标准多行固本强基之举、多做凝聚人心工作，进一步做好"组团式"医疗、"组团式"教育援助工作，以加强智力帮扶助力对口地区长足发展，以深化交往交流来画好同心圆，更好地服务对口地区社会稳定和长治久安。

二要坚持减贫进度和脱贫质量相统一，举全省之力与对口地区密切配合、协同作战，进一步向深度贫困地区和特殊贫困人口聚焦发力、精准发力，加快建设贫困群众迫切需要的民生项目和有利于贫困群众就业增收项目，更加有力地助推对口地区打赢脱贫攻坚战。

三要坚持浙江比较优势和对口地区潜在优势相辅相成，找准互利合作切入点，重点加强制造业、农产品等方面的合作，更大力度地推动双方深化合作、共赢发展。

四要坚持严格管理和加强服务相结合，加强对援派干部人才的日常监督和教育，鼓励担当作为、真抓实干，同时建立健全关心关怀保障机制，更加擦亮浙江援派干部人才队伍的品牌。

　　五要坚持全省"一盘棋"，前后"一条心"，省对口工作领导小组各成员单位要各司其职、主动履职，前方工作机构要发挥好桥梁纽带作用，省对口办要做好参谋助手，更有效地汇聚起对口工作的强大合力。

　　3月1日，湖州市召开2019年对口工作领导小组扩大会议，市委书记马晓晖出席并讲话。

　　马晓晖书记强调，要坚持质量与进度相统一，持续深化脱贫攻坚，按照到2020年对口地区全面实现脱贫攻坚的目标要求，深入实施整村建设、产业带动、民宿培育、电商培育、技术指导、金融支撑和社会帮扶等七大精准扶贫工程，在保证质量的基础上，倒排时间、挂图作战、加速推进，确保如期"摘帽"。要坚持当地"所需"和湖州"所能"相统一，持续推动产业合作，充分发挥前后方的比较优势，以乡村振兴为支点加快农业经济转型，以实体经济为重点加快园区共建，以文化旅游为亮点加快品牌塑造，进一步念好互促共进的"产业经"。要坚持扶贫与扶智相统一，持续增进民生福祉，坚持物质扶贫和精神扶贫两手抓、两手硬，办好民生实事，唤醒致富意识，加强智力援助，不断增加对口地区老百姓的获得感、幸福感、安全感。要坚持守正与出新相统一，持续加强交往交流，画好"同心圆"，唱好"团结歌"，架好"友谊桥"，真正把对口工作打造成促进交流、增进团结的大工程。要坚持管理与服务相统一，严格抓好援派干部人才队伍管理，建立健全关心关怀保障机制，切实帮助解决实际困难，进一步树立湖州援派干部人才良好形象。

　　我认真学习了各级领导讲话精神。各级党委、政府都高度重视对口援派工作，这是我们干好扶贫工作的坚强保障。人心都是肉长的，三年在外，一心为民，我真心希望能够同对口地区人民群众一起努力，帮助他们生活得到改善，事业得到发展。这样，我将无愧于青春，无愧于人民，无愧于党和国家。

春风渐起，夹带着温暖的力量。

2019 年 3 月 28 日

转折点就是新起点

又是一个周末，近段时间以来难得可以休息的周末。我总是期盼周末的到来，不是想偷懒休息，恰恰是想利用这样的时间调节自我，整理凌乱的房间，收拾拥挤的桌面，写点自己的心声。很久没写了，内心堵得慌，有点像今天青川的天气，阴沉沉的，时而穿城的重载车像野兽在发疯似的奔跑。

4月12日，湖州市委书记马晓晖一行到青川调研，参加了吴兴—青川东西部扶贫协作特色产业园的开工仪式，调研了"白叶一号"等扶贫协作项目，并召开了联席会议，活动紧凑，内容丰富。两地协作工作得到了市委领导的高度肯定。

马晓晖书记一行前来，既是鼓励也是加压，相对湖州南浔区对口的广安区来讲，青川还存在不小的差距。因为广安区作为广安市的中心城区，无论是交通优势、地理条件还是人力资源等，都比青川好太多，领导从广安考察后再到青川，无论怎样都会存在心理落差。我们并不想讲太多的客观条件，只有发挥更大的主观能动性，把事情做实做精。此次来访，唯一让马晓晖书记感到有点意外的事情，就是在看了"白叶一号"茶苗基地后，他觉得茶苗太小，基地茶园还不是他心目中茶园的样子。

客观来讲，刚种的茶苗确实看相一般，茶园看上去裸露的土超过立起的苗，还很难呈现出碧绿一片的样子。

青坪村的"白叶一号"基地我去过多次，海拔在1200米左右，坡度比较陡，土质是所有地块中最差的一块，虽然茶苗的存活没问题，但是因为处在迎风口，所以泥土容易被风吹干，总给人以干燥、荒凉的感觉。这批茶苗是去年下半年种的，目前能有这样的存活率和长势，中国农业科学院茶叶研究所的专家还是予以肯定的。

马晓晖书记调研结束回去后，我们专门召开了专题会议，邀请了安吉县有关安吉白茶专家实地考察后跟我们座谈。安吉白茶专家钱义荣老师是一个认真、直率的人，他对我们管护中存在的问题毫无保留地一一进行了指出，两地茶叶专家进行了深入交流讨论，最终在很多技术办法上达成了一致。我们最终认真制定了两地共同认可的《青川白茶管护技术标准》，要求全县管护人员严格按标准执行。

希望这是一个转折点、新起点。

我们要相信科学

科学做事是成功的核心和关键。茶苗目前的状况，虽然受捐赠的苗本身是小苗、种植土壤不肥沃、种植基地海拔高等客观因素影响，但是我们确实存在种植和管护不够科学的问题，一开始仍有两地专家意见不统一的情况。我们以此为契机，共同制定了种植、施肥、浇水、补种、除草等技术标准，虽然还没有经过实践和时间检验，但是至少在意见上达成了一致，思想上得到了统一。我们都有同样一个梦想，让茶苗能够更加快速、健康地成长，能够尽快呈现出碧绿茶园的样子，能够尽快产生效益，惠及更多的百姓。

我们要更加精心

精心管理是打造精品的前提和保障。青坪村的"白叶一号"基地引入了第三方管理公司，是有市场主体参与的，但是在没有产生经济效益的情况下，如何让市场主体加强精细化管理，更好地呈现茶园形态，是我们要重视和认真研究的。我们要马上出台强有力的奖惩举措，让业主更加主动、积极地管理好茶园。如果管理公司没有按要求管理好，就要及时清理出去，宁可把管理资金交由村集体管理，把主动权牢牢掌握在我们自己手上。

我们要加强宣传

作为习近平总书记亲自关心的事情，对茶园的点滴变化都要进行跟踪宣传，最大限度地营造出全社会关心关注茶园发展的氛围，让老百姓更加了解，这是一片来之不易的"叶子"，必须爱护、珍惜，让茶园更加美丽，更加惠及群众。世界上没有一件容易的事情，我们为了创造"一片叶子再富一方百姓"的绿色传奇已经全力以赴，也将勇往直前。

现实与梦想总有差距，就像曾经年少时幻想的中年的那个自己，根本就不是现在这个样子。

中年的自己，对不起，让你失望了。

2019 年 4 月 14 日

141

振兴之路虽远犹近

庆山的《彼岸花》中写道："我看到时光。消失的和经过的时光。它像一条大河，平静而奔腾。我们观望着对岸，等待泅渡，看到彼岸盛放的花朵，却无法抵达。"

很多时候，我们都能很清晰地看到彼岸的样子，十分生动形象，甚至触手可及，却无法到达。眼中盛放的彼岸花多姿多彩，却永远只看得到颜色，闻不到芳香。

昨天，我跟随罗云书记深入建峰乡、竹园镇调研脱贫攻坚和乡村振兴工作。罗云书记一路都强调，各级各部门要始终把脱贫攻坚作为重中之重，大力推进人居环境整治，加快乡村振兴步伐，突出富民产业发展，坚决打赢脱贫攻坚战，坚定打好返贫阻击战，确保高质量脱贫。

在建峰乡，我们去了碾子村、青沟村。碾子村是离乡集镇不远的一个村，基础条件相对不错，尤其是从村委会和村民生活的基础条件来看，已经非常不错，村里各种文化设施都相当齐全。青沟村条件就相对较差，沿着公路一直往山上开，最高处达到海拔 1600 米。山上风景如画，宛若桃源，但是随着海拔的上升，山上的温度变得越来越低，风也越来越大。看到如此崇山峻岭之间居然有人居住，真的难以想象，在没有把路修通之前，他们的生活是怎样坚持的。这恐怕就是守着"美丽的贫穷、富饶的贫困"吧。

罗云书记对绿水青山有着深厚的感情，对美丽经济有着很大的期望，对绿水青山转化成金山银山充满期待，在跟干部群众交流的过程中，一直强调要注入工商资本，发展乡村旅游。

站在高山之巅，远处的青山巍峨绵延、云雾缭绕，山腰之间有星星点点的农房，宛如人间仙境。我们在感慨风景优美的同时，也感慨于老百姓生活的不易，要从这样的大山深处去一趟大城市，那是多难的事啊！乡村振兴，核心在于人，在于敢于创业的年轻人，更在于时间充裕、财务自由的旅游人。让创业的年轻人通过创新，把大山的风景卖给旅游人，卖给城市人，这样才能把绿水青山转化为金山银山。

我们在村子里调研，几乎已经看不到年轻人了，能看到的年轻人大多是在政府机关工作的，真正在农村从事创业工作的几乎没有。创业的道路布满艰辛，创业的氛围也不够浓厚，更是缺乏典型引领。

眼前一棵巨大的梧桐树开满了白紫相间的鲜艳花朵，仿佛在等待着迟迟不来的凤凰。

看到这样的情景，我不禁写了几句小诗：

> 欲问乡村振兴路，
> 青山不语望云雾。
> 春水毕竟东流去，
> 花开花落梧桐树。

顿时，我内心充满了失落和惆怅，为这样深藏的村落振兴之路感到一丝迷惘。眼前的山如此陡峭，路如此曲折，怎样才能有所转变？我认为，有以下几点可以尝试。

要坚持保护为先

绿水青山转变成金山银山的过程中，诚然不能没有开发建设，但是绝不能急于求成、急功近利，不能因发展旅游而破坏环境，导致毁了绿水青山，没了金山银山。通过近一年的下乡走访，我发现很多地方因为交通基础设施建设的需要，一些山体被破坏，让人感到惋惜，同时也增加了危险。青川的山体普遍比较脆弱，在地理结构相对稳定的情况下，开挖道路势必对地质的稳定性造成破坏，导致土层结构不平衡，使山体经不起山洪的冲刷。

要坚持典型引领

动物都有模仿的本性，人更是善于学习和模仿。面的展开，需要点的突破。张家村的兴旺是依靠"山谷原舍"民宿的示范引领，才给"老树人家"农家乐以经营发展的信心。我在考察中发现，比如建峰乡的很多地方，确实生态环境、自然风光都十分优美，甚至美得惊艳，但是并没有发现一个乡村振兴的示范点，没有形成以点带面的现象。再美的风景，目前也只是沉睡的资源。唤醒沉睡的风景，发展美丽经济，必须有点的突破、人的引领。

要坚持政策保障

政策保障是帮助人下定决心去干一件事情的重要方法。一般政策解决一般事情，重大政策解决重大事情。目前青川等类似地区在乡村振兴中遇到的最大问题是缺少敢于去创新创业的年轻人。解决了谁去干的问题，至少算是迈出一大步。从目前的分析来看，本地年轻人出去了，外地年轻人不肯来，留在本地的年轻人就只剩下在机关单位上班的同志们了。因此，我认为，如果能试点"特殊政策"，让这样地区的干部能"停薪留职"，鼓励他们"下海"参与到乡村振兴中去创业，形成示范带动作用，或许会有不一样的效果。本地干部参与乡村振兴至少有这么几个优势：一是有知识，有文化，对当地情况了解；二是工作围绕当地发展，心中已经有很多思考；三是积累了丰富的人脉资源，也积累了一定的财富，在这样的条件下，再用鼓励"下海"的政策，一定能够刺激一部分人去创新创业。不可否认，改革开放后，中国形成的那一批干部下海经商潮，对中国经济发展产生了一些正向作用。

我相信，春水东流拦不住，梧桐树茂凤凰来。

2019 年 4 月 18 日

改变不了世界就改变自己

诗人鲁米曾说:"昨天的我是聪明的,所以我想改变世界。今天的我充满智慧,所以我正在改变自己。"

本周末的青川,依旧像是缓缓行驶着的绿皮火车,街上的人依旧很少,小区里空出了很多停车位。人流不够,人气不旺,固然会导致经济发展的滞后,但从生活的舒适度来讲确实十分惬意。

站在青川空旷的行政中心广场上,遥想上海外滩南京路的人潮涌动、车水马龙,你会有怎样的心情?羡慕那华灯璀璨,还是庆幸这淡然宁静?我是后者,我喜欢更加安静的青川。

昨天,看到四川日报社下派到观音店搞扶贫工作的谭记者在微信朋友圈里晒了正在生长的黄金木耳和农房前抽着香烟的80多岁老人的照片,我突然有种莫名的感动,仿佛看到了生活本真的样子。黄金木耳和老人一样,随着时光流转都在发生变化,但不管外界变化如何快,他们都保持本真的样子。我相信抽烟的老人最关心的只是下一顿饭菜,以及如何既享受又节约地抽完手中的香烟。

改变不了世界就改变自己,这就是智慧。

我想到了长三角一体化发展的问题。2019年是长三角一体化发展上升为国家战略的起步之年。2018年11月,在首届中国国际进口博览会上,习近平总书记提出,支持长三角区域一体化发展并上升为国家战略，这标志着包括沪苏浙皖在内的长三角省市一体化按下"快进键"。长三角地区是我国第一大经济区、亚太地区重要经济门户、全球最重要的先进制造业基地，率先跻身六大世界级城市群，地域面积35.9万平方公里，常住人口2.2亿，分别占全国的1/26和1/6，经济总量19.5万亿元，占全国的近1/4。

长三角的发展有着天时、地利、人和各种有利因素，吴兴被成功纳入上海的经济大走廊规划，接轨上海的高铁已批复，并马上将开工建设，未来吴兴的发展可期。吴兴与青川，是国家确定的结对协作伙伴，相比有一动一静两大特点。如何把握好结对机遇，搭上顺风车，对青川来讲显得十分重要。近一年的工作下来，我感到青川县委、县政府对协作工作是高度重视的，但总体感觉是过于看高东部地区，过于看低自己本身，有种若隐若现的自卑感，很多工作主动性不够。

青川，如果我们不能一下子进行什么改变，那我们可以尝试先改变我们自己，变得更加自信、积极、主动。

2019年4月21日

以梦为马

一直在路上，经历上下、大小、坦坷、缓急、晴雨、畅堵……最公平的事是，我们都逃不过五指山。

2019年4月24日，我去成都参加完培训会议，返回青川，因高速封道，绕走绵阳至青川，经过五指山村，看到五指山的时候，突然有了这样的感慨。

4月23日、24日两天，驻川工作组在成都云龙酒店举办了今年全体援川干部的第一期培训班，培训内容包括信息录入系统的操作以及协作项目的管理，会议还部署了2019年的重点工作，针对部分县区进行了特色工作交流等，内容很丰富，也很实用。培训班结束会上，陈利江副秘书长作了讲话，充分肯定了过去一年的工作，在全国考核中，浙江省获得优秀等级，终于打赢了"翻身仗"，国务院扶贫办对浙江多次表扬，指出浙江省派出精干力量参与这场"翻身仗"，体现了过硬作风和本领。其实，全体同志都感同身受，去年以来，对扶贫工作从陌生到熟悉，对考核指标从模糊到清晰，大家都是摸着石头过河，很多工作都在探索中推进，能取得这样的成绩实属不易。

会上听了屏山县、通江县、古蔺县、苍溪县等地有关工作经验的介绍，受启发、有压力，他们的工作都富有特色。尤其是屏山县，作为结对县的海盐县，为屏山县打造了规模巨大的纺织产业园，各种招商引资成效十分明显，企业达产后预计全县 GDP 可以翻一番。形成产业链后，各类关联企业纷至沓来，真正通过协作为当地激发了后发赶超的优势。尤其是企业的落地，可以就近解决当地群众的就业问题，从而解决劳动力外出务工造成的家庭和社会问题。

听了他们的介绍，结合青川的情况，我认为不是我们主观上不努力，也不是青川老百姓不努力，而是很多客观条件不允许，其中最大的问题是人口太少。产业发展需要人力资源的有效支撑，青川最应该努力的方向是旅游产业，引入人口进行消费，通过地产业、商贸业等的发展提供就业岗位，带动农特产品销售，从而带动老百姓增收致富。

路的方向是有的，县委、县政府也始终坚持，但是道路艰辛曲折。我忽然感慨于自己走过的路。

仔细想想，我 2005 年大学毕业留校工作，2010 年到吴兴区政府工作，2015 年 1 月被提拔为政研室副主任，其间转任了区委办副主任、乡镇党委副书记，赴川挂职已有一年。在大学工作期间，经常跟学生们在一起，无惧无畏、洒脱自在；在区委办工作期间，主要工作是联络领导、起草文稿等，战战兢兢、如履薄冰；在乡镇工作期间，主要从事城镇整治、征地拆迁、宣传文化教育、旅游农业发展等工作，累并快乐、难中求进；入川挂职后，经常在大山大水间穿行，看到过欣欣向荣，也看到过冷清凋落，酸甜苦辣、悲喜交加。从荣县到吴兴再到青川，我一直都在路上努力；从湖师院到区政府再到八里店镇，我一直都在路上奔跑。我经历着上坡、下坡、晴天、雨天、顺畅、拥堵、平坦、坎坷，总是不停反复轮转。

通往成功的道路不会一直拥挤，因为能坚持到最后的人并不多。愿你带着最简单的行李在世间行走，坚持以梦为马，而不要以梦喂马。

2019 年 4 月 25 日

入川一周年

马尔克斯在《百年孤独》中写道:"无论走到哪里,都应该记住,过去都是假的,回忆是一条没有尽头的路,一切以往的春天都不复存在,就连那最坚韧而又狂乱的爱情归根结底也不过是一种转瞬即逝的现实。"

窗外开始下雨,经历闷热之后的雨,像是洗衣服时的最后一盆清水,衣服过水之后更加清爽,空气过水之后更加怡人。今天是一个很特别的日子,去年的今天,我们作为新增的一批援川干部,在萧山机场的会议室听完浙江省委常委、组织部部长任振鹤(时任)的讲话后,就踏上飞机入川。记得那天阳光灿烂,每个人的心里都有不一样的感受,对故土的留恋,对未来的设想,一切都充满着各种不确定性。

东西部扶贫协作对东部地区不参与对口工作的同志来讲,是一个很陌生的事物,它是什么?怎么干?怎样干好?那是当时我脑子里最多的疑问。事情不难,但考核起来却不简单,是一项讲政治、讲感情、讲原则、讲技巧的工作。

一年来,最令我感动的是青川人民的坚强不屈和热情真诚

青川县位于四川盆地北部边缘,川陕甘三省交界处,龙门山地震断裂带，九山半水半分田，没有多少平地，但是大地震后，很多人依然不肯外迁，坚守在这样的地质条件上建设家园。2008年"5·12"汶川特大地震给青川造成巨大损失，但是地震没有震垮青川人民。青川恢复重建的成效好，关键是学习到了浙江城乡统筹发展的模式。实践探索出来的城乡环境整治的"青川模式"应该是川北地区的一个典型。行驶在青川县境内的公路上，地震后老百姓修建的小楼房一幢一幢点缀在绿水青山之间，很多房子都依山势而建，没有像江南水乡的房子那样，排列整齐，工整有序。这里的房子高低错落地排列在山上，时而夹杂着一些地震中没有被毁坏的木头房子，还有竹篾墙、吊脚楼，别有一番风味。青川人民没有因自然条件差而自卑徘徊，青川的干部也没有因为在山区工作而消极应对。我很喜欢他们常挂在嘴边的一个词"感恩奋进"，很有力量感。

一年来，最令我惭愧的是很多事情都没有办成

青川和浙江经历了地震援建、长效帮扶、东西协作，尤其地震后的灾后重建，浙江省全省援建青川，钱财物都十分充足，那时候算是"有求必应"。现在不一样，每一年统筹的钱有限，并且都有严格的管理办法。有的乡镇或部门经常会联系我们，提出一些请求，但是很多事情我们根本办不到，我们内心也常有歉意。统筹的协作资金主要用于项目发展，每一分钱都要利益联结到贫困人口，只有聚焦到贫困人口的增收，才能体现扶贫的核心要义。一年来，我很想帮助青川在项目招引上做点事情，但是青川的条件确实有限，目前，除了城投产业园、湖羊基地和其他一些小项目外，大项目、大产业的招引很难推进。除交通条件外，青川的天然气、电价和川南一些地方相比没有优势，比如宜宾屏山县打造纺织产业园，电价可以打对折。没有太大的

比较优势，这给项目的入驻带来巨大限制。我还是坚持认为，经济开发区的产业必须围绕本地富饶的石英砂矿和锰矿发展，汽车零部件、装备制造等产业在这里很难落地。

一年来，最令我伤悲的是送走了奶奶

正月初七的晚上，我还在湖州过春节，接到老家来的电话，奶奶还是撑不住了。春节前，奶奶就因脑出血住院，因血堵得厉害，造成了全身瘫痪，我从青川赶到老家县城医院看望她，那时候她意识还比较清醒，能认出我，嘴里一直念叨着还没赶回来的弟弟。后来因工作关系，我急着赶回青川。弟弟从宁波赶回去看望她，她很高兴，说总算都到齐了，估计她那时候已经感觉到自己日子不长了。正月初八一早，我坐飞机回到四川。到家后，看着躺在棺材里的奶奶，我的眼泪止不住地流下。我是奶奶一手拉扯大的，跟奶奶睡一张床，直到我8岁。我对奶奶印象最深的就是她人很善良，从不与人发生口角，做的菜特别好吃，尤其是滑肉汤、回锅肉、油焖茄子，那味道我一辈子都忘不掉。正月初十，家人一起送奶奶火化，送葬路上，我踩刹车、油门，右脚不断抽筋，在路上停了好几次。坐在副驾驶座的妈妈说是奶奶不想走，于是妈妈嘴巴里不停地祈祷。到了火葬场，我眼睁睁地看着奶奶一下子化成了一盒小小的骨灰。正月十五，家人正式将奶奶下葬。那几天，看着父辈们如此操劳，看着爸爸和叔叔的满头白发和满脸皱纹，我仿佛看到了老后的自己。送走奶奶，我感觉自己一下子又长了几岁，好像真的开始老了。

因为工作关系，我虽然人在四川，但是也没有回过几次家，没有回去好好陪父母，内心感到很惭愧。送走奶奶后，我很害怕总有一天会到来的送走父母的日子。生离死别，是我们都难以逃脱的现实。

一年了，我每次回湖州都发现孩子又长高了一截，开始变得叛逆，很多时候一不顺心就发脾气。小时候的见面拥抱再也没了，换来的是各种顶撞。

一年了，感谢青川为我们创造的工作和生活环境，感谢东航MU5503、国航CA1774全体乘务组，你们的腊肠炒饭味道永远都没有改变过。但如果可以，还是改变一下吧。

未来很长，一切难讲，唯有初心，仍在路上。

2019 年 4 月 27 日

现实永胜于正确

贾樟柯曾说:"不要嘲笑别人的故乡,不要嘲笑别人的口音,也不要嘲笑别人的头皮屑。因为这些,你都拥有。"

引用这句话,一方面是因为这句话很有道理,另一方面是觉得贾樟柯的电影很有意思,就如他说的这句话一样,他讲述的故事永远不复杂,他镜头下的画面从来不遮掩,真实得掉渣。像《三峡好人》《江湖儿女》等作品,把西部的山水人文、繁华落魄、儿女情长、舒畅纠结等都展现得淋漓尽致,他好像从不怕观众嫌故事简单,嫌画面粗糙,他好像总是讲述着最真实、最原始的故事。

在碧口镇,我好像看到了贾樟柯电影里的画面,这里呈现出了真实无比的生活场景。如果我有足够的精力和财力,真想为这个地方写一个剧本,拍一部电影,呈现平凡生活、平凡人生,在平凡中展现生命的本质。

我早就听同事提起过碧口古镇,一直心心念念。叫"碧口"的原因是有一条碧绿色的河从小镇穿流而过,河水很深,没有污染,且矿物质含量很高,颜色美得醉人。

带着对这个既熟悉又陌生的地方的好奇,我昨天抽空去了一趟,因为时间有限,只是匆匆路过,但还是难掩心中的感想。

碧口镇,原名碧峪口、碧霞口,位于陇南市文县东部,白龙江的下游，与青川县接壤。它与通渭县马营镇、永登县红城镇、华亭市安口镇并称为"甘肃四大名镇"，又因1949年以前，碧口是甘川两省的水旱码头，商贾林立，而列于甘肃四大名镇之首。

从青川县城驱车1小时20分钟左右即可到达碧口镇。小镇的布局跟绝大多数山区城镇一样，在绿水青山之间，呈狭长形分布。我到达碧口镇的第一感觉是小镇规模确实比我在青川看到的乡镇场镇规模要大。房子基本上布局在河边，河水比较湍急，可能因为上游涨水的原因，那天水是混浊的，水流也比较急。小镇与河流形成一静一动的形态，很有韵味。小镇的入口有一座很大的牌坊，写着"碧口古镇"四个大字。说是古镇，其实深入一看，却并不是我们想象中的古镇的样子，它既没有江南水乡的精致秀丽，也没有西北（内陆）古镇的厚重敦实，房子是经过后期精心改造的，是在现代水泥房的基础上仿古改建而成，不过从现有的部分老房子来看，当年这里应该是一个商贸往来频繁的码头古镇，辉煌的遗迹仍在。

沿着江边修建了仿古的城墙和城楼，内部精心打造了一条步行商业街。总体来讲，这条商业街在西部山区可能算是比较繁华，沿街有服装店、理发店、小吃店等，街道中间有休息的长椅和一些精心设计的景观小品。我沿着老街一路走过去，老百姓有成堆聊天的，有打麻将的，有在长椅上玩手机的，显得十分悠闲。令我很惊讶的是，他们都讲四川话，于是我便更加大胆自在地跟他们交流了。

作为一个在四川出生，但有一半时间在浙江生活的人，走在这条到处散发着慵懒味道的老街上，我感觉自己融入其中，又感觉自己游离之外，他们的语言和休闲方式是我所熟悉的，但他们看似无忧无虑的生活态度却是我不能享有的。在这大山之中、江河之畔，我从他们身上看到了生活最初的样子。我问一个小吃店老板生意如何，他说马马虎虎，过得去，反正比外出打工活得更自在些。

在碧口镇短暂地停留后，我脑海中涌现出三句话，以及与贾樟柯电影镜头无限接近的遐想。

平凡与伟大

尼采说："对于平凡的人来说，平凡就是幸福。"这句话用来描述生活在类似碧口这样的西部地区小集镇的人来讲最恰当不过。在这样的大山之中，或许因为"盆地意识"的制约，他们没有想过要过上怎样辉煌而独特的人生，他们只纵向比较，从不横向比较，他们看到了今天相比昨天的变化，这就是他们的幸福。我在河边发现了一个公共厕所，没想到这是一个收费厕所，如厕一次5角钱，收费的大妈坐在男女厕所的中间位置，摆了一台收音机，很投入地听着收音机里面的戏曲节目，厕所里散发出来的味道似乎根本不影响她的专注。说实话，这种收费厕所已经很难见到了，我想在这里它的存在一定有其合理性，收费的根本原因是筹集经费，加强对厕所卫生的管理，因而对收费员这个岗位来讲，平凡中透露着不平凡。现实生活中，我们每一个人都想变得伟大，想做大事、创大业，但是每个人的出身条件不一样，不是每一个人都能得到好的平台，受到好的教育，得到成功的机会，我认为只要在现有条件下，能够坚强地生活，立足现实，活在当下，做好自己，不害他人，这本身就是一种难能可贵的伟大。

张扬与内敛

白龙江从碧口镇旁流过，像是一条围在古镇身上的顺滑丝巾，让古镇灵动了不少。到四川后，我发现很多河流都被称为江，比如流经广元的嘉陵江、青川境内的青竹江等。我清晰地记得，有位浙江朋友曾经理直气壮地说："我们湖州人是很内敛的，从命名河湖就看得出来，比如苕溪，明明就是几百米宽，可以行驶千吨级的轮船，我们却称之为溪；比如我们命名的漾，都有上千亩的水面，我们不叫它为湖。而在内陆地区，如四川九寨沟里面的小水塘却被称为海了，一些河流水不急河也不宽却被称为江，说明你们是张扬的。"乍一听，似乎很有道理。直到今天，我把这个情况跟一个朋友说起，她的观点给了我无限启发。她说，浙江朋友的话既对也不对，因为对江浙一带的人来讲，他们心目中向往的是大海，也能接触到大海，相对于大海来讲，几百米宽的河，几千亩的湖，那确实只能叫"溪""漾"；内陆地区很难见到那样宽阔的水域，所以相对较宽的河就自然称之为"江"了，这可能恰恰是一种对大自然、大世界的向往。对啊！为什么我们不这样去理解呢？张扬和内敛没有绝对，人生最大的智慧是在合适的时候做合适的事，张扬与内敛都不过是一种表达方式罢了。

繁华与落寞

走在碧口镇的街道上，人不多也不少，但是完全可以想象这里曾经作为水旱码头商贾云集时的场景。在陆路交通不发达的时代，水运是一种重要的交通方式。水运的特点是慢，但运载量极大。生活从前慢，是根植于原始交通本身就很慢，交通慢必然导致思维方式和生活节奏的慢。在慢生活时代，那样的码头不只是商业中心、交流中心、生活中心，更重要的是人们的心灵向往中心。去那里的人都怀揣梦想，希望每一次去，都有进步，更有光环，不常去的人盼望着能去，看看别人更美好的生活变成了心中的一种追求和向往。今天再来审视小镇的变化，房子变高了，街道变宽了，交通变得多样了，但这就是变繁华了吗？我们很难去评判。繁华的背后有落寞，落寞的背后有繁华，正如当前的自己，原来的同事们都纷纷进步了，而我怀着某种内心的情怀回到四川，失去和得到都无法去计算。无论繁华与落寞，失去与得到，我们看到就好，看淡就好。

现实永远胜于正确，现实也可能输给无常。

2019 年 5 月 10 日

特殊的母亲节

作家梧桐说："在生命的旅程中，忽然之间，我们也已经走到了母亲曾经的年纪，我们却似乎全然忘记了母亲曾经说过的话，我们陷入这个世间的名、闻、利、养和各式各样的成就，我们却似乎也并没有儿时母亲在身边时的那种喜悦。"

今天是母亲节，同时也是"5·12"汶川特大地震11周年纪念日。在这个特殊的日子，我以特殊的身份在曾经发生过大地震的青川，心中涌现着各种画面，致敬母亲，致敬像母亲一样伟大，投入那场大灾救援中的人们。

弹指一挥间，11年时光流逝，回顾这4000多个日夜，我们看到了悲痛，同样也看到了坚强和勇气。回望自己走过的37年，从母亲身体里出来，生活到现在，有因淘气被母亲揍打之后的怨气，有离开母亲之后的牵挂和思念，有看到母亲容颜老去的心酸，有未尽孝的内疚……所有的这一切，也正好化为自己战胜各种困难、面对各种挑战、渡过各种难关的坚强力量。

地震时播放的各种新闻画面，展示了许多母亲的伟大，她们当中有平凡的农村妇女，有高尚的人民教师，有英勇的人民警察……那无数感人的瞬间，都是作为一名母亲内心本质上的大爱体现。

今天早上7：00，我就起床了，像往常一样，周末有空就去张家村跑步，锻炼身体，那里空气很好，景色宜人，置身那样的环境，让人身心都很舒服。停车的地方正好有一户人家在修建房屋，一位60多岁的老人用小背篼运送着沉重的砖块，佝偻的身体，满头的白发，让我突然想到自己的母亲，一个普通得不能再普通的农村妇女，没有读过什么书，厨艺也不怎么好，话也不多，但我这辈子永远记得她说过的两句话，一句是"做事情要问心无愧，尽力就好，后悔是没有用的"，另一句话是"饭菜煮熟就好吃，哪来的那么多好吃不好吃？不好吃也得吃下去，填饱肚子就好"。母亲的第二句话是在我和弟弟嫌她做的菜味道不好的时候说的。其实在那个年代，味道的好坏取决于放的油的多少，油多一点味道自然好一点。母亲舍不得多放油，她一生都是节约的。

张家村算是青川县的明星村，离县城只有10分钟不到的车程，全村都进行了统一打造，有美丽的乡村风貌，有较好的基础设施，有强村富民的主导产业。相对于青川县内大部分的村，这里已经算是振兴了。这个村子在大地震之前，据说连一条可以开车的路都没有；地震之后，青川县通过浙江的援建，基础设施大为改善，援建之后再加上连续10年一个亿的长效帮扶，让青川得到了持续发展，城乡面貌都有了质的飞跃。

灾难带来的一切，汇聚到最后可以总结为两个字：改变。改变包含物质的和精神的两个方面，回头审视那一场举国同悲的大难，我认为它是痛点，也是起点，更是支点。

它是痛点

那一刻，如末日降临，身边一切夷为平地，无数的生命在一瞬间戛然而止，悲伤、无助、漫长、黑暗笼罩在上空，山河破碎，生离死别，哭天喊地。青川作为极重灾区之一，曾因通信问题，一度在漫长的 24 个小时内完全与世隔绝。我们可以想象乡亲们等待救援时的万分心急。没有路，没有水，没有电，没有光亮，那是怎样的场景？在那样的大灾大难面前，没有人不心痛，连乞丐都上街往捐款箱里投钱，那一刻，见证了一句话，"人心都是肉长的"。

它是起点

面对灾难，悲痛是必然的，但是绝不能沉迷于悲痛，对死者最大的慰藉是重生、重振、重建。地震无情人有情，没有人放弃希望。无助和绝望是暂时的，所有人都坚持一个信念：要活下去，要活得更好。大规模救援工作结束后就开始了大规模的重建工作，中央安排了东部较发达的省份援建灾区，一个省援建一个县。青川由浙江省援建，11 年过去了，灾区发生了翻天覆地的变化，那场灾难是发展变化的一个起点。

它是支点

2008 年 5 月 19 日，天安门广场上民众自发为地震遇难者默哀，人们高喊："坚强中国！加油四川！汶川挺住！中国挺住！"那一刻喊出了中国人民的心声，凝聚了伟大复兴中国梦的全部社会力量，灾难中人民的心声支撑起了中国人民在大难面前不屈不挠的铁骨精神，支撑起了中国人民追求幸福平安的共同力量，唤醒了大家平常留在心底的社会责任感和坚强奋斗的理念、信念与爱国情怀。

我们要深信，祖国母亲和我们的生养母亲，都是无比伟大的。

2019 年 5 月 12 日

乡亲们的乡村振兴梦

毛姆在他的小说《月亮与六便士》中写道:"我觉得,你很像一个终生跋涉的香客,不停地在寻找一座可能根本就不存在的神庙。"

每个人寻找心中的"神庙"的过程就是人的一生,如果过程中始终纠结于"神庙"的存在性,这样的人生绝不可能是纯粹的人生,也不可能是成功的人生。我们应该像"香客",在人生过程中跋涉,去寻找心中的"神庙"。

5月15日,我受广元市委组织部的邀请,赴苍溪县为328名村支部书记作了乡村振兴主题的培训讲座。总的来讲,培训讲座很成功,至少我讲课的过程中,各位书记都听得很认真,结束后纷纷跟我探讨工作,也向我要了电话号码,认为我在讲座中分析的问题很透彻、很有道理。

说实话,我很同情这边的村书记们,想干事,但是平台、空间、条件、资源都相对不足,有"巧妇难为无米之炊"的感觉。任何一件事情的成功都离不开"天时""地利""人和",三者缺一不可。相对东部来讲,西部地区乡村的发展不缺"天时",国家重视,地方重视,各种政策也不差,但"地利""人和"就相对缺乏了。从"地利"来看,就广元而言,这里是典型的山区地带,山多山高地少田少,想发展首先缺乏生产资料,没有土地这个最基本的平台,发展自然受到限制。从"人和"来看，乡村振兴首先要有人，至少不能缺两类人：一是创业的带头人，二是参与到振兴发展中来的社会人。广元的人口密度很小，本地人外出，外地人不来。本地没有发展，年轻人只能外出务工，村子的空心化十分严重，留在原地的基本是"老弱病残"。工作推动不缺组织者，不缺思路和想法，但是缺少了具体实践者。

在讲课过程中，我主要和书记们分析了湖州市安吉县鲁家村的成功经验。我去过鲁家村，确实很美丽，尤其是村里跑起的小火车是一道风景线，也是一棵"摇钱树"。鲁家村的成功正是顺应"天时""地利""人和"。顺应"天时"：入围全国首批田园综合体试点项目，拿到上级资金3亿元。顺应"地利"：地处长三角，有安吉旅游的强大背景。顺应"人和"：有村支部书记朱仁斌这个强有力的主心骨。中西部地区的乡村振兴发展，必须走差异化之路。要牢牢抓住产业发展这个根本，没有产业的环境打造，仅仅是个花架子，可以热闹一阵子，却很难见效一辈子。

讲课结束后，考虑到自己也难得到外地，于是我联系了从浙江前来挂职的同志，想去考察三门和苍溪的协作项目。因挂职的同志不在，县发改委安排了一名省发改委到县里挂职的副局长陪同。在去项目现场的路上，我领略了苍溪县嘉陵江的美丽风情。宽阔的江面，碧绿的江水，一层白雾悬浮在江面之上，犹如仙境一般。这样的江水，在江浙一带肯定会成为嬉水的天堂、旅游的热土。不过反过来思考，不过度开发，让它安静自然地存在也是好的，山、水、人融为一体，各有各的规律和生命，各有各的得到与失去。在苍溪随处可见各种各样的果树，枇杷、梨子、猕猴桃……果园、江水、青山形成了和谐富足的美丽画卷。

下午考察了亭子镇沿江村的项目，主要是柑橘和猕猴桃，有近

500亩，新修的公路两旁都是果园，苗还不大，成林之后应该比较震撼。询问中发现，当地土地租金实在太优惠了，最贵的每亩才400元，而青川基本要1000元以上。青川土地太缺了，老百姓把土地视若珍宝，不肯轻易流转。现在想想，青川能做起现在的几个农业产业园着实不容易。

回青川的路上，我收到一名村支书发来的短信。他说他自己种了一些果树，很想再邀请我去给他分析分析接下来的发展。我欣然答应，只是担忧有心无力、爱莫能助。

无论怎样，梦想是一定要有的。

不是杰出者才做梦，而是善做梦者才杰出。

2019 年 5 月 17 日

我们可以单纯得像孩子

几米曾说："小孩闭上眼睛，看见花，看见梦，看见希望。大人闭上眼睛，睡着了……""大人都说孩子的天空无限宽广，难道大人和小孩子的天空不一样吗？"

今天是六一儿童节，很多人都在装嫩，这样并没有什么不好，真正的人生不是抵达复杂，而是为了走向天真。电话中，女儿说今天要穿新裙子，特别强调今天不准骂她，因为今天是她的节日。听到这句话，我眼眶顿湿，感觉自己在她心目中最深的烙印是批评和责骂。我们总用批判的眼光和方式来对待周围事物，以此标榜自己的长大，我们真的就长大了吗？

青川的儿童节气氛从昨天就开始了，大街上很多孩子都穿着漂亮的衣服，有的是刚参加完表演的表演服，有的是新买的衣服，颜色鲜艳，活泼可爱。可能因为放半天假，孩子们脸上洋溢的笑容幸福无比。

突然想回忆一下童年的自己，极力搜寻记忆中的点滴，可无论怎么努力，那些在阳光、草堆、田野、溪流中奔跑过的自己都模糊了，变得不再记忆犹新，变得遥不可及，变得支离破碎……于是，我打电话给老母亲，总觉得在她面前自己仍是个孩子。母亲问我儿童节有没有放假，我哭笑不得，开玩笑说今年儿童节是周末，只要还没退休，59岁的老同志也放假。母亲中风后行动变得不再方便，走路有点不利索，很多手上的活都只能用左手完成。那年回家看望她，看到她用左手吃饭的样子像极了小孩，饭菜不停地洒在桌子上，让人心酸得想哭。突然间我觉得自己变老了，从内心害怕某种失去，变得无助。那场病之后，母亲一下子老了很多，嘴巴里经常念叨怕犯病，怕再也起不来。母亲的病，让我的内心也感觉到了自己的衰老，感慨生命好像一条河流，一路奔流，再也不能折返。

前两天，我发现自己便血比以前更加严重，有鲜血，有血块，被吓到了，对自己的身体状况感到前所未有的恐惧，于是去人民医院做了检查。初步检查没有大问题，我心里放心了很多。

今天早上起床，发现血没有了，心中舒坦不少，于是开展了大扫除。中午在工商银行旁边的小店吃饭，一条黑色的小狗趴在面前的地上，很可爱，很单纯。小狗长大了还会像现在这样单纯可爱吗？

赫尔曼·黑塞在《荒原狼》中写道："真诚是什么意思？你指的是什么？你仔细看看动物，一只猫，一只狗，一只鸟都行，或者动物园里哪个庞然大物，如美洲狮或长颈鹿！你一定会看到，它们一个个都那样自然，没有一个动物发窘，它们都不会手足无措，它们不想奉承你，吸引你，它们不做戏。它们显露的是本来面貌，就像草木山石，日月星辰，你懂吗？"

动物与人的区别，有点类似小孩和大人的区别。

我们应该保持那种天真和真诚，保持初心，努力简单地对待身边的一切。自2018年4月来到这里，我的初心没有变过。

今天，青川晴朗无比，空气清新，山清水秀，人们简单地生活着，孩子们快乐，大人们奔波……

2019年6月1日

二十年来第一次在家过端午节

高晓松说，50 岁以前要奋斗，努力披荆斩棘，寻找一条前进的道路，总要到力所能及的地方去看看。到后来发现，自己可能也并没有什么明确的目标，前进是没有坐标系的伪命题，最多是依赖社会评价体系的前进。真的到远方了吗？越过山丘了吗？不是年少时候想象的样子。所以，50 岁以后所有的努力都是在找一条退路，不是兵败如山倒的后退，而是从容地退到一个让自己更辽阔的地方。

要仔细、认真、客观地反思走过的人生，只有回到你出生的地方，那里熟悉的一切才能给你这样的冷静环境。前两天，我回到老家过端午，看着眼前的玉米地、水稻田、大青山、农忙人……一切那么熟悉，又那么陌生，如果不远行上学，我会在城市车间，还是在这儿的田间地头？

回家过端午虽然是早已定下的事，但这次回去也真是机缘巧合。6 月 4 日、5 日两天，浙江省对口工作交流会放在宜宾召开，我去参加了会议。宜宾到我老家就一个半小时车程，于是我决定会后回老家过节，然后返回青川。

宜宾的会议以现场参观和会议交流方式进行，全省派出的东西部扶贫协作和对口支援的同志都参加会议。会议参观现场主要放在屏山，看了很震撼，在海盐县的牵线搭桥之下，屏山县打造了承接东部地区纺织行业转型转移的特色产业园，招商引领的总量超百亿元。宜宾会议总体有这么几点深刻的感受。

会务很细致

会议住宿安排在皇冠假日酒店，坐落在比较繁华的商业街区，住宿条件很好。报到当天，现场至少有10名工作人员在服务，都是统一着装、讲普通话的同志，非常热情。会议统一报到，入住无须再刷身份证，与以往会议相比，本次会议报到非常快捷。第二天的现场参观中，会务组给大家配备了随车员，准备了资料袋，尤其令人感到温馨的是，车上还专门为大家配备了一杯茶和一小盒茶叶，车子很干净，大屏幕上滚动播放宣传片，无处不体现细节、细致、细心。

现场很震撼

会议共安排了4个参观点。第一个是纺织产业园，作为承接产业转移的重大平台，作为四川省最大的纺织工业基地，现场很震撼，已建成一大片厂房。园区内工程车、塔吊、推土机随处可见，一片繁忙的景象。园区建成后将使屏山县GDP翻一番。第二个是三江口，这里将打造宜宾的CBD，华侨城投资的川南第一高楼正在建设中。我从效果图上看到了三江口未来的样子，很是震撼。金沙江、岷江汇合后形成长江，成为长江起点，滚滚长江从这里出发。第三个是大学城，这里最大的亮点是统一规划设计的美丽校园端庄大气，成都电子科技大学、四川大学的研究生院分院等落户这里，总占地面积达到20多平方公里。看到年轻的大学生们在这里自由学习、生活，我感觉自己仿佛回到了当年。这里将成为宜宾的活动中心、创意中心。第四个是五粮液集团，那更是令人震撼，12平方公里的酒厂，年产值

980亿元，养活58000多名工人。我在五粮液的博物馆了解到了白酒历史，了解到了五粮液历史，给我的启发是做任何事情贵在坚持、隐忍，就像酿酒，总要有个过程。

内心很触动

看了现场后，会议上又聆听了其他地区的典型工作交流，各项工作都很有特色，都轰轰烈烈。很遗憾的是，本次会议上广元市没有做经验交流。我在会上了解了屏山县的招商引资条件和水电气等价格，对比了广元市目前的条件，我们真的没有比较优势。纺织产业园落户屏山，这不是巧合，也不是靠谁个人的努力。从交通条件来看，屏山到宜宾市区仅20多公里，有高铁、高速，还有水运，十分便利；从电价来看，有小水电站直供园区，电价十分便宜，不到浙江工业电价的一半；从土地资源来看，屏山也是低丘地带，相对平整，土地资源十分丰富。再比较青川，我深刻感受到产业协作之艰难，但不管多难，我们也会尽最大的努力。

宜宾会议结束的第二天，我和刘师傅就从市区出发，不快不慢地开车，一个半小时就到了新桥镇，说好带上母亲和两个侄女一起回家。我们到达新桥镇才12:30，侄女放学时间是下午3:40，于是我们决定到镇上走走。集镇的街道给人最大的感受是杂乱无序，环境卫生差。刘师傅说，这要是在青川，书记都要被免职了。的确，青川的环境卫生比较干净，这主要得益于两点：一是浙江援建之后的管理理念和模式；二是青川人口少，垃圾量少。川南的特点就是人口多，分布相对集中，管理难度自然就很大。母亲带着两个小侄女在镇上读书，居住的房子极其简陋、寒酸，我看了很心痛，暗暗发誓要更加努力工作，尽快帮助她们改善条件。

　　回到乡下老家，刘师傅不禁感叹，说我们那儿农村条件太好了，种什么庄稼都会丰收。的确，相比青川的农村，我们老家条件是好多了，透气的红砂土种出的玉米秆子，在不施任何肥的情况下都有两米多高。

　　傍晚，太阳下山，泡杯茶放在院子围墙上，眼前是翠绿的庄稼，几只小鸡在草地上觅食，仿佛又回到了童年的样子，只是再也不见那些伙伴，再也没有那些欢笑。于是我在返回青川的路上写下了一段话：离开家乡，空心化，陌生感，好多人、好多路、好多地都不见了，巨大转变的背后是来来回回、聚聚散散、喜怒哀乐、酸甜苦辣的巨大混合。国外经济发展很大程度看城市，尤其是人口，比如纽约占全国人口的2.7%，伦敦占全国人口的13.1%，东京占全国人口的10.3%，一些小国，比如奥地利、秘鲁，其首都人口都超过全国人口的20%。还好，我们没有一味追求城市化，而是抓城乡统筹、融合发展。一切都是最好的安排，乡村振兴、交通建设、户籍改革，这些都是打破不平衡发展任督二脉的"降龙十八掌"。

　　一路上，我在思考，在西部地区人员外流的大背景下，西部地区的城乡统筹如何走出一条与东部地区不一样的路子，这是一个很大的课题。

　　回到青川县城，夜幕下的景观灯把小县城装扮得光亮无比，多么希望青川的乡村也一样，那些外出务工的人能就近就业，夜晚的时候也点亮他们屋檐下已经布满灰尘的电灯。

2019 年 6 月 9 日

学会用空杯之心去接纳一切

日月当空可以是"照"，也可以是"明空"，要知道一切都是空的。要有空杯之心，容得下浮云遮眼，层峦叠嶂。其实，遮眼的或许不是浮云，而是不"曌"。——游天曌山有感

看了天曌山的秀丽风景，尤其在西禅寺感受佛教的氛围后，我情不自禁想到以上的话，并发在了微信朋友圈。离广元市区不远处，居然有一座如此秀美的高山，真的是都市人的福气。车子在环山公路上行驶，让人有种置身仙境的感觉。我感动于山之秀美，文化之厚重。"曌"字是武则天自己造的字，意思是日月当空。武则天是中国历史上的传奇人物，这座山也因其产生了更多神秘和传奇的色彩。传闻武则天幼年时期常在此山避暑、拜佛、游玩。

当天正是雨过天晴，山间云雾缭绕，空气清新怡人。山因为有了树木而清秀，因为有了云雾而神秘，因为有了寺庙而富有文化。山上有始建于魏晋南北朝时期的梵天寺，有始建于唐朝的西禅寺、佛光寺，还有道教灵台观等。

山腰观景平台处的大石壁上刻了一个巨大的"曌"字，在观景平台上可以看到脚下云雾飞腾，不远处是喧嚣的广元市区，嘉陵江犹如一条绿丝带把城市串起来。我发现西部地区这几年的城市建设，无论是规划建设还是基础配套，都做得非常好，尤其是迎宾大道非常气

派，绿化、路灯布置都很讲究。到青川后，我一直在思考一个问题，就是县城和乡镇集镇重建后占用了大量的农田，城镇周边的山体上原来也有些房子，重建后都搬迁到了相对平整的农田上。其实，在建设条件允许并确保安全的情况下，像一些欧洲国家一样，适当规划占用一些坡地作为建设用地，尽量不占用仅有的那点农田，将房子建在山坡上，层次清晰又富有风味，未尝不是一件好事。

上山前，我在广元市委党校参加了一个关于东西部扶贫协作的课题座谈会。我的发言引起了参会人员的高度认可。经过一年多的工作，我确实有较为深刻的体会。我认为要解决当前的一些扶贫协作上的问题，或进一步做好这项工作，至少要做到以下几点。

进一步营造"市长"推动"市场"的协作氛围

企业到西部地区投资，虽然要依据当地资源禀赋、交通条件、营商环境等综合因素，但结对地区政府可以在促成企业投资的过程中，起到积极的引导作用。一是两地可以共同建立招商引资投资优惠政策，切实发挥政策优势对招商引资的吸引力。二是可以建立联合招商机制，东部地区政府切实把协作地区产业发展作为开展协作工作的重要内容。东部地区主要领导到对口地区调研要有针对性，多带去有投资意向、符合产业发展方向的企业家。三是可以在两地新闻媒体中专门开设介绍协作两地的动态专栏，共同打造招商引资的"印象窗口"。

进一步形成"资源"变成"资产"的共赢局面

协作工作要避免单向循环、单边支援，要推动两地的干部人才、劳务资源、特色产品等实现双向互动，从而形成互利共赢的协作模式。目前吴兴已采取开设农产品专卖店，对青川农特产品以购代捐，确定青川为职工疗休养基地，出台政策吸纳青川籍务工人员等消费扶贫模式，把青川资源变成青川资产。下一步，为进一步达成互利共赢的局面，要大力探索"湖羊入川""茶叶入川""童装入川"等吴兴特色产品进入青川的模式，让青川老百姓享受更多东部资源。

进一步建立"老乡"争当"老板"的激励机制

群众是脱贫奔康的主体，只有把"旁观者"变成"参与者"，变"要我发展"为"我要发展"，才能更快更准地实现脱贫奔康。在发展产业过程中，青川县的专业合作社模式带动了一批群众致富，但是规模偏小，户均增收不高。下一步，一方面要加大群众贷款贴息创业的力度，为群众创业解决资金短缺问题，尤其是加大对建档立卡贫困户的资金帮扶力度；另一方面要加大创业致富带头人培训培养力度，每年成功培育一批示范户，切实发挥引领带领作用。

进一步创新干部"下乡"变成"下海"的政策体系

农村发展最缺的是人才。我在调研中发现，西部地区高层次人才基本在政府单位，社会上缺乏创业示范人才，即使政府再大力推动，也只能形成"上面热下面冷"的局面。因此，我们可以大胆尝试，一是积极鼓励村级干部带头搞产业发展，允许他们抽出时间做自己的事；二是试点出台"停薪留职"政策，让部分干部全脱产创新创业，在老百姓中形成示范带动效应，切实发挥他们了解基层、懂得产业，有一定资本积累的优势，为新时代乡村振兴提供可借鉴的样板。

离开天嵩山，我心中有了更多的山。要学会用空杯之心去接纳一切。

2019 年 6 月 13 日

人生如烟

筷子兄弟在歌曲《父亲》中唱道:"总是向你索取,却不曾说谢谢你,直到长大以后才懂得你不容易。每次离开总是装作轻松的样子,微笑着说回去吧,转身泪湿眼底。"

明天是父亲节,然而我的父亲肯定不知道。这是一个起源于国外的洋节日,其实是很有意义的,每一位父亲都像歌词中唱的那样,平凡而伟大。不管父亲是否知道,此刻的我脑海中却涌现出那些年在老家,有父亲在身旁的生活,那样艰辛却踏实,那样费力却充满干劲地与生活较真搏斗,从不低头认输,永远坚强前行。

端午节时,我回家探望父母,发现他们的生活还是原来的样子,有变化的是父母更加苍老,对生活看得更淡,他们没有抱怨、悔恨、留恋、惜别,就连面对上半年直线下降的生猪价格,他们也没有什么叹息,坦然地认为,这就是市场经济,也是不可预知的变化着的生活。

父亲平时一个人生活在老家,一个人守着他认为很值得自豪的自己建起来的房子,尤其是有人提起房子风水如何好的时候,能看到他脸上洋溢的无比自豪的笑容。他这一辈子很相信命运,很相信风水,很相信善良的力量,与世无争,没有与人发生过任何争吵,这一点很像去世的爷爷,还有一点就是他们都离不开烟和酒。甚至,父亲很肯定地说，只有烟和酒会陪他到最后，两个儿子都靠不住。

印象中，家里最艰难的几年，应该是我上高中那三年，当时弟弟上初中。高中的学费贵，生活费也不便宜，我每个月回家一次，每次回家都要带走一个月的生活费，对父母来说，这笔支出就像现在的人每个月还房贷一样，非交不可。在那个年代，作为纯农民家庭，每个月支出两个孩子加起来200元左右的生活费，是非常吃力的一件事。那时候，家里的主要经济来源是养殖猪、鸡、兔、鸭等，但传统的养殖方法见效慢，成本高，很难挣到钱。父亲曾是个手艺精湛的裁缝，可20世纪90年代末，市场上已经盛行批量生产的各类服饰了，老裁缝不吃香了。那台曾经可以挣钱养家的缝纫机已布满灰尘，在角落，跟父亲蹲着抽烟时一样的落魄。

端午节的酒桌上，邻居们一起喝酒聊天，谈起当年生活的不易。那些年，为了挣钱，在最热的季节，他们组团外出去帮人收稻谷，每人一天的劳动费只有5元。父母每天在烈日下劳动，一共只能挣10元，但即使再艰难，他们也坚持每天去，身上的汗水从来没有干过。那时候，父母经过一个夏天的劳作，基本能满足我们两兄弟的学费。为了挣一学期的学费，父母累到快死，皮掉一层，病积一身。

说到这，父亲举起一杯白酒说："干了，这他妈就是生活！只有死人的日子最舒服，熬过去了就好了。"

我举起酒杯，将近二两高度白酒一饮而尽，敬父母，敬昨天，敬明天。

是啊，生活是不是很无情？生活从不曾饶过谁。人生就像父亲手中的烟，很快就会抽完，留下的只有一地的烟灰。

2019年6月15日

要学会和一切握手言和

北野武说："我们终有一天，要学会和自己平凡不完美的父母达成和解。我们终有一天，要学会和自己、和这个世界达成和解。无论它在你看来美丽，或丑陋。"

达成和解不是妥协，而是以另一种态度去接受，因为世间不是每一件被公认为好的或者坏的事，就一定要有一个理所当然的结果，不可能，至少在一段时间内都不可能。比如，青川旅游业发展问题，我们努力了，不论最终结果怎样，我们都应该以达成和解的态度去对待。

昨天，观音店乡书记何智慧（时任）到我办公室，谈到与织里镇结对的援助项目问题时，她略带惋惜地说，初步达成的围绕千年红豆杉树搞旅游开发的合作项目泡汤了，织里镇好像兴趣不大。其实，这在我意料之中。

红豆杉树所在的两河口村，我去过三次，两棵千年红豆杉树确实很震撼，十分罕见，十分奇特，但是这并不一定非得搞开发。无论从交通条件、人文条件，还是地理条件来看，至少目前都不具备开发的条件。我们现在要做的更重要的一点应该是保护，有时候慢才是真正的快。

为了安慰何书记，我跟她说没事，这个项目谈不好，我去帮她争取其他项目。同时，我也向她表达了我的观点，我认为纯粹的旅游开发很难产生意想中的经济效益，尤其是很难给人民群众带来直接收益。旅游不配套房地产开发，很难玩得转，以观音店乡目前的状况来看，根本不可能形成旅游大开发的局面，同时大开发对环境的破坏会给子孙后代带来长久的损害。比如，为了修条路，就开挖山体，山体结构一旦发生变化，下雨就容易发生塌方，这样的情况比比皆是。红豆杉树，目前最需要的是保护。我那次去，看到红豆杉树上挂着吊瓶，心里十分难过。这是因为镇上争取了四川日报集团的经费，好心为树打造景观，做石梯，砌护墙，结果开挖动土，伤到了树根，导致树受损，叶变枯，真的得不偿失。

我告诉何书记，目前急需做的是，和结对镇携手把香菇、黄金木耳产业做上去，共同打造一个示范点，把消费扶贫再推一把，旅游开发的问题可以暂时缓一缓。她听了也觉得很有道理。旅游开发是面子，产业发展是里子，当下阶段，里子为先。

不久前，看了北野武导演的电影《菊次郎的夏天》，我很感动。有些电影让人笑，有些电影让人哭，而有些电影会让人笑着哭，比如这部电影就是。电影内容很简单，讲述了一个孤独的小男孩正南，在中年大叔的陪同下，在夏天寻找妈妈的故事。他历经周折找到妈妈，发现妈妈改嫁后有了新的家庭和小孩，心里、生活里都已经没有自己的位置了。小正南找妈妈，却以心碎告终，他伤心地转身走到海边。故事的后半段，是几个大男人为了哄正南开心，做各种游戏让他变得快乐。最终大家一一告别，正南也回到原来的生活，看似很坏的菊次郎，最后告诉正南，要好好照顾婆婆。此时，也意味着菊次郎本人的回归。

整部电影也恰好印证了北野武说的那句话，要和这个世界、和自己达成和解。正南看到了妈妈，但他没有与妈妈见面、相认，这就是一种和解，一种高境界的和解。

是啊！不是每件事情都要有一个理所当然的结果，要学会和一切握手言和。

2019 年 6 月 20 日

集镇打造可能尤为重要

作家梧桐说："成年的单纯，并非因为未曾经历过复杂，相反，恰恰是因为经历过复杂，所以，彻悟单纯的难能与可贵。"

昨天，当年参与地震援建的长兴指挥部办公室主任，现为长兴县教育实践中心校长的杭亚雷一行来到青川，到了当年他们援建的七佛乡参观。我陪同参观了地震博物馆和东河口遗址，到七佛小学留了影。杭校长带的是他们学校的行政人员一行8人，在七佛小学，杭校长深情地向同行的同志们讲述了当年建设学校时的情形。点点滴滴，他都记得非常清楚，言语之间能深刻体会到他对这个地方的感情。在七佛小学，我仿佛觉得杭校长不是来访者，而是这里的主人。他身上没有历经风雨、年过半百的校长的那种"复杂"，而是表现出了孩子一般的"单纯"。

走在七佛乡的街道上，好多群众向他问好，毕竟他曾在这个小小的地方生活、工作了两年多。我们现在过来搞扶贫协作工作，这和当年援建工作不一样，我们更多的是充当桥梁和纽带的角色。我有时会想，虽然我们会在青川工作三年，但最后能记住我们的能有几人？

七佛乡总人口不到5000人，都在群山之中。我之前对七佛乡没有深入了解过，印象最深的就是七佛乡七叉口的地质灾害点，从我去年来到这里开始，一直在不断修复中，其间也发生过几次塌方，巨石从山上滚落下来，行车非常危险。第二个印象就是七佛乡古茶树、贡茶园。茶园里有不少千年古茶树，茶园也在大路边，地理位置很好，沿石阶而上，脚下是滚滚流动的青竹江，环境优美。传闻这里曾是武则天的贡茶园，当年有茶官驻守，每年采摘鲜叶制成茶之后直供朝廷。不管历史是否真是这样，眼前这些千年古茶树确实很罕见、很震撼。然而，茶园的管理还是没有跟上，古茶树的管护也没有怎么用心。

在青川一年多，也看到一些项目建设时"轰轰烈烈"，管理时"冷冷清清"，随处的标牌"有模有样"，到现场一看"也就那样"。不能体现管理者的用心和认真，这可能是乡镇体制的问题，比如缺钱、缺人。

七佛集镇的街道，和其他集镇一样，商业氛围不浓。沿街有70%以上的店面是关着的，开门的基本只有小饭店、杂货店和小建材店，街上也没什么人气。没有商业气息，经济缺乏活跃度，乡村振兴就很难实现。

中央实施乡村振兴战略，切实找准了当前农村发展的要害，均衡化发展才能使生态、心态得到平衡。我个人认为，对西部地区，尤其是像青川这样地广人稀的区县而言，乡村振兴并不一定要在村居点投入大量人力、物力、财力去搞乡村旅游、基础设施建设，而是要优先打造乡镇集镇，让集镇发展成为一个乡镇的展示窗口、商贸中心、精神家园，从而吸纳更多的人到集镇生活。

把集镇打造成展示窗口

一个乡镇的集镇就像一个县区的城市。观察一个地方的发展，首先给人留下印象的是这个地方的城市建设与管理。城市是一个地区最重要的展示窗口。同样，乡镇所在的集镇自然成为这个乡镇经济社会发展的"标签"，甚至是乡镇干部治理水平和能力的集中体现。近年来的脱贫攻坚工作，大量的资金直接下到了贫困村，搞了建设，搞了产业，也取得了不错的效果。但从另一方面来说，脱贫后的振兴，应该把资金和精力更集中、更高效地利用起来，可以在集镇建设与管理上多下功夫，让集镇成为本乡镇基层群众引以为豪的地方，让老百姓爱上集镇、向往集镇，愿意去赶集、去交易。

把集镇打造成商贸中心

我在调查中发现，好多集镇已经取消了赶集的惯例。原先赶集都是约定某些日子，比如在日期号数逢单或者逢双，或者尾数为一个特定值的时候，大家会自动去集镇赶集，可以去销售或者购买商品。每逢赶集，大家都会有仪式感，穿衣整洁，洗脸梳头，调整心情，像是去约会一样。当前因为缺少组织者，或者因人口减少导致没有赶集的情况会加速乡村的衰落。乡镇政府对此要引起重视，要充分营造赶集的氛围，通过宣传引导，通过商贸促销活动恢复赶集传统。正因为人太少，所以定期聚才是最好的办法。

把集镇打造成精神家园

物质贫困不可怕，最怕的是物质贫困加精神贫困。近年来，由于西部地区乡村空心化造成人口减少，传统文化流失得十分严重。走在村落里，留守的老人们要么凭最后一点体力在劳作，要么坐在屋前打盹。乡政府所在地的集镇，是人口相对集中的地方，是营造文化氛围、传播文化的主要场所。因此，政府管理者在社会治理过程中，如何将集镇打造成全乡镇百姓的精神家园，是一个值得高度重视的问题。硬件投入上，可以建设文化广场、电影放映室等；软件投入上，可以组织文化节庆活动，比如丰收节、庙会活动等都是很好的方法。要让集镇不仅只是部分人生活的地方，而是全乡镇人民"扎堆凑热闹"的地方。

或许很多事情都一样，说说简单，做起来很难，但我们还是要去努力，就像杭校长牵挂七佛乡，并为之努力争取支持一样，因为，我们心中有爱。

2019 年 6 月 23 日

在旺苍县看到了一股子韧劲

习近平总书记说，中国共产党人的初心和使命就是为中国人民谋幸福，为中华民族谋复兴。

昨天是中国共产党的98岁生日，广元片区援川工作组组织了十分有意义的主题党日活动，大家一起重温了入党誓词，聆听了主题党课，参观了中国红军城和大茅坡。我代表工作组同志接受了电视台采访，我的发言是自己临时想的，完全发自内心，有一种强烈的使命感和责任感在心头。参与东西部扶贫协作虽然只是助力脱贫攻坚，但是从某种意义上来讲，在完成脱贫攻坚后，东西部协作可能将会发生更加持久长效的作用，两地互通，资源共享，理念交融，会助推两地各得其所，实现共赢。

本次活动是由广元片区驻川工作组主办，具体由旺苍县承办，活动安排得非常周到细致。我虽然是第二次去旺苍，但是这次给我的感受更深，因为深入了农村地区，看到了山水，感受到了人文。总体来讲，其发展能级总体高于青川不少。本次活动中的三个点让我印象十分深刻。

中国红军城

之前我对旺苍了解不多，根本没想到，这里居然是红色圣地。第二次国内革命战争时期，徐向前、李先念等人曾驻军这里挥师作战。

旺苍曾为川陕苏区后期的首府，领导指挥的中枢和支援前线的战略后方，当时仅有10万人的旺苍，就有1.2万人参加红军。这里曾召开著名的木门军事会议，诞生了人民解放军历史上最早最大规模的妇女武装——红军妇女独立师，最早的水兵建制——红四方面军总指挥部直属水兵连，最大建制的红色童子团——少共国际师，为中国革命立下不朽功勋。红军城的建筑基本为新建，于2000年在原址上重建。建筑为木结构古建筑，虽然一片古建筑在周边钢筋水泥的居民房中显得不是十分和谐，但是走在街道和几个展馆里，还是能深刻体会到当年革命的浓厚氛围。战争是残酷的，现在的美好生活是烈士们用鲜血换来的。

大茅坡

大茅坡是旺苍县北部山区一个普通的村子。20世纪90年代以前，这里由于杂草丛生，乱石嶙峋，生存环境和生产条件十分恶劣，被形象地称为"干羊腿"。大茅坡属鹿渡村，老支书唐发春说，大茅坡有5个农业合作社，共184户、754人。过去人均粮食不足300斤，人均纯收入不足200元，年年靠返销粮过日子。为了解决吃饭问题，群众割掉茅草，开山取石，改田造田……1990年起，5个农业合作社的群众历经4年，投入劳力16万个，挖填土石38万立方米，垒砌石墙400道，总长30000米，最终建成高标准梯地600亩，从此结束"吃粮靠返销"的艰苦岁月。人们总结出了"宁愿苦干，不愿苦熬"的大茅坡精神。站在大茅坡的梯地埂上，看着建设得整齐有序的梯地，以及地上生长的油绿发亮的茶叶，我不由得感慨人类克服困难的伟大。人啊，只要有精气神在，只要有明确的奋斗目标，一切困难都是纸老虎。

鹿渡村

午饭安排在大茅坡山脚的米仓山茶叶博览园，属鹿渡村。茶叶博览园建造得非常漂亮，靠山近水，据说是当年旺苍县最大的煤矿老板转行从事茶叶行业后建造的。园中绿化十分讲究，尤其惹眼的是其中种了十几棵上百年甚至上千年的高山杜鹃花树，大的树干直径有40厘米粗。鹿渡村，听这个村名就觉得十分不一般。的确，这大山之中的小村有着不一般的传说。相传约2300年前，古巴国派驻蜀北的汉王，在百丈关战败丢盔弃甲，与妻诀别，指山葬妻，骑仙鹿渡河，逃至深山，结草为庐。还有一种传闻，说汉王就是刘邦。不管传说是否真实可靠，我相信这个不一般的村名，肯定有不一般的故事。

中饭的菜很有特色，有好几个菜都与茶叶有关，或是食材原料，或是摆盘点缀，都至少与茶的开发利用搭上边。青川有28万亩茶叶，但是我在青川一年多还未曾吃过与茶叶有关的菜，这个值得我们反思。

做任何一件事都要有钻劲、韧劲，比如大茅坡的改造，如果没有当初的坚持不懈，就没有乡亲们的填饱肚子，就没有大茅坡精神。

我相信未来一片光明，这就是我的韧劲。

2019年7月2日

没有碰巧的运气

如愿便是幸福，满足便是幸福。

我喜欢鲁迅的文章，印象最深的是《论雷峰塔的倒掉》，朴素的文字背后却充满了冲击力、战斗力，对封建制度进行了狠狠的批判。

如愿是什么？满足是什么？前两天一个朋友说了一句让我很受启发的话，她说，吃一盒饭和吃一碗饭哪个吃得更饱，其实取决于吃饭的人胃的大小，而不是盛饭工具的大小。满足，就是你自己觉得可以了就如愿了。

早上，我去张家村跑步，喜欢到那里去晨跑，是因为那边空气很好，路也很好，是锻炼身体的绝好地方。车刚经过漫水桥不远，我就发现一只小青鹿在离车五米不到的前方奔跑，应该是刚喝完水要上山，因为公路旁安装了钢丝护栏，它穿不过去，于是就沿着护栏找出口。它跟着我行驶的方向跑了一会儿，找到一个小出口，一溜烟冲上了山上的树林里。一大早，在人烟相对密集的地方能看见野生动物，还是不容易的。我发了朋友圈，引来不少人围观，很多人说会有好运降临。我并没有想到什么好运不好运，我脑子里浮现出来的话语是：绿水青山的魅力，峰回路转的哲学。说峰回路转是因为当时根本来不及拍照，但是我在车上安装了行车记录仪，全部有记录，清晰可见。

是绿水青山满足了野生动物，还是野生动物满足于青川的绿水青山？在这个生命共同体中，人和动物具有相同的属性。对啊，我越来越强烈地体会到青川人民的满足感，不知道这是好还是坏，以至于我只能用很复杂的心情来看待这种情况。

满足感可能导致工作上的"慢节奏"

在青川，周末加班的情况是不多的，一是因为很多同志的家都在外地，周末要回家；二是很多同志也不想辜负这美丽的山水，周末出游、野炊、钓鱼等的不在少数。不是说周末加班好，也不是说加班就是快节奏，而是如果长期维持目前的模式，那么在遇到硬任务，需要加班或者付出更多时间和精力的时候，容易造成同志们的不习惯、不适应，很多工作容易成了"下周再说"。

满足感可能形成思想上的"护城墙"

满足于现状容易导致"近视眼"，很多东西变得模糊，尤其很多问题想得到，却看不到。就青川目前的情况而言，发展问题仍然不少。诚然，发展是受多方面条件限制的，但很多限制是可以用创新来打破的。"温州模式""浙江模式"，这些模式形成的根源是"不满足"。"不满足"成了创新思维的驱动器，让很多问题迎刃而解。"绿色崛起""乡村振兴""全域旅游"……找到了方向的同时，核心是找到问题，最终才能找到突破点。

满足感可能陷入成长上的"温柔乡"

成长一定是走上坡路的，所以肯定会不舒适，会觉得累。很多年轻人到这里后，容易形成两种情况：一是想办法离开，二是就这样过着。我跟很多年轻干部探讨过这个问题，他们都有迷惘感，认为如果走不了，在青川也不错。有人才留下当然是好，但必须是安心留下、用心干事、全心投入。经历过地震的部分干部已经50岁左右了，当年搞建设的豪情、激情有所衰减很正常，但是其他同志如果有太多的"满足感"，那必然导致发展问题上的"无力感"。

没有白费的努力，也没有碰巧的运气。

2019 年 7 月 7 日

如何发展好旅游产业是我们的必答题

亚当·斯密曾写道："什么是好的经济制度？好的经济制度就是鼓励每个人去创造财富的制度。"

所有好的制度都应该像亚当·斯密讲的那样，不是一味阻止人去做什么，而是鼓励人去做应该做的事，从而减少去做不该做的事。从这个层面上来讲，东西部扶贫协作制度确实是一项非常有意义的制度，是一项长远有利的好制度。考核制度中的各项体系也非常明确，总的来讲，就是用制度搭建了一座桥，把东西部之间的协作关系紧密地联系在了一起。

7月9日至10日，我随广元代表团回湖州考察。我主要回来做联络服务工作，同时筹备近期刘县长一行到吴兴的事。7月10日，我第二次在湖州参加湖州、广元两地的联席会议。上一次参加联席会议是2018年，当时是广元市委书记王菲带队到湖州的。会上，吴兴、青川两地汇报了今年有关工作的开展，邹自景市长和钱三雄市长分别作了讲话，白龙湖管理局与湖州市水利局签订了战略合作协议。联席会议上，两地共叙友情、共话发展、共商两地扶贫协作大计。头一天晚上，邹市长还慰问了青川在吴兴挂职的干部人才。联席会议之后，广元代表团在东吴酒店举行了旅游推介会。

推介会上，为热场，还专门准备了广元特色的歌舞表演，现场气氛活跃。尤其是各地做的旅游推介，讲得十分精彩，确实能引起大家对广元美景的遐想。作为一个四川人，我为四川人的宣传能力感到骄傲，但作为一个在广元工作、生活了一年半的浙江挂职干部来讲，却又为广元旅游发展感到些许担忧。

担忧景区的管理

我去过一些相对出色的景区，如剑门关、昭化古城、唐家河，感觉在管理上仍然还要下些功夫。比如最有名的剑门关，山脚下的剑门关古镇的管理就不尽如人意，车乱停、乱开，各种车辆和人交织在一起，街道上的石板路被碾压得凹凸不平，各种车辆的鸣笛声让古镇变得聒噪。作为一名来寻找安静、领略风景的游客，在这样的环境下，很容易形成"刻板印象"，还没有上山前都会感觉不舒服。青溪古城也有同样的问题，城内原住民的车辆停放、门前屋后的物品堆放等都给人杂乱的感觉，没有体现管理者的用心与细心。

担忧景区的经营

在我看来，没有与房地产和商贸紧密联系的旅游会给经营管理者带来一定"压力"，无法形成"动力"。景区的经营，应该大胆尝试市场化。各景区都成立了属地的专业管委会，由国有公司在经营，虽然充分发挥了政府的主导力量，但是这种政府兜底的运营模式，短期来看可以解决一部分建设和人气问题，长远来说很难通过有效的激励机制提升景区管理水平。在有条件的情况下，可以引进市场主体参与，适度进行地产开发，增加政府税收，从而形成以多种途径吸引人气的效果。

担忧景区的品牌

广元的每个县区都在大力发展旅游业，市委、市政府也把旅游业发展提上了重要的日程。广元地处川北山区，生态资源得天独厚，大力发展旅游是题中之义。广元旅游应该以什么作为品牌底色？文化？生态？广元是武则天的故乡，郭沫若先生有考证。广元也不缺少古刹、名迹，所以广元是有强大文化底蕴做支撑的，尤其是三国文化。同时，广元森林覆盖率高，随处可见绿水青山，生态十分优良。但是如何打响广元旅游品牌，形成与四川其他地方差异化发展的路子，是广元旅游应该赶快找准的前进方向。个人认为，广元应以生态康养旅游品牌为主推，发展全域旅游，打响真正的生态游、全域游品牌，充分做好"山、水、城、村、白天、黑夜、地面、空中"文章，立体全面发展，每个县主推一个景点进行集中力量打造，串点成线、连线成面。

对，旅游的时代已经到来，卖风景的时代正在兴盛，如何在新发展背景下抓住机遇，是考验我们的一道必答题，而不是附加题。

2019 年 7 月 12 日

南部县的城与乡

"明月一壶酒，清风万卷书"，这是我在阆中古城买的纸扇上一书法家写的字。作为旅游产品，扇子的质量不怎么样，但是字确实非常好看，书法家也不怎么知名，但是阆中古城却小有名气，至少中央电视台电影频道播出的《阆中之恋》MV非常不错，大腕出演，画面优美。片中方中信和许晴在街道游走，穿越古今，让人看了无不憧憬那天人合一、锦绣灿烂的古城神韵。

上周末，我和高中时代的好兄弟古董、阿模去了南部县，主要是去看看好朋友老张（张善斌），这也是高中毕业后第一次到他落地生根的地方去看看。高中毕业那年，我考到了浙江，古董复读一年后考上了四川烹饪高等专科学校，阿模和老张当年考上了省内院校。

南部县是南充市的市辖县，全县面积约2235平方公里，有71个乡镇（合并前）、2个街道办事处，总人口132万，是人口大县，县城常住人口近40万。南部县也是贫困县，东西部扶贫协作由温州市洞头区结对帮扶。洞头区是典型的海岛，面积172.5平方公里，有5个街道、2个乡，户籍人口15.4万，常住人口仅14万。洞头支援南部，我们经常开玩笑说是"小马拉大车"。其实，东西部扶贫协作不能理解为谁帮扶谁，协作应该是双方互动、互利的，通过协作各取所需、各为发展，不是谁拉谁的关系。

到达之前，我请洞头来南部挂职的陆兄订了酒店。到酒店后的第一感觉就是酒店很气派，但是房间价格却不贵，标间258元，比我们新青川大酒店的标间还便宜10元，但是档次明显高于新青川不少。这让我想起同事们经常说的一句话，"青川房子不高，物价却很高"。

多年的老友相聚，大家自然很开心，我们聊了很多，有过去的话题、现在的处境，还有对未来的憧憬。古董的水果生意越做越大，身材也越来越胖，在重庆火锅串串的烟熏火燎下，日子也红红火火。老张依然做着高中政治老师，他老婆二胎即将生产，老丈人家有丰厚家产，他有大把的假期，有规律的生活。阿模大学毕业后就和石头打交道，先是到杭州一家石材公司工作，在杭州结婚生子，后来偕妻子、孩子回妻子老家绵阳发展，经营起一家大理石门面，自己跑单子、画图纸、搞安装，虽然辛苦点，但收入不错。我2001年就离开四川到浙江上学，揣着800块钱历经辛苦完成了学业；大学毕业留校工作几年后又调到机关工作，后来又用一年的时间扎进一个村子，写了两篇调研报告，得到区委主要领导批示并推广；之后又到乡镇工作，搞征地拆迁和环境治理；现在又来到千里之外的家乡搞扶贫协作。这一路啊，短短几句难以述说。

未来，如果有诗和远方，我想一切都应该交给时光。

在南部县，老张带着我们逛了城市、下了农村。说实话，相比而言，我更喜欢南部县的农村。

我对南部县城市的印象：

一是建筑零乱。由于缺乏整体规划，伴随城市化推进加快，随处可见不少的城中村、大量的自建房夹杂在新建高楼之间，形成强烈的高低、新旧对比。尤其是自建房业态相对低端，以修理铺、杂货店、小饭馆为主，环境卫生和城市秩序都有待提升，从城市形态上给人以视觉上的不雅与低端的感觉。

二是城市拥挤。南部县是人口大县，所以城市拥挤难以避免，尤其是新建的商业街周边，人来人往，车水马龙，人乱走、车乱停的现象很突出。印象最深的是出租车开得飞快。城市管理中使用信息智能化管理的不多，停车见缝插针，摊贩随处可见。

三是卫生堪忧。由于人口多等原因，南部老县城的街头很少看到规范有序的卫生设施。部分区块拆旧建新，大量施工车辆穿行，造成不少地方地砖破损，建筑材料随意堆放，城市保洁形成"破窗效应"。相比之下，青川县城干净整洁得多了。

我对南部县农村的印象：

一是地势平坦体现了生产好。南部县原属于丘陵地形，相比青川的山，那里只有坡，不高的小山上都长满了树木，山与山之间是遍地的庄稼和点缀的农房，与青川的九山半水半分田形成鲜明对比。那随处可见的经济作物，体现了农业产业的蓬勃发展。

二是房屋漂亮体现了生活好。从县城往升钟湖开，一路通畅无比，新修的快速通道堪比高速公路。路两旁散布在油绿的庄稼地里的农房，基本是两三层的小楼，外墙都贴了瓷砖，偶尔还能看到十分考究的欧式洋房。漂亮的房子至少从一个侧面体现了老百姓生活的富足。

三是满眼绿色体现了生态好。南部县城确实给人以零乱的感觉，但是到农村后，那满眼的绿色给人的视觉冲击十分震撼。青川虽然也是生态好，但是由于道路等基础设施建设造成的开山破土，自然灾害造成的地质塌方等总能不经意间给人以痛心的感觉，像是完美肌肤上的伤疤。南部县因基本为丘陵，整体植被、山体、河流都保护得较好。尤其那滚滚的嘉陵江、碧绿的升钟湖，让人十分羡慕。

周日返程途中，我们去了阆中古城。一直被电影频道的宣传片吸引，看过之后觉得果然不错，深厚的历史底蕴，浓厚的商业氛围，给人以繁华正兴的感觉。西部的古城与江南的古镇风格不一样，西部的古城一般临江，给人以粗犷的感觉，以战略要地为目标来建，因江面宽广不便架桥，一般只建在江的一侧，主要为码头小镇。江南古镇大多兴盛于清代及以后，依小河两边而建，架桥通行，发展商贸。江南古镇精致细巧，像江南人的性格，他们踏桥而过，互通有无，在贸易往来中积累财富。西部古城粗放独立，也像西部人的性格，他们守住关口，瞭望远方，在诗酒风月中安于一隅。

各有各的风格，也各有各的无奈。

看了阆中古城，我想到了青溪古城，如果真的要大力发展实现预期，我感觉道路依然远且艰难。

明月一壶酒，清风万卷书，那是理想生活。

理想还是要有的，万一实现了呢？只要坚定信心走下去，一切皆有可能。

游完古城，我们就分开各自回去。一路遭遇瓢泼大雨，穿过乔庄隧道，雨停了，小县城像被雨洗过的鲜花，耀眼绽放。

2019 年 7 月 27 日

每一个坚强不屈的人都是"军人"

戴维·巴尼特在《孤独梦想家》中写道:"每个人都曾深陷泥潭,但总有人在眺望远方。逃离从来不是救赎,我们所能做的是与自己和解。"

与现实握手言和,就要清醒地看待当前、立足当下。

今天是建军节,我不由得想起曾在吴兴和同志们一起总结的吴兴铁军"五不"精神。

近期吴兴来访人员不少。7月23日,区委副书记、政法委书记娄显杰(时任)一行来川;7月26日,埭溪镇党委书记厉云燕(时任)一行来川;8月2日,高新区党委书记、管委会主任费学梅(时任)一行也将来川。每一次吴兴来人,我内心都很感激,因为体现了后方的强大保障,也可以见到很多曾经一起工作过的同事。所以,每一次吴兴来人,我们都精心安排考察,努力把我们工作的点点滴滴展现给他们。

这次埭溪镇领导过来,是让人感动的。厉云燕书记在广元市委党校为全市部分乡镇主职领导开设了专题讲座。两家企业还给竹园镇的两个村各捐了2万元,分别慰问了3户贫困户。慰问的贫困户中,有一位77岁的老人,老伴20多年前生病走了,留下一个智力有问题的儿子,多年前也失踪了。我们去看望他的时候,他吸着一根烟,牙齿已经掉得差不多了，家里的房子也明显是村里最破的一户。虽然老人看起来是条件最糟糕的一户，但他却是脸上微笑最多的一个。据镇上反映，老人非常勤快，经常早出晚归去打零工。企业给慰问金的时候，老人还一再推脱、坚决不要，最后好不容易才塞给了他。

平时，我经常在小区门口的垃圾收集站旁看到一个80岁左右的老奶奶，在臭气熏天的垃圾里翻找各种能卖钱的物品，让人看了十分心酸。我经常把宿舍里的矿泉水桶和纸箱理出来，有时候亲自给她，有时候放在楼梯口的过道旁，她会定期来拿。每次看着她拿走我给的东西时，是我在青川最开心的时刻。我觉得那不是施舍，反而是一种得到。

在青川，这两位老人给我太深刻的印象了。他们的坚强不屈值得我们一生去学习。

在送走埂溪镇厉云燕书记一行的时候，我脑子里又浮现出两位老人的样子，突然想到村上春树的一句话："新的一天已然迫在眉睫，而旧的一天却拖曳着沉重的衣裾犹未离去。"

每一位坚强不屈的人都是"军人"。

2019年8月1日

老百姓幸福的笑容才是该留下的

高尔基曾说："生活的情况越艰难，我越感到自己更坚强，甚而也更聪明。"

我们生命中的每秒都是生活，而很多时候我们却没有真正地感知生活，于是每一天每一分每一秒都像流沙一样滑走，抓得越紧，流失得越快。当我们去感知它的时候，可能一切会变得不一样，因为我们会从中有所体悟。

前天看到郭文桃书记穿了一双我们小时候穿的那种泡沫凉鞋。那种鞋子应该是每一个"80后"的深刻记忆。那样的鞋子穿着谈不上有多舒服，但是在那个年代，尤其是农村，大家都少不了这样的一双鞋，因为它经济适用，坏了也很容易修补，烧红的火钳一烙，重新贴上就可以继续穿。尤其舒服的是，把穿着有点出汗的脚，连同泡沫凉鞋一起伸进凉水里涮两下，简直透心凉，心飞扬。

于是，我心血来潮，向郭书记打听了购买地点，也买到了一双，花了12元。记得当年应该是3.5元一双。我脱掉袜子，穿上凉鞋，确实还是当年的感觉。只是，再穿着这凉鞋，走到大街上的时候，还是感觉有些别扭。

穿上凉鞋的那一瞬间，并没有感觉自己年轻了，相反，感觉自己真的老了。穿着这鞋，即使有些许别扭，但是内心却觉得很有情怀，于是依然穿上它出了门。也许，这就是变老的心态吧，不在乎别人怎么看、怎么想，只要自己觉得没有问题就好。

近期又看到一批提拔干部的公示信息，高中同学兼好友邹冬辉被提拔到市委组织部任职了，我打电话向他表示恭喜。这两年来，成长进步的朋友不少，我感到很欣慰。到青川的这些日子，很多时间我都用来想着怎么帮助别人，尤其是想着以怎样的工作表现来赢得青川广大干部群众的认可，对自己的成长，并没有考虑太多。但这也是人生的历练，正如高尔基所说，生活情况越艰难，我越感到自己更坚强。

7月30日，广元市东西部扶贫协作挂职干部座谈会在青川召开，市委组织部康明副部长来参加了会议。会上，各县区挂职干部代表作了交流发言。因为时间问题，我简单谈了感受。一是既要搭桥又要铺路，但是桥不能代替路。二是既要推土机又要摄像机，但是摄像机不能代替推土机。三是既要甩开膀子又要喊破嗓子，但喊破嗓子不能代替甩开膀子。我的意思是，职责分清、尽职履责是做好挂职工作的核心。

在交流中，大家都谈到了，三年之后，到底能够给当地留下点什么，能让当地改变什么。我也在思考，三年后，我们能够给青川留下什么。

地震后的援建，浙江队伍给青川留下了一大批房子，漂漂亮亮，实实在在。而我们三年的协作，虽然情况完全不一样，但是，当地干部群众仍然充满期待，所以我们备感压力。

留下什么？我想应该至少有"四个一"吧。

一片茶园：通过牵线搭桥建起来的"白叶一号"茶园，希望很多年以后能创造"一片叶子再富一方百姓"的绿色传奇。

一片竹林：在竹园镇种植了大面积雷竹，这里有结对乡镇八里店镇的真金帮扶、殷切希望，也有我亲手种下的竹子。

一个羊场：湖羊入川项目，虽然几经波折，但既然项目已定，就必须建成。

一片厂房：吴兴城投集团投资建设的标准厂房正在抓紧施工中，这是一个实实在在的项目。

其实留下这些并不是最重要的，我最希望的是留下老百姓幸福的笑容。

2019 年 8 月 6 日

努力打造成人民想要的样子

宫崎骏曾说，只有一个人在旅行时，才听得到自己的声音，它会告诉你，这世界比你想象中的宽广。

又是一年暑假时，家属请了探亲假，带着孩子来青川看望我。我们本来想好了要好好去旅行一次，结果跟去年一样，计划没有赶上变化，很多想去的地方都没去成。虽然去的地方不多，但今年有了新的收获和认识，看了其他地方蓬勃开展的旅游工作，对照目前青川县也正大力推动发展的旅游产业，我有了一些新的认识和想法。

8月4日，我们原计划去了隔壁平武县的藏族部落白马寨后，继续前往若尔盖大草原，结果因8月5日当天暴雨路险，在白马寨住宿一夜后便返回县城。8月8日，我们下定决心先去重庆，然后回自贡老家，结果因老家非洲猪瘟疫情严重，弄得村里人心惶惶，母亲不放心，坚决不让我们回去。后临时决定去龚滩古镇看一看老朋友勾勾的民宿，感受一下乌江画廊的独特魅力。返回路上又去了武隆天坑，来回路程确实很远，但我对此次旅行的总体感受是：路虽远，行则将至；行虽累，感受很深。

勾勾名叫勾兴祖，是我在湖州时经朋友介绍认识的重庆老乡，他最早做过房地产经营管理，后因曾在新疆工作过，对玉有颇深的研究，所以改行从事玉石珠宝生意。认识他的时候，我对他的总体印象是这个小伙子衣着时尚、善于沟通、为人热情，进一步了解才发现他是一个特别有情怀的山里娃，写过诗集为父亲祝寿，从小就梦想在乌江边建一座房子、开一家酒店。现在他的梦想实现了，房子加装修投资近600万元，取名为"浅山"。我觉得浅山这个名字特别好，一是没有比人更高的山，浅山低调有内涵；二是反映了人生的境界。人生境界有三种，第一种是看山是山，第二种是看山不是山，第三种是看山还是山。当一个人经历了种种后，付出努力得到结果，不管结果是否理想，都变得不再重要，那时候看山还是山，才会觉得一切不再那么高不可及，一切高山都变成了浅山。

我对龚滩古镇的感觉是神秘、亲近。古镇离重庆市区车程5个小时左右，那天因堵车，开了近7个小时。古镇位于乌江和阿蓬江交汇处，隔江与贵州沿河县相望，是酉阳县"千里乌江，百里画廊"的起点，自古以来便是乌江流域乃至长江流域的货物中转站。古镇我去过一些，以江南古镇居多。龚滩古镇的特点是建在悬崖之上，面对的是碧绿的乌江，相望的是巍峨大山。建筑都是依山势变化而建，高低错落，层次分明。江南古镇一般沿水而建，流水不急，河面不宽，房屋更精致细腻。总体而言，龚滩古镇像重庆山城的"棒子"（挑夫），更粗犷有力，而江南古镇更像水乡女子，温柔婉约，彼此各有千秋。远望龚滩古镇，他像个坐在江上抽着大烟的汉子，正在为更好的生活拼尽力气。

在龚滩古镇，我们住了勾勾亲手设计打造的民宿。因他本人在上海，他哥哥热情地接待了我们。饭桌上，他哥哥给我们讲述了他们兄弟俩小时候的一些事情，在大山深处向往远方，在平凡生活中憧憬伟大，做梦都想干大事。后来哥哥也去过江苏、浙江等地打工挣钱，发现大城市并没有想象中那么美好，于是还是回到了老家，在兄弟的帮助下经营民宿。他们兄弟俩和我跟我弟弟有些类似，都是只有其中一个有幸读了大学，不同的是勾勾终于实现了小时候的梦想，并且力所能及地帮助了哥哥。相反，我从工作以来，都尽我所能地在干好本职工作，很多时候都在为别人着想，恰恰忽略了对家人的照顾。对此，我很愧疚。

对武隆的印象，除了感慨于大自然的鬼斧神工之外，就是叹服于天坑所在地的仙女山镇在旅游产业发展和运营方面的高超手法。武隆旅游的品牌营销，至少有一部电影《满城尽带黄金甲》、一场实景演出《印象武隆》、一档节目《爸爸去哪儿》。一个地方的出名离不开这样的媒介，它虽然没有太多的历史文化，但是紧紧抓住了新媒体的传播，而这恰恰是青川缺少的。武隆区在仙女山镇建造了大型的游客集散中心，所有游客到了后，统一停车购票，然后乘旅游大巴出行，减缓交通压力，便于景区管理，所以即使游客流量那么大，景区交通仍然十分有序。让我印象深刻的，还有仙女山镇的商贸开发非常成功，旅游与地产、商业做到了完美结合。依山而建的高档别墅、规模适度的商业开发、随处可见的特色饭店，让每一个到这里来的人都可以找到自己想要的东西。

反观青川县的旅游发展状况，我感觉差距还很大。青川入选首批国家全域旅游示范区创建单位，与都江堰市、峨眉山市一起，成为四川省首批入选单位，这是一块金字招牌，含金量十足。但是怎样挤出招牌中的"含金量"，变成富民强县的"催化剂"，还需要认真走好旅游开发、管理、运营等多条路子。

建好一个集散中心

集散中心的突出作用是让四面八方的游客能够实现集中，同时能够用旅游公司集中的服务对汇聚的游客进行分类服务，如车辆服务、导游服务。青川面积广阔，公路多在山谷，路窄弯急，且很多路都凿壁而建，不适合旅游大巴通行，也不适合大量自驾游的私家车通行。可以借鉴武隆的做法，在一个相对集中的地方，建立一个集散中心，为游客提供个性化服务。旅游巴士最好是20座左右的，甚至可以个性化定制一批体现特色的车辆，比如充分融入熊猫元素，用其独特性吸引人，成为人们要来的理由之一。

打造一个核心景点

武隆旅游核心景点是天坑，然后延伸开发了其他景点，比如滑翔基地等。青川的核心景点应该在青溪古城、唐家河国家自然保护区，在着力上应更加集中力量去打造和开发。青溪镇在已有的基础上要做好"动"的文章，成为游客的住宿、餐饮、娱乐中心，加大地产开发的力度，撬动社会资本，增加财政收入。唐家河国家自然保护区要做好"静"的文章，成为避暑、修心、科普、野奢度假目的地，成为全球野生动植物保护者的首选地。做好青溪古城与唐家河国家自然保护区"动静结合"的文章，让人留得住、住得好。

培养一个精英团队

成事在天，谋事在人。在龚滩和武隆，随处可以看到穿着制服的景区工作人员，他们有售楼人员那样的热情和专业，能把景区各种游玩攻略、注意事项讲得很清楚。青川旅游发展人才紧缺，县旅游局局长杜建平也多次在我面前提起。我开玩笑说，青川县既然是全域旅游示范县，就应该全民宣传青川、推介青川，每个青川人都要成为专业导游。旅游团队的打造不在一朝一夕，政府在这个过程中要充分扮演好引导角色，主要在政策保障上做文章，主体还是要交给市场。

青川还是深闺里待嫁的姑娘，不能急、不能乱，有时候保护比开发更重要。

至今，我脑海里还会浮现出仙女山镇的热闹繁华景象。如果青川县的乔庄镇、竹园镇和青溪镇也能如此，青川就从"世界本来的样子"，成了"人民想要的样子"。

2019 年 8 月 13 日

项目为王

柳飘飘："看，前面漆黑一片，什么也看不到。"尹天仇："也不是，天亮后便会很美的。"这是电影《喜剧之王》中的一段对话。

周星驰的这部电影相信很多"80后"都看过，这是一部可以让你在看的时候笑着哭的电影。这段对话很简单，也很有道理，黎明前总有黑暗时刻，我们在任何时候都要看到希望。

近期，四川省下发了浙江对口协作县区2018年东西部扶贫协作工作的考核情况，青川县列全省第二名、广元市第一名。虽然良好成绩的取得有各种主观、客观的原因，但是至少也说明我们去年一年的工作得到了肯定。记得在考核前夕，对照广元市各县区的报表，青川的数字让人担忧，我们一度陷入绝望的境地，通宵写报告给吴兴和青川两边的主要领导，逐条分析，逐条提建议，放下"底线"思维，举起"高线"标准，两边领导十分给力，短时间"补短拉长"，各项指标都有较快提升。让人感动的是，考核到来前，我们和青川干部一起熬夜加班，在较短时间内完成了高标准的台账资料。当看到整齐的台账册子摆在会议桌面上的时候，我有种说不出的踏实感。说实话，做台账的水平，西部地区干部水平明显高于东部地区干部，因为他们经历的类似检查似乎比东部地区多，尤其脱贫攻坚工作的各类检查一直没有停止过。

今年的工作已进入冲刺阶段，据说10月底11月初就可能开展考核工作，从目前来看时间紧、任务重。尤其是几个资金安排较大的项目，因为实施程序问题，整体进度还有差距，比如八里竹园、湖羊基地项目，都还处在前期工作阶段。今天陪同张县长去看了现场，他很生气，但作为基层乡镇也确实很不容易，各种规范程序是高压线、红线，谁都不敢去碰触。

地方发展，项目为王。没有项目，就没有发展的动力。就青川而言，要想招引大项目、好项目入驻，相对而言，因受地理条件、交通条件等的影响和制约，难度较大，同时因没有形成较为完善的产业链，也很难吸引产业链环节中独立生产的企业过来，所以抓住东西部扶贫协作的契机，实施好协作项目，也是推动地方发展的重大动力。虽然相对社会投资来讲，经费数额不大，但实施速度快，产生效益也很明显，尤其是预设的利益联结机制，可以让群众得到实实在在的利益。怎样解决好项目实施慢、实施难问题，我认为，应该做到以下几个方面。

提前谋划项目

协作项目都要经浙川两省评审通过后才可以实施，评审时间一般在3月份，因此从时间上来讲，本身压缩了实施的时间，加上考核一般在当年10月至11月，这导致真正的施工时间相对不足。因此，应打好提前量，在头一年10月份左右就应该启动次年项目谋划工作。谋划工作要围绕主导优势产业，采取自行申报、县内初审等方法，尽早筛选出一批有质量、可实施的储备项目。省里开始组织申报的时候可以随时报上去，缩短收集项目的时间，提升评审通过率。

精心编制项目

项目实施成效的核心在于利益联结，在于带动的脱贫增收致富人数。这也是项目评审专家最关心的焦点问题。因此，项目质量的高低，是否顺利通过，就必须看利益联结机制。创新建立利益联结机制是一项十分讲究方法的工作，近年来探索了股权模式、飞地模式、兜底模式等。在今后的项目编制中，还可以继续探索更有效的分配模式，比如为了避免分红数额过大引起群众矛盾，可以尝试实施"红专股"二次利益联结模式，让项目的实施既简单易操作，又高效实在。同时，项目尽量少而精，便于统一管理，集中财力建大项目，更好地彰显形象和效益。

领导领办项目

协作项目与县里其他项目相比，规模确实不够大，投资多则几百万元，少则几十万元。但是项目不论大小，实施的程序都是一样的。很多项目推进慢，基本原因是招投标程序比较费时，甚至还有流标的情况。比如"八里竹园"项目中，"八里驿站"就因招投标程序中有流标情况，导致现在都没有启动施工。领导领办项目，可以发挥领导在项目推进过程中的协调作用、督导作用，可以适应简化程序，督促加快办理流程，甚至遇到特殊情况，可以由领导召集相关单位参加专题协调会，一事一议，特事特办，从而起到加速进度的作用。

西北望长安，可怜无数山。路虽远，行则将至。

天亮后会很美。

2019 年 8 月 22 日

要努力活在"预期"里

李安的电影《饮食男女》中有这样一句台词:"人生不能像做菜,把所有的料都准备好了才下锅。"

不一定是万事俱备了,东风才会来。世界上的事情总是让人难以预料,比如,今天早上我兴致勃勃跑到张家村,正当准备跑两圈的时候,突然下起了雨,于是晨练计划只能搁浅。虽然不能痛快地跑出一身汗,但是静静地坐在月季花田旁的初心亭里,却有了别样的体验和收获。

下起雨来,地里正在干着农活的乡亲们纷纷往家里跑去,放养的牛、羊、鸡等也纷纷往各自家里赶。四周的山腰上,伴随着小雨,逐渐升起了薄雾,轻盈多姿,梦幻诗意。小河里的流水,不动声色,依然潺潺流淌,河面上的几只鸭子,依然若无其事地游弋着。村子安静地在细雨中沉默,偶尔几间房子飘起了做饭的炊烟。是该到了生火做饭的时间了。

这片月季花田也是地震之后,浙江长效帮扶资金扶持发展的一个产业,正好在张家村村委会前相对平整的地块上,占地将近200亩,是挖取山上的七里香藤种植,用各色月季花的枝条做嫁接,当地把这种月季叫作高枝月季。这种花,我不曾在浙江看到过。八里店镇移沿山村的月季品种算是多的,但也没有这种形状的,可能浙江山上不一定有七里香。据说这种花主要用于城市绿化、庭院装饰，近年来销路不错，售价几十元到几百元一棵不等。

现在正是月季盛开的季节，以粉色和红色为主色调的月季在细雨的浸润中显得更加娇美动人。这样的景色，放在人口稠密的大城市周边，产生的效益就完全不一样了，但是在相对偏远、人口较少的青川，可能欣赏的人就少了点。因此，如何做好这些花卉的外销和鲜花的深加工问题就显得很重要。河岸边，我们协作资金匹配的月季花精油加工厂房正在施工建设，希望能发挥积极作用。

张家村算是离县城比较近的乡村之一，并且通过近年来的精心打造，基础设施、风貌改造都有了很大改变，已被评定为国家3A级景区。但是从目前的情况来看，效果还不够明显，没有形成游客集聚、消费集聚的预期景象。很多老百姓只是单纯享受着被打造出来的绝佳风景，抱着绿水青山的"金饭碗"，依然不肯放下扶贫帮助的"铁饭碗"，没有真正参与到乡村经济的经营上来。

"美丽乡村"变"美丽经济"的路子，依然任重道远。

我正在亭子里想着这一切的时候，一个扛着锄头的老大爷正好走过来避雨。老大爷的衣着是典型的农民模样，朴实无华，让我有种亲切无比的感觉。我问老大爷："老大爷，这里搞得真漂亮啊，在这里生活感觉怎么样啊？"我本以老大爷会跟我有差不多的想法，可能会对改造好的环境没有变成实实在在的收入有所不满。结果老大爷的回答让我改变了想法。老大爷说："在这生活好啊，每年可以分2000多元的土地租金，整得漂亮了，政府说以后可以开发旅游，以后村集体收入多了，我们还可以多分点。"大爷讲话的时候，很深情地看着这片月季花。我被他的话语打动了，大爷对"以后"充满了希望，有"预期"，所以大爷并不觉得有什么不好，至少"以后"让他很有盼头。

老大爷是对的，以后肯定会更好的。

我突然明白，人要活得开心点，就要努力活在"预期"里，而不是点点滴滴的"预算"里。

2019 年 8 月 25 日

老人和小庙

康德曾说："我是孤独的，我是自由的，我就是自己的帝王。"

孤独是可怕的，但是能够沉下心去接受孤独，这样的状态是可贵的。在向阳山的道观里，我遇见一个守观的老人，看了他生活的场景，我感到莫名的敬畏，甚至心生向往。

我们策划了许久，一直想组织挂职的干部人才开展一次集体活动，但好几次都因为事务繁忙而耽搁了。昨天，我们终于开展了一次比较有意义的集体活动。

目前在岗的挂职人才主要是医生，新的一批教师还没有确定人选。昨天下午3点半，我们先在组织部的会议室召开了简短的座谈会，本打算集体去一次地震博物馆，但因车辆问题没有去成。座谈会主要请张县长给大家通报一下近期的工作情况，强调工作的一些注意事项，尤其是人身安全问题，近期援疆干部人才有发生一些安全事故，加强安全教育和管理是必不可少的。

座谈会后，我们集体赴向阳山。一下车，便感觉到明显的凉意，温度大约只有17摄氏度，大家赶紧把带去的外套穿上。我们安排同志们在向阳山庄搞联谊晚会，夜宿山庄，第二天登顶去看日出、云海。同志们对这个安排十分满意，个个兴奋不已。

昨晚大家过了一个欢快的夜晚，主人家的拉布拉多犬一直陪着我们，从吃饭到晚会结束。热情的它居然抱着我的大腿不放，锋利的爪子把我的腿抓出好几条划痕，表皮破了，但没有出血，希望不会有事，因为我没有去打狂犬疫苗。

早上6点半，我和几个同志登上了山顶。山顶海拔1650米，凉意袭人。站在山顶，脚下是一片茶园，远处是一片云海，犹如仙境一般。因为是阴天，我们没有和太阳见着面，但是茫茫云海，还是让我们感到不虚此行。清新的空气，满眼的绿色，飘忽的云朵，绵延的山峦，令人陶醉、留恋。据说，在最热的季节，也会有一些人到这里搭帐篷过夜看日出。这样的条件，如果在东部地区或许早已被开发成旅游网红打卡地。但不用急，好好将它保护起来，总有一天这里会被人真正发现。

早餐后，我们准备返程，因时间还早，山庄主人推荐我们去山边的小庙看看。于是，我们便兴致勃勃地去了那里。

庙的位置低于向阳山庄，从大路边的一条小岔路进去，在一片树林之中。走近一看，是一处道观。我们刚到，就看到从庙旁边的屋子里出来一个老人，穿得朴实陈旧。老大爷一上来就拿出一包香烟，要给我们发烟，我们拒绝了。张县长给了他一根烟，便跟他聊起来。原来，他就是这间道观唯一的居士。这个道观是1984年修建的，大大小小的殿有五六间，里面供奉着道教的神仙，也供奉着佛教的菩萨。道观的房子都是木结构、小青瓦，跟佛教的寺庙相比，显得极为朴实，没有鲜艳的色调，没有考究的建筑艺术，就像这位老人一样，极为简单。

老人告诉我们，他每天早上5点准时给每个殿上香，每天早上6点、中午11点和傍晚6点敲钟，周而复始，从未间断。可能是长期烤火和抽烟的原因，老人的手指被熏得发黄发干。我参观了老人的住处，边上辅房是烧水烤火专用的，吊了一个被烧得发黑的大水壶，水壶里的开水在呼呼响，木头烧得很旺，散发着阵阵暖意。山上天气冷，我想老人大部分时间可能都在这间屋子里度过。

辅房边上一间是厨房，有一个大灶台，灶台上有两个大铁锅，屋子中间摆了一张小餐桌，桌上放了一些极为简单的小菜。老人的屋子收拾得非常整齐干净。没吃完的菜，老人全部用干净的碗倒扣过来盖着，以防灰尘掉进去。尤其是老人烧柴火灶的木柴，全是山上捡的枯树枝，老人把树枝截成长短大致一样，非常整齐地排列在墙角，像艺术作品一样，很美很有序。

一个人、一个道观、一些神灵，在小山树林中和谐自然地存在。他会孤独吗？他经历过怎样的事？我脑海里浮现出很多想知道的问题，但是因为时间关系，很多都还没来得及询问。

我想，我肯定会找时间再去拜访他，带去一些生活用品，寻找一些人生启迪。

2019 年 8 月 31 日

有教育才有希望

再穷不能穷教育，再苦不能苦孩子。

程渭山（浙江省人大常委会原副主任、原党组副书记）在1989年任开化县委书记的时候集全县之力发展教育，他要用教育改变落后的面貌。程老先生说，那时候的开化县穷得很，但是他用三年时间，挤出800万元经费，对全县所有的中小学进行改造。他让一个偏远的山区县，所有的学校面貌焕然一新，全县最漂亮、最安全的房子一定是学校。9月1日至2日，我们接待了程渭山老先生，他回忆了自己在任开化县委书记时的事情。他坚信，改变教育，教育好下一代是改变贫困落后面貌最长久、最管用的办法。他的做法得到了省委、省政府的高度认可，在开化召开了全省现场会，并由他做了经验介绍。

程老先生的话我很赞同，教育决胜未来，脱贫攻坚不能只看到账本上数字的变化、乡村面貌的变化，很重要的一点就是要办好教育、培养好孩子。就业脱贫最直接、最有效，教育脱贫最持久、最稳定。

我们安排程老先生考察了"白叶一号"基地、川珍实业有限公司等地，还重点考察了地震博物馆。在程老先生一行到馆内考察期间，我在接待大厅等候，利用等候时间，我向工作人员了解了整个博物馆的运作情况。工作人员在聊天中谈到了场馆运作的种种困难，比如维护费用的不足、日常管理的不规范等。我特别问到了中小学生来参观的情况，他们表示有，但是并不多。听到这个情况时，我觉得十分可惜。博物馆内的陈设展示了地震当时的情况，青川人民"两幅标语"精神、自救自建的情况，浙川一家共建美好家园的情况，这些应该让青川的每一个孩子始终铭记并发扬光大，成为青川孩子最独特的精神品格。

而青川目前的教育发展现状并不乐观，教育质量我没有做认真调查，但是从目前青川适学儿童外流就学的情况来看，好的生源在大量流失，绵阳、广元、成都成为家庭条件较好的孩子就读的主要方向。我所认识的同事，他们的孩子基本都不在青川县内就读。追求更好的教育，无可厚非，但是这对青川发展却有着不利影响。目前，地震援建的很多漂亮、坚固的学校正在开始空置，空心化现象正在蔓延。

结合程老先生说的话，就目前青川教育而言，我认为可以从以下几个方面去努力。

编制一部感恩教材

青川的孩子如果不再了解、关心地震，如果不再感恩奋进，珍惜当前生活的来之不易，那将是青川教育最大的失败。因为大地震侵蚀过青川的历史改变不了，因为青川作为龙门山地震断裂带的特殊地理改变不了，青川的每一个孩子都要了解地震知识，了解那段苦难的日子，珍惜现在的幸福生活。我们不但要利用好地震博物馆这个阵地，而且应该编制一本特殊的本土教材，系统地讲述地震知识，系统地讲述当年大地震情形、援救情形、建设情形，让孩子们铭记历史、牢记恩情、感恩奋进。

打造一所品牌学校

"龙头"可以产生示范带动作用，可以产生集聚吸纳作用。就目前青川的学校分布来看，个别乡镇已经没有学生，部分偏远点的乡镇，学生数正在逐年减少，比如楼子小学，去年全校还有48名学生，而今年我再去的时候，已经只剩下32名学生。再这样下去，学校自然停办。据了解，这些逐年流失的学生，大多到周边较大乡镇的较大学校去了。这表明家长们仍然十分重视教育，都希望把孩子送到较好较大规模的学校去。小乡镇转移到大乡镇，大乡镇转移到县城，县城转移到周边地市，是目前学生流失转移的主要模式。因此，应在县城集中力量打造一所品牌学校，用最优的教师、最美的校园、最好的管理、最得人心的口碑，截住流失出去的学生。一个县城没有大量年轻的学生，就很难成为一座希望之城、活力之城。

创新一套留人机制

建立品牌学校，截留一批学生是"留人"的办法之一。从党和政府的层面，建立一套留住人，包括留住学生和教师的机制，甚至引进人的机制显得尤为重要。可以单设一笔专项经费，设立专门的奖学金，设立育人奖、优秀学生奖等，从物质奖励的角度，留住一批人。可以打开思路，设立类似"珍珠计划"奖，从周边县区、周边地市筛选一批成绩优异，但因家庭条件等原因，不能安心学习，甚至完成义务教育后就可能辍学的学生，像"捡珍珠"一样，引导其到青川学习，为其解决学习、生活困难，解决其后顾之忧，使其成为青川教育升学的"冲锋军"。

突然回想起当年的自己，真的差点就选择不继续上高中。在选择人生的十字路口，我庆幸选择了读书。

2019年9月3日

217

务必继续保持艰苦奋斗的作风

毛泽东曾提出："务必使同志们继续地保持谦虚、谨慎、不骄、不躁的作风，务必使同志们继续地保持艰苦奋斗的作风。"

广元市委党校报告厅门口草坪的石头上，用红色的字刻了毛泽东的这句话。这句话是毛主席在西柏坡写的，在打败国民党军阀集团后，离开西柏坡前夕，针对郭沫若撰写的《甲申三百年祭》，他形象地把这次历史转折比喻为进京"赶考"，告诫全党同志，绝不做李自成。伟人的话充满智慧，现在这句话对于同志们来说，对于全国人民来说，仍然管用，仍然值得遵守。

我参加工作以来，真正参加党校的系统培训，这是第三次，前两次是在湖州市委党校，培训内容主要也是有关东西部扶贫协作的。以前在区委办公室工作，事情很多，都没有机会参加培训。参加培训，能系统地学习平时学不到的理论知识，能静下心来思考一些问题，能结识一批同学，能从其他人身上学到一些闪光点，这样的机会很好。

培训班的第一次集体活动是选举班委。选班委之前，大家先做自我介绍。自我介绍其实就是一种自我展示，能评判出一个干部的语言组织能力、现场表达能力。我自认为我做的这次自我介绍很成功。我向同学们介绍说："同学们好，我叫李小红，男，37岁，我的情况有点特殊，我是从浙江派来挂职的四川人，出口转内销。活了37年，一半时间在四川，一半时间在浙江，所以我经常在想，我要是把工作干好了，就是'两边的人'，要是干得不好，那就'两边不是人'。我珍惜这次学习的机会，也珍惜与大家在学习中结下的友谊。谢谢！"讲完之后，大家都热情地鼓掌了。能够较好地组织语言，并用独特的风格表达出来，这得感谢那几年在吴兴区委办的历练。做任何事情，要相信功夫不负有心人。

这两天的课程有分组讨论，有素质拓展，也有理论讲座，安排得很充实。在分组讨论中，我跟同学们分享了我思考的浙江乡村振兴的一些背景和做法，尤其是浙江的"小企业大产业""小资源大集聚""小商品大市场"等特点，以及湖州生态文明建设、安吉鲁家村乡村振兴实践等。但是我的最终观点是，发展有先后，有天时、地利、人和各种因素，东部领先发展不能骄傲，西部暂时落后不能自卑。

与同学们接触下来，尤其通过分组讨论和素质拓展，我总体有以下体会。

基层同志普遍反映工作繁忙

二组中有一半左右是各县区的，其中又有一半来自乡镇。乡镇工作的同志们围绕许东明部长（时任）开班讲话发言，结合自身工作谈体会。他们普遍认为乡镇工作很辛苦，白天主要围绕脱贫攻坚工作开展入户调查、整理台账资料等，晚上再开展条线业务工作，经常加班加点，上面出个通知，下面要忙上一阵子。乡镇同志都在乡镇"驻夜"，很多同志都照顾不了家庭，为此他们很羡慕在县城上班的同志，对工作调动充满了期待。

机关同志普遍反映迎检过多

在讨论发言中，同志们对上级检查、视察反映强烈，认为上级检查过多，很多时间都浪费在陪同领导检查工作上，整理各种汇报材料、台账资料，让人焦头烂额。对于这一点，我也有深刻体会。在青川工作的一年多时间里，我发现各种专项检查、上级调研确实不少，很多同志都把精力花在了迎接各种检查上面。上级检查确实也是为了推动工作、了解情况，但是像广元这样的地方，地广人稀，又是山区，一天的检查调研其实跑不了多少地方，很多时间都在路上。

同志们对广元发展充满信心

同志们在发言中对浙江发展充满羡慕之情，认为东西部差距巨大。其实，我个人认为也没有他们描述的那么大，最明显的区别，主要还是在城乡统筹方面。东部地区发展的均衡度很明显，而西部地区的城乡差别太大。但是在谈到乡村振兴的时候，同志们还是信心满满的，他们看到了广元这些年的变化，看到了中央对西部地区发展的巨大支持，他们相信未来，尤其是对广元优美的自然环境充满自豪感，相信绿水青山总有一天能转换成金山银山。

其实，无论发展得快与慢、好与坏，我们还是要牢记毛主席的那句至理名言，务必继续保持谦虚、谨慎、不骄、不躁的作风，务必继续保持艰苦奋斗的作风。

2019 年 9 月 5 日

要保持延安精神

2009 年 11 月，时任中共中央政治局常委、中央书记处书记、国家副主席习近平在陕西调研时指出："伟大的延安精神教育滋养了几代中国共产党人，始终是凝聚人心、战胜困难、开拓前进的强大精神力量。弘扬延安精神，要把坚定正确的政治方向放在第一位，牢记全心全意为人民服务宗旨，坚持解放思想、实事求是、与时俱进，始终牢记'两个务必'，保持延安时期那么一种忘我精神、那么一股昂扬斗志、那么一种科学精神，为建设和发展中国特色社会主义不懈奋斗。"

今天听了延安干部学院王健教授题为"党中央在延安十三年"的主题讲座，感到十分精彩，那段特殊而伟大的历史，使人深受启发。习近平总书记多次提到延安精神，要求广大党员必须加强学习，学以致用。延安是中国革命圣地，是毛泽东思想的诞生地，谁能想到在北方的一个贫瘠的山坳里，居然孕育了如此伟大的革命思想和革命精神。

今天的课程安排得很满，上午还听了广元市委党校原副校长王舜涛老师的国学课，晚上观看了廉政教育专题片。现在静下心来坐在宿舍里，回味一天的课程，我感慨良多，觉得自己知识不足、见识不广，很想静下心来狠狠读点书，做点研究。

经典国学课让我明白了中西方很多差异源于传统文化的不同

王舜涛教授已经65周岁，但是精神状态特别好，近三小时的课，没有中场休息，不用PPT，一切内容随口就来。文化自信，确实在当代中国太重要了，因为文化是影响人思维和行为的原动力。中国传统文化中的"仁"字，从字的组成就可以看得出是讲"二人"，也就是说，"仁"告诉我们的是处理好"人与人"的关系，倡导相安相处，所以中国社会科学自古发达。西方更重视处理"人与自然"的关系，讲究的是战胜自然，获得生产资料，比如典型的哥特式建筑高且尖，有冲破云霄的气势，体现的是人的力量，所以西方自然科学就相对发达。

延安精神让我明白了任何时候要保持乐观、充满斗志

延安的自然条件、经济条件在当时都相当落后，按当地老农民讲，当年红军到达延安的时候，已经是衣衫褴褛、面黄肌瘦，但是他们依然充满斗志，挖窑洞、拉军歌，对未来充满希望。全国各地的有志青年纷纷奔赴延安，脱下皮鞋和西装，一夜之间变成"革命战士"模样。当时延安的情景让国外记者们都感到惊讶，他们看到了一种不可描述的力量正在孕育生成。就在那样一个地方，党中央的运行模式逐渐走向成熟。

廉政教育让我明白了时刻警醒才是最大的平安

一个半小时的片子，播放了四川医疗系统的受贿案，湖南衡阳、四川南充贿选案，以及浙江台州一副市长、浙江发改委一处长的案例。这些案例让人触目惊心，案例中的主人公都有共同的特点，就是

思想上放松了，侥幸心、虚荣心严重作祟，把初心忘了，把敬畏之心忘了。尤其是台州市原副市长陈才杰在权钱交易中，用了很多掩人耳目的办法，自认为手段高明，但怎么可能逃过法眼，要想不被发现，前提是不发生。结果兄弟俩都被判刑，留下年近70岁的父母在家度过晚年。难以想象，二老看着自己两个儿子都进监狱时的痛心疾首。

多读点书、多做点事、多长点心，人生才能更稳、更实、更长、更有意义。

2019年9月6日

培训经济也是经济

《习近平的七年知青岁月》中，雷平生在接受采访时说："学习是一个不断丰富自我、提升自我的过程。近平思路宽广，思想活跃，分析问题能力很强，这同他刻苦读书学习分不开。他在陕北农村劳动期间，数年如一日保持着刻苦学习的习惯。"

学习如同充电，会让人动力更足、行程更远。

我有幸参加了广元市委组织部组织的乡村振兴与文旅融合班，并顺利完成学习课时，拿到了四川大学颁发的结业证书，内心备感喜悦。在吴兴区工作期间，因为岗位的特殊性，我很少参加系统的培训。这次虽然因工作安排问题，中途实在没办法还是请了几天假，但大部分课程都完成了，听了很精彩的课，看了很出色的点，丰富了知识积累，更是开阔了眼界。

尤其让人印象深刻的是到崇州市的现场教学，考察了白头镇五星村和道明镇竹艺村。崇州市是成都市下辖的一个县级市，交通条件、地理位置十分优越，是成都平原的"平原中的平原"。两个村子的打造让人眼前一亮，乡村酒店、稻田民俗到处都是，收割机在田园里耕作，城市人在乡村里休闲，乡村活力迸发。作为成都市的郊区，有这样的景象不足为奇，毕竟交通方便，先天条件优越。

在考察过程中，我发现除了游客外，还有大量类似于学习班的考察团队，他们的脖子上都挂着学员证，乘着大巴车一批一批赶来。后来我问了老师才知道，村集体积极与四川大学以及省、市委党校等各大培训平台合作，积极总结乡村振兴案例，成功纳入各大培训平台的现场教学点，每年都会吸纳全国各地的基层干部前来参观学习。

天下没有免费的午餐，村集体会向培训平台收取一定的费用，从而实现"变相赢利"。这种赢利模式十分直接有效，这就是当前乡村振兴中"教育经济"的赢利模式。这种模式还有一个最大的好处就是能产生叠加效益，在不断提升知名度中获得直接效益。这一点，我想值得很多地方学习借鉴。

对比吴兴妙西镇"谷堆"项目，龙山村近年来因"谷堆"项目引来了不少的学习考察团队，全国各地都有。但每次团队来都是"走马观花"，看了都说好，看完就走人，热闹的背后没有带来直接的收入，没有把"风景"和"模式"变成直接经济效益。老百姓看到了"人"，却没有看到"钱"。据了解，崇州市白头镇五星村仅收取培训费，2018年村集体就增收600万元。

从目前来看，很多地方的乡村旅游还停留在"吃住"上，还没有以"教育"收入作为其中的增收项目之一，我认为以后可以大胆探索这方面的模式。加强与各大培训机构的合作，运作模式、创新点子可以"卖钱"。同时，乡村的农业生产知识、实践基地可以"卖给"青少年学生团体，成为他们认识农村、了解农业的实践基地，这样就拓展了"游客"的类别，增加了集体的收入。这是五星村和竹艺村给我的启示。

如何在乡村振兴中挖掘"教育经济"这条路子，我认为可以从以下几个方面入手。

对接一批平台

在打造好看点之后，要积极主动对接党校、大学和各大专业培训中心，大力推广乡村发展模式，并借助各大宣传平台，不断提升美誉度和知名度。让培训平台感兴趣，让乡村资源成为培训平台的优先资源，这样既给教育平台提供了教学资源，又可以借机展示乡村发展成果，实现双赢。

总结一套机制

要精心总结一套可以让人眼前一亮，让人觉得可学习复制的创新机制。比如土地的流转机制、公司平台的运作机制、群众的分红机制等，既要符合实际，又要另有新意，有时代感和前瞻性，符合大政方针，符合农村实际。

编制一套教材

有条件的情况下，要总结编制出一套形成文字的教材资料，教材的编写可以和高校院所合作，借优质资源提升教材的质量和价值。同时，围绕课程的设置，要排定一套可以让受训者参与的体验活动，比如模拟拆迁、模拟组建合作社等，让零散的东西固化下来。

串联一条线路

学习者来到考察点，既是学习者的身份，也是旅游体验者的身份，因此在考察线路的设计上要科学有序，确保目光所及除了风景，还有亮点，给人以视觉和内心的冲击。打造的亮点要串点成线，形成一个完美的闭环。这一点，道明镇竹艺村做得十分到位，参观的线路沿途可谓亮点不断，总是能给人以惊喜。

乡村振兴的内容十分丰富，如何实现中央"十二字"总要求，每个地方都可以探索出适合自己的道路。

青川的振兴一定不能缺少旅游，如何把"美丽风景"变成"美丽经济"，虽然等不起，但更加急不得，想清楚、干到底才是正确的选择。

2019 年 9 月 23 日

我眼中的浙江乡村振兴

"现实上，我们处在一个伟大变革的时代，就像狄更斯小说《双城记》中写的那样，这是一个'最好的时代'，也是一个'最坏的时代'。但是我们一定是处在一个走在复兴之路上的中国的伟大时代。我们唯有努力奋斗，才有更好明天！""心法上，不能妄自菲薄，发展有先后，要相信广元的明天更美好。""技法上，我们要多看多学，多实践多创新，要学习太极拳的'借力打力'，要'借道超车'。"这是我在广元市委党校的年轻干部初任班上讲完课，最后和各位学员分享的几句话。

昨天，我很荣幸被广元市委党校邀请去作主题为"浙江乡村振兴经验"方面的主题培训。我经过思考，给学员们作了题为"浙江乡村振兴发展实践与思考"的讲课。我用了近三小时的时间，从"浙江省乡村振兴背后的浙江发展路径梳理分析""浙江省湖州市践行'两山'理念，实施乡村振兴的实践探索""浙江省安吉县鲁家村打造乡村振兴样板的实践探索"三个方面进行了一些分析。总体来讲，课讲得十分顺利，这得益于我在大学工作时所做的知识积累、技能训练。这已经是我在广元地区的第三次讲课培训。

讲课过程中，学员们都听得十分认真，课堂上的互动也十分热烈。课后，党校教育科的同志很认真地说，这是近期所邀请的讲课中，同学们听得最认真的一堂课。今天，参加培训的青川干部李燕锹发信息来说，同学们听了课后反响很好很强烈，一致认为讲得很接地气，也很生动。

说实话，能得到听课者的良好反馈，是对老师的最大鼓励。我也参加过一些培训，老师讲的内容不一定都能让人有所触动，其实最重要的是听课过程中能让学员受到一些启发，能让他们记住其中一个案例、一个道理、一个方法就已经足够了。

梳理浙江的发展，也让我自己很受启发。一个地域不广、资源不算特别丰富的省份，能取得今天的发展成绩，有其历史的必然性，也是天时、地利、人和综合作用的结果。改革开放以来，浙江省以"干在实处、走在前列、勇立潮头、敢于担当"的精神，在政治、经济、文化、社会、生态文明建设、党的建设、政府治理等方面发挥了改革开放试验田、示范田、高产田作用，创造了中国特色社会主义道路的浙江样本。其中，最重要的是成功摆脱传统的路径依赖，走上了全面、协调、可持续的科学发展之道，创造了很多全国经验。

回顾浙江历程，从"小浙江"到"大浙江"，主要可以分为两个历史阶段：第一阶段是 1978 年至 2002 年，主要特点体现在"自发、民营、勇敢、宽容"四个关键词上，形成浙江发展的先发优势；第二阶段是 2003 年至今，主要特点体现在"自觉、多元、全面、引领"四个关键词上，形成浙江发展的新优势。

每个关键词背后都有案例、有数字，最让我崇敬的是"宽容"二字。在当下动不动就会"追责"的形势下，"宽容"二字很可贵。但在当时的情形下，计划经济中萌生出市场经济的端倪，并且得到了生机，那种难能可贵的"宽容"更是弥足珍贵。义乌小商品市场的形成，得益于当时的义乌县委书记谢高华在听取了群众意见后，经研究于1982年出台了"四个允许"的文件，即：允许农民经商，允许长途贩运，允许开放城乡市场，允许多渠道竞争。后来，时任浙江省委书记李泽民（四川广元人）总结提出"三个允许五个不"的工作思路，即：允许试，允许闯，甚至允许犯错；不争论、不攀比、不张扬、不气馁、不动摇；坚定、清醒、有作为。这极大地激发了广大基层干部和群众的创造力。现在想来，那时候的环境虽然很"紧"，但其实也很"松"，胆识成了第一块"敲门砖"。

浙江发展的特点，总结出来就是"小政府、大主体，小商品、大市场，小资源、大集聚，小面积、大平台"。在"八八战略"的推动下，全面发展的浙江早已开始乡村振兴实践，可以梳理出经历了乡村整治（千村示范、万村整治）、美丽乡村（美丽风景、美丽经济）、乡村振兴（村强民富、活力迸发）三个阶段。

过几天，两省主要领导将到广元、青川视察，全市、全县上下正在积极做准备工作。领导的到来是发展的契机，怎样抓住契机，把领导关怀作为动力，把领导指示作为方向，把领导要求落到实处，才是做好一切迎接工作的关键。

今天，青川阳光明媚，但愿正如明天青川的发展。

2019年9月25日

暂停和内省

海明威曾说："我们必须习惯，站在人生的交叉路口，却没有红绿灯的事实。"

我们经常会遇到没有红绿灯的交叉路口，然后我们要做出选择，向左或向右，现在出发，还是稍等一下再出发。做出这些选择的控制系统是我们的大脑，给予大脑指令的是我们的内心，是我们长期积累的对事物判断的经验。来到青川已经近一年半，回想当时来青川的选择，我好像没有经过任何思考，就是内心一瞬间就做出的判断，觉得应该去、可以去，不需要去判断和计较得失。

早上醒来，看到手机有一条未读信息，是以前八里店镇的一个同事发来的，他在八里店镇负责安全工作，是一个胖胖的小青年，工作很踏实。他说："李书记，您什么时候回来，我们想您了！"信息显示接收到的时间是00：11。有同志们的想念和牵挂，我很欣慰，也很感动。我知道，平时我在他们心目中还算是一个不错的同事，虽然我有时候要求很严，但很多事情我都是同他们一起去干，做好表率，用自身的担当去带动同事们的担当。事实上，这样做是对的。虽然有时会因此惹来很多麻烦，也有同事善意提醒我，说工作别陷得太深，但是面对那些复杂的问题，自己不去深入了解和处理，就难以解决，久拖不决则会使问题更加复杂。其实去了解情况、处理问题的过程也是积累经验、丰富经验的过程。

来到青川工作，因岗位职责关系，我的工作主要以扶贫协作为主，更多的是沟通联系，发挥桥梁纽带作用，很少像以前在乡镇工作时那样，带领同志们去处理具体问题。早上想到这些突然有些失落，这样下去，自己会不会落后了呢？会不会让自己积累的"武功"废了呢？

想起曾读过的一本书——《论语与算盘》，作者是日本商业之父涩泽荣一，1916年出版。书已经发行上千万册了，它将日本的商业智慧和处世哲学融为一体，据说是日本企业家的必读书目。该书反映出日本哲学的主流思想：暂停和内省。日本企业家的哲学，已经不是"向前、向前、勇猛进击"的学问，更像是"暂停，重新寻找方向"的内省。这种暂停和内省，看上去保守，有时甚至落后，但值得肯定的是，日本企业家不会因为突飞猛进而犯下大错误。

其实在国外，读哲学已经是一种普遍现象，尤其企业家，他们认为哲学会给人带来两件武器：应用及思考能力。反观中国企业家，可能读哲学远少于读管理学、金融学。

就我而言，选择到这里来，可能多少受了日本哲学所推崇的"暂停和内省"的影响吧。

你追我赶，不进则退是现实。比如，近期海天酱油的市值超过了万科，引起了人们不少的讨论，有人甚至喊出"卖房不如卖酱油"。9月23日举行的万科南方媒体交流会上，万科集团董事会主席郁亮被追问，如何看待万科市值在被茅台超过后，又被海天酱油追上。郁亮说："市场给了优秀的公司合理定价，这样的公司值很多钱是应该的，我们特别服气。"

对，服气不是一种低头认输的态度，而是面对现实的重新认识和反思。所以，暂停也许是为了远行、快行，这种思维，我们应该具备，小到看待自己，大到对待地方发展。

青川秋的气息已浓，湖州一定还热吧。

2019 年 9 月 28 日

一个不一样的国庆节

"凡是过去，皆为序章。走过'雄关漫道真如铁'的昨天，立于'人间正道是沧桑'的今天，迈向'长风破浪会有时'的明天，我们初心不改，我们信念如山。在以习近平同志为核心的党中央坚强领导下，让我们再接再厉、不懈奋斗，把人民共和国巩固好、发展好，把伟大祖国建设得更加繁荣富强！"这段话引自新华社10月1日评论员文章。

这个国庆节，对每一个中国人来讲都过得不一般，《我和我的祖国》响彻了中国大地，祖国河山一片红，人们切身感受到了祖国的强大号召力，都为祖国祝福、歌唱。我们广元片区录制的《我和我的祖国》MV还上了"学习强国"平台，我感到无比荣幸和自豪。

今天，我提前回到了青川，单位的同志们这几天都在加班，不断修改完善PPT和展板，就是为了给两省主要领导汇报好、展示好两地的东西部扶贫协作工作。我作为一名援派干部，应该全面积极地融入这个团队中去。下午走到行政中心，欢度国庆的巨大标语、飘扬的彩旗、摆放的鲜花，都给这个特殊的节日增添了浓厚的氛围。祖国繁荣强大，是我们每一个中国人的底气。多少革命烈士用鲜血和生命换来了今天的美好生活，我们应该铭记在心，并珍惜今天拥有的一切，拧成一股绳，奔向中国梦。

假期的前几天，我带家人去了趟西安，一是让孩子感受一下作为十三朝古都的西安的历史文化，二是考虑到从西安直接到青川比较方便，这样我可以提前回来，跟同志们一起做迎接领导检查的各项准备工作。

10月2日，我们从湖州高铁站出发，一路向西北，7个多小时就到达了西安，一路十分顺畅。我们经过了广袤的平原地带，也同巍峨的华山擦肩而过，感受到了祖国河山的无限宽广，这是平常坐飞机出行所不能感受到的。

到了西安，我同村的朋友龚德贵安排我们入住他自己经营的民宿。阿贵比我小6岁，小时候经常在我家玩，也算是从小一起长大的。之前我对民宿的概念是在乡村或自然风景区周边打造的很有风格的酒店，这次经历完全颠覆了我的观念，原来民宿也可以在城里。他租了一些大楼的房间，按酒店的标准进行卫生管理，在网上进行订房，价格相对同样面积和位置的酒店要低一点，客人到达后拿钥匙入住，相当于把酒店的房间分散到了居民区居民楼。阿贵说，伴随这几年西安成为"网红"城市，民宿生意非常火爆，他手头房子不多，并且基本以卫生管理为主，负责打扫房间和更换床上用品，利润相对薄一点，每年收入约十五六万元。阿贵当年在西安上大学，读的是通信工程专业，毕业后干过通信，搞过快递，收过旧书，2017年才改行做民宿。他说，互联网时代给了穷人、能人、渴望成功的人最大的机会和最大的公平。是啊，如果没有网络平台，这样分散的民宿怎么能变成挣钱的宾馆呢？还有更重要的一点是给人们提供了更方便、更多元的选择。但这样的模式会不会给社区管理、社会治理等带来一些预想不到的安全隐患呢？我想肯定是有的，但"存在即合理"，这种模式总有一天会更规范、有序、健康地发展。阿贵的转行，不是不懂得坚持，我想更主要的是适应社会。随机应变，也是对追求美好生活的一种坚持。

我们在西安待了三天，去了碑林博物馆、城墙、大雁塔、小雁塔等地方，最大的感受是人多、文化底蕴深厚。因为国庆假期游客实在太多，我们没有去成秦始皇兵马俑博物馆，也没办法深度游，但是西安城的历史文化确实让人很受冲击，看着博物馆里陈列的文物，我不禁感慨，美国之所以那样眼红我们，是因为这些珍贵的文物是他们所没有的，我们源远流长、博大精深的文化足以让中华儿女自豪和骄傲。

在西安的古式建筑里行走，很容易让人想起日本，因为日本的不少建筑还保留了大唐风格。京都作为日本曾经的首都，始于公元794年桓武天皇迁都，当时叫平安京，以唐代长安为摹本建造。日本是一个善于学习的国家，可以划分三个以外国为师的历史阶段：古代以中国为师；近代脱亚入欧，以西方为师，特别是以德国为师；第二次世界大战以后又以美国为师。有意思的是，尽管不断以外国为师，但日本依然保留了自己鲜明的特色。日本求学于世界，促进了自身的发展，但以德国为师也激发了军国主义的扩张性，给亚洲人民带来巨大灾难，尤其是中国受到重创。

据查，隋朝时，日本4次向中国派出遣隋使，前来学习。唐朝，在公元630年到894年间，日本先后派出18批遣唐使及众多留学生和留学僧，平均15年就有一批。中国对日本的政治、法律、宗教、教育、文学、建筑、艺术、历法、衣食风俗、生活方式都产生了广泛和深远的影响。所以，现在日语中还保留了不少汉字。文化交流往往是双向的，汉字从中国传到日本，到了近代，我们也有大批学者到日本学习，很多汉字名词又从日本流到了中国，这种现象叫"日语借词"，比如服务、组织、纪律、政治、革命、共和、干部方针、经济、科学、商业、健康、杂志等。不学语言专业的人可能不一定清楚这些。我跟女儿讲这个的时候，她极力表示怀疑，她很肯定地说，只有日本学我们的，不可能我们学他们。在她脑海中，日本很坏。

回到青川后，街道冷清，小区停车位基本空了，沿街小店也关了很多。对比在西安街头的人山人海，青川显得清静很多，也十分有序。但是这种"空心"也让人"伤心"，没有人气，哪来的经济。青川本土人都把钱拿到外地去消费了，打造全域旅游，拉动消费经济，没有人来，只有人去，这无疑形成了矛盾体、伪命题。

发展虽有先后，但不能错过战机。

窗外，美丽的青川县城，建筑物上霓虹闪烁，只是不知有几人在欣赏。

2019 年 10 月 5 日

用心打造区域品牌很重要

杰克·凯鲁亚克在《在路上》一书中写道："世界旅行不像它看上去那么美好，只有在你从炎热和狼狈中归来之后，你忘记了所受的折磨，回忆着遇见的不可思议的景色，它才是美好的。"

国庆长假结束，大家又开始忙碌地工作。抽时间整理出行见闻，思考一些社会现象，静下心来全身心投入新的工作中去，才是我们对今年国庆假期的最佳回报。

据统计，国庆长假期间，全国共接待游客7.82亿人次，同比增长7.81%，实现国内旅游收入6497.1亿元，同比增长8.47%。今年还有一个新特点，以文促游增效明显。据统计，66.4%的游客假日期间参观了人文旅游景点，59.5%的游客参观了历史文化街区，86.3%的游客参与了两项以上的文化活动。此外，自驾游、家庭游、赏秋游也成为国庆假日旅游市场的亮点。国庆期间30.57%的游客选择自驾游，甘肃、青海、新疆、皖南、川藏等地自驾游成为热门。

面对如此蓬勃发展的旅游业，如何让青川旅游成为热门，分得一杯羹，是摆在青川发展面前的一道必答题。经过一年多来对青川旅游发展的了解，我认为，单纯卖风景是很难实现增收的。以青川引以为傲的唐家河景区而言，据统计，国庆7天共实现收入200万元，每天人流量5000人左右，收入主要以门票收入为主。虽然收入总量不大，但就唐家河景区而言，5000 人足以形成人潮涌动的景象。这样的人流量，实现 200 万元的收入，还没有达到效益的最大化。

达到效益的最大化，让游客留下来消费，才是一条最宽广的旅游发展的路子。想让游客消费，就必须提供可消费的产品，让"人走、钱留"成为可能。青川最有代表性的旅游消费品莫过于青川山珍，就拿青川黑木耳来讲，用青冈木培育的黑木耳品质比袋料木耳好得多。全县有青冈木段木木耳 3000 万棒，年产 3150 吨，产值达 2.54 亿元，已获评国家地理标志保护产品、国家生态原产地保护产品，但是放眼全国来讲，青川黑木耳的名声仍然不响亮，没有东北木耳、贵州木耳品牌响。我认为，只有山珍产品搭上旅游的东风，旅游带上山珍的消费，才能真正实现农旅融合，拉动旅游消费。

在山珍品牌的打造上，目前仍存在以下几点不足。一是没有品牌形象店。在青川任何一个旅游景点，没有统一设计的青川山珍的专卖店，只有一些老百姓和普通商贩在做零售，质量不统一，产品不齐全，档次不够高。孔溪乡小企业创业园有几家个体工商户的形象店，主要也是配合网上销售的线下体验店，没有形成统一形象标识。二是没有区域公共品牌。区域公共品牌是提升区域产品辨识度，提升影响力和附加值的有效抓手。青川有"地标"产品，但一直没有开展区域公共品牌的打造，产品未得到有效的整合。如丽水近年来以"丽水山耕"区域品牌推介丽水产品，产生了巨大作用，产品价格大幅提升，国内国际市场不断打开，品牌价值估值为 26.59 亿元。三是没有充分借助大数据平台。各地独特的产品都在建立"数据指数"，比如"童装指数""猕猴桃指数"等。今年苍溪县在猕猴桃采摘节上发布了"苍溪·中国红心猕猴桃指数"，进一步巩固了苍溪县作为猕猴桃产地的"王者地位"，提升了品牌影响力。青川山珍完全可以打造自己的

"山珍指数",让更多的人了解青川山珍产业的情况,提升青川山珍的知名度、美誉度。

分析"丽水山耕"区域品牌打造,可以给我们如下启示。

顶层设计重创新

针对区域品牌的"品名",丽水市在顶层设计的时候特别强调注重生态精品农业的发展。浙江大学CARD中国农业品牌研究中心设计"品名"的指导思想就是坚持融入丽水地域资源、农耕文化等元素。在这种创新性顶层设计思想的指导下,"丽水山耕"既能体现"山"是丽水最大的自然特点,又能体现"耕"是丽水传统的生产方式。青川如果进行品牌设计,我想"山""水"元素一定也不能少。

品牌打造重生态

品牌打造重生态是"丽水山耕"在千万品牌中制胜、赢得商机的一大法宝。华东地区的人都了解丽水的地形地貌和青山绿水,对那里的产品有天然的兴趣,内心自然认为那样的山水可以生产绝佳的产品。青川也一样,其森林覆盖率达73.77%,地广人稀,生态是最大底色,因此在品牌打造上,生态依然是"王牌"。

业态发展重多元

经历5年的发展,"丽水山耕"已经形成多元业态。利用"丽水山耕"的品牌效应,走向工、农、旅、文融合发展,将"山耕"向"山景""山居"延伸;让丽水宁静独特的"山景"借"山耕"走出大山,走进都市人的心里,吸引游客前来旅游;让原始质朴的"山居"借"山耕"转为古朴与现代美统一的亮丽民宿。就青川而言,"山谷原舍"已经成为一处有代表性的民宿，在此品牌的基础上能不能延伸包装"山谷原味"（餐饮或山珍品牌）、"山谷原墅"（高端民宿品牌）、"山谷原酒"（青川土酒品牌）等，这些都是可以探索和尝试的。

两省主要领导即将来到青川，这是对青川"高看一眼，厚爱三分"。落实领导指示，趁势而上，一往无前，就一定能创造青川更好的明天。

2019 年 10 月 8 日

对口工作要做好"聚""实"文章

"云开云散透天光，秋风秋雨润衣裳。沙州青坪风再起，一条白龙翻大江。"这首小诗是我站在青坪村"白叶一号"基地的平台上，看着云雾缭绕的白龙湖，看着若隐若现的远方写下的。

青坪的"白叶一号"基地承载着太多的期望，有中央和省市的要求，更有群众致富的需求，真心希望这块土地能像白龙过江那样，带着老百姓"飞腾"，奔向幸福的明天。

10月10日上午，浙江省委书记车俊带领考察团一行到青川调研，对浙川东西部扶贫协作给予了肯定。在青坪村的下车点，车书记握着我的手说："你是吴兴派来的干部吧？辛苦了！"我说："不辛苦！感谢书记关心！"在茶叶地里，车书记蹲下身子察看茶苗长势，要求浙江省有关部门和安吉县认真贯彻习近平总书记的重要指示精神，帮助做好白茶发展后续文章，确保茶苗长得壮、产出高，争创"一片叶子再富一方百姓"新传奇。车书记还考察了板桥乡浙川扶贫协作产业示范园，看到香菇、木耳、银鱼等产品，他十分高兴，要求继续做好基地共建文章。考察团一行中饭后离开青川。如何落实领导指示，结合青川实际，实现两地协作工作取得更大成效，需要我们认真思考和实践。

今年《浙江经济》杂志第14期重点登载了对口工作的一些文章

和案例。首页的评论员文章以《答好对口工作这张答卷》为题展开，重点提出"授人以鱼不如授人以渔""扶贫先扶智""让支援真正'对口'"和"体现浙江特色"几个方面。文章认为对口工作绝非一日之功，不可能一蹴而就，须绵绵用力，久久为功。要发扬钉钉子精神，以滴水穿石的韧劲和润物无声的感召，推动对口工作出亮点、见实效。

杂志还刊发了浙江省发改委副主任、省对口办专职副主任陈伟的专题文章《对口工作要做好"聚""实"文章》。文章观点切中要害，我们在基层工作深有体会。他认为做好"聚"文章，就是聚焦、聚力、聚势。所谓聚焦，就是要聚焦党中央和省委、省政府的决策部署，把习近平总书记关于扶贫工作的重要论述和讲话精神学深悟透。所谓聚力，就是要充分调动全社会各方面的力量，合力做好对口工作。所谓聚势，就是要抓特色、树典型、做示范、创品牌，加强模式创新，形成浙江对口工作亮点。他认为做好"实"文章，就是要立足实际、崇尚实干、注重实效。立足实际，就是要立足对口工作的实际要求，按照对口地区所需，浙江所能，尽最大努力开展工作。崇尚实干，就是要真抓实干、狠抓落实。注重实效，就是要紧盯脱贫攻坚任务目标，助力对口地区如期打赢脱贫攻坚战。

文章提出了观点，提出了方法，作为一名扶贫协作干部，认真学习后，受益匪浅。

脱贫攻坚这张答卷的答案，最终都将写在老百姓的脸上。

2019 年 10 月 13 日

我们必须心甘情愿做一个普通的人

作家梧桐曾写道:"我们必须心甘情愿做个彻底的普通人,那意指我们接受本来的自己,用不着试着变得更伟大、更纯洁、更有灵性、更见远思深。终极的进化,是泯然众人,它住往发生在中年,如如的中年。"

近期,吴兴又提拔了一批干部,好几个比我资历浅的年轻干部都被提拔重用了,我有点忧伤,但也很欣慰。

我们的人生,总是贯穿着一种欲望,一种想要达成某种目的的愿望和欲求,有时候还会固执地认为,只要自己努力了,就一定能得到心中想要得到的,而现实往往不然。这种求而不得的失落就是痛苦的根源。没人愿意痛苦,但痛苦总在身边。解开痛苦枷锁的不是别人,正是自己。

今天,我去竹园镇看项目进展,先后跑了湖羊基地、产业园建设现场和河口村。湖羊基地46个羊圈正在抓紧建设,场平基本完成,预计本月底可以进500头羊;产业园项目因为施工方案调整问题,目前正在抓紧做基础;河口村正在大规模种竹子,房子的改造也在进行中,稻田养鱼已经下完8万尾鱼苗。令人欣慰的是,去年种的竹子成活率高,现在就盼着出笋率。项目总体都在进行之中。

看完项目,回到县里,我的心情变得开阔起来,一天中三个场景让我有了感悟和思考，对心灵有洗礼和冲击。

湖羊基地的建设——自信

到达湖羊基地现场，我有点不相信自己的眼睛。8月份去现场选址的情形还历历在目，那时候还是一片玉米地，没有道路，玉米地也只是一小块一小块的，没有大平台、大空间的视觉效果。当时选好址以后，张县长要求欧阳云飞（项目业主）必须在10月份把羊关进去，问欧阳有没有问题，欧阳回答没有问题。说实话，我当时捏了一把汗，这么一片庄稼地，一个多月时间，要建起房子，赶羊进圈，我觉得不可思议。今天看了现场后，我相信完全可以实现，整出了大平台，整出了大空间。这就是自信的力量。

河口村的张文坚——乐观

河口村今年共安排了东西部扶贫协作资金1000多万元，但是由于招投标问题，项目启动最晚，而资金总量又最大，对考核来讲，压力巨大。到了竹园镇，我打电话给张文坚，他是河口村的支部书记，为了不影响镇上领导的正常工作安排，我没有打电话给镇上其他领导。张文坚刚好在村里，于是他带我仔细认真地看了项目，详细地给我介绍了工作推进的基本情况。说实话，河口村虽然交通条件还可以，但在青川这样的地方很难一下子成为"网红"，乡村旅游的路会很长、很难。但是张文坚在介绍的时候激情飞扬，似乎充满了信心。我想，对啊，既然工程开始了，就应该充满信心，如果连自己都不相信，广大村民怎么会有积极性呢？人，应该活得自信，自信了才能战胜困难，打败"对手"。

背黄豆的老人——忍耐

看完项目回来的路上，我在路边看见一个背着刚从地里拔出来的带着泥巴的黄豆秆的老人。把黄豆秆背回家晒干后，用耙子打，能够让豆和壳分离。带泥的黄豆秆很重，老人弓着背，走得很艰难，也很慢。初看这位老人应该有70多岁了，为了生活，依旧勤劳。我不知道他的家庭情况，但是他依然用身体支撑着生活。老人脸上没有痛苦的表情，更多的只是平静，他忍耐着现实给他的一切，没有自暴自弃、怨天尤人。我相信，忍耐本身就是一种力量。

生命的旅程中，无论命运的风将自己吹向何方，是狂喜，是狂悲，是艰难选择，还是无问东西，最重要的是自信、乐观、忍耐。

青川的10月已有一丝凉意，老百姓已开始拾掇烤火的火盆，我们也进入了迎检冲刺的阶段。

2019 年 10 月 17 日

在审计座谈会上的汇报

"美国扶贫变成了'养贫',让穷人继续穷,因为这样他们才能继续领取福利维生,形成了一个尾大不掉的15%的贫困人口比例,而中国扶贫是为人民提供安全感,改善了生活品质,增加了家庭总资产,更重要的是让年轻一代接受了工业化洗礼,有更好的职业培训和生产线经验,中国人比美国人更快进入网络时代与这些有莫大关系。"这是毕业于美国俄克拉何马州立大学的经济与政治学硕士邹辉的文章《中美扶贫的比较分析》中的结论部分。作者长期在美国工作生活,十分关心关注中国扶贫工作。

"习近平是伟大的,通过扶贫工作,解决了中国历史上几千年都解决不了的问题。"湖州市审计局张晓晖处长对我说。

近日,浙江省审计厅组织人员来四川开展2018年、2019年两年协作项目专项审计。浙江省审计厅封泳处长、湖州市审计局丁颂辉副局长、吴兴区审计局姜新明局长等到青川检查工作。湖州市政府区域合作交流办副书记、副主任徐育雄一行也来到青川。

在昨天早上举行的挂职干部人才座谈会上,挂职的医生参加了座谈,汇报了工作和生活中的一些情况,他们都表示对当前生活、工作很满意,很感谢组织的关心,很感谢单位的保障。我也向领导们做了工作汇报,也是我对一年多来工作的思考,内容大致如下。

中心思想

经过到青川后的调研探索，我们确定了六个字的中心思想。一是精准。主要表现在两个方面：一方面所有的项目资金必须与贫困户挂钩，与村集体经济发展挂钩，资金投入主要是为贫困群众购买股金，项目没有产生效益前，确保6%的保底分红；另一方面，消费扶贫中的"以购代捐"，购买的产品必须来自贫困群众，产品包装上要有"一户一码"的可追溯查询，购买产品不是富"老板"，而是富"老乡"。二是扩面。青川县2014年识别的贫困村有79个，共10180户、31295人。我们在考虑项目实施的时候，要尽可能体现项目的覆盖面、辐射面，让项目惠及更多的贫困群众。近两年来，我们共实施52个大类项目，惠及17326名贫困群众，超过全县一半以上的贫困人口，尽可能扩面影响，体现普惠性、公平性。三是长效。真正的长效是发挥当地特色产业和资源优势的效益最大化，而不是一定要引入东部地区多少优势产业。就青川而言，山珍是其主要特色，所以我们的项目主要以木耳、竹荪、羊肚菌、茶叶等农特产品的基地扩面提质为主，引进的产业主要是湖羊养殖，这也是根据青川地理条件论证的。

主要思路

思路正确方向对，思路开阔天地宽。一年多来，我们主要坚持了三点。一是既搭桥又铺路，但桥不能代替路。我们到这边挂职，主要是发挥好桥梁纽带作用，衔接联系好两地协作，更好地体现两地协作的精准性、高效性。当然，只充当桥梁还是不够的，我们也要和这边的同志"汇合编组"，参加战斗，但是项目主体还是县里，不能"越俎代庖"。二是既要用推土机又要用摄像机，但是摄像机不能代替推土机。这主要是指把握做事和宣传的关系。一年多来，我们也在认真开展工作宣传，但总觉得与周边县区相比还有差距，他们的宣传有点轰炸式的味道。我个人不主张宣传过度，宣传不能代替实干，只有成绩做出来了，宣传才有底气。三是既要甩开膀子又要喊破嗓子，但喊破嗓子不能代替甩开膀子。工作中，我们既去基层实践又指导基层工作，有时候要"甩开膀子干"，有时候要"喊破嗓子看"，两者必须合理处置。对基层工作，没有调研就没有发言权，很多工作我们都在亲身实践，全面摸清情况后再指导同志们开展。

几点思考

工作中要注意思考总结，这样才能推动工作取得高效、实效。一年多来，我个人有三点体会很深。一是市长带市场。就是在两地党政交流中，东部地区领导到西部地区来，尽量带市场主体，发挥市场主体在东西部扶贫协作中的作用，尽可能让东部市场主体唤醒西部地区沉睡的资源，加强产业协作在长效协作中的核心作用。二是老乡变老板。加强对西部地区致富带头人的培训，培养出一批就地致富的老板是增强造血功能的关键。让老乡变成老板，让老板带动老乡，形成互利共赢的良好局面。三是下乡变下海。西部地区把到基层去工作叫"下乡"。我认为在西部地区，大量精英集中在政府机关，其他相对较好的人才都到外面去了。每次在乡镇听干部们讲乡村振兴发展都讲得头头是道，我认为要是能够出台政策，让他们"下海"创业，让他们去尝试做项目，其实是一条好路子。

最后，在建议上我提了三句话：生活上请放心，成长上请关心，关心上请走心。

今天是阴天，不知道太阳什么时候能出来，但我相信，太阳照常升起。

2019 年 10 月 23 日

最根本的策略恐怕是"无我"

鲁迅先生曾说:"愈艰难,就愈要做。改革,是向来没有一帆风顺的,冷笑家的赞成,是在见了成效之后……"

窗外雨声很大,在竹园镇度过这样的夜晚应该是第四次。去年是因为洪灾抢险,这次是因为主题党课学习。来到青川,我经历了两件对干部群众都会产生大影响的事,一是"脱贫摘帽",二是"撤乡并镇"。一个是攻坚,一个是改革,都是"硬骨头",都是"身边事"。

作为竹园镇的挂职副书记,我每一次到竹园都想做点力所能及的事,期待它每一天都在变美、变强、变富。青川地图酷似中国地图,竹园镇在青川地图上的位置类似于中国地图上广东、福建一带,无论从这毫不相干的"巧合",还是本来就是的"应该"来看,竹园镇都应该走在青川发展、改革的前沿。

从这次撤并的公示来看,剑青路沿线的马鹿镇、金子山乡归并到竹园镇,"三合一"之后的竹园镇,面积将超百平方公里,人口将破3万。从人口总数来讲,竹园镇将成为乔庄镇(县政府所在地)外最大的乡镇。同时,这里作为高铁、高速的主出口,工业产业的主平台,发展的潜力和优势都十分明显。

撤乡并镇改革在中国的改革历史上已经不是什么新鲜事,东部地区早已有成功的案例。诚然,每个地方有自身不同的特点,包括地形地貌、产业基础、人文底蕴，但我认为影响和决定改革是否成功和深入人心的从来都不是改革本身，而是改革后的谋划、融合、推进、纠偏、落实等。我们与其花时间去纠结改革是好是坏、该还是不该，还不如抓紧思考改革后该如何谋划好发展，推进好工作，确保工作不乱、人心不散、发展不慢。

静坐在这个挺立在风雨中的小宾馆里，立足竹园镇新一轮发展，我突然有以下几点想法，不知道竹园镇是不是可以打造成这样。

打造成接广连绵的"桥头堡"

竹园镇有得天独厚的交通优势，有高铁、高速出口，紧挨广元市利州区，毗邻绵阳市江油市，一小时内就可以到广元市区，一个半小时可达绵阳市区，绵阳、广元都有机场、高铁和港口水运。绵阳作为目前四川的第二大城市，人口、经济、科技优势明显。要将竹园镇打造成为这两座城市的"桥头堡"，还要在产业转移、人口流动、项目承接上下功夫。要更加主动截流，让产业平台截流项目，让美丽山水截流旅游，让特色产品截流商业。"桥头堡"的含义太深，总之，它不只是外在的形象，更核心的是内容。

打造成撤乡并镇的"示范点"

撤乡并镇改革并不是在每个地方都能取得预期的效果。2017年5月2日的《光明日报》评论员文章曾谈及过此事，重点提到要警惕撤并后造成的因地域面积广而无法很好地给偏远地区群众带来公共服务，造成服务不均衡，群众怨气很大的问题。马鹿镇和金子山乡并入竹园镇后，因仍由一条主轴（剑青路）贯穿三个中心点，因而服务半径和便捷程度还算不错。我认为要打造成"示范点"条件比较成熟，但至少有三点必须做到。一是发展规划不能慢。体制改革完成后，要马上着手新规划，新规划不一定是请专业公司做，而是党委、政府班子马上着手调查研究，充分听取民情民意，制订出符合发展实际、引领发展未来的工作蓝图。二是服务功能不能弱。要探索片区负责制、领导包村制、站所覆盖制，绝不能一撤了之。办公可以集中，但服务还得延伸，不能造成人为的"边缘化""差别化"，公共服务要突破困难，实现全覆盖。三是赶集规矩不能破。农村赶集是老百姓身边的大事，可以推动商贸、方便生活、融洽关系，对老百姓来讲有着很强的仪式感。撤掉的乡镇，虽然政府办公地点换了，但是赶集的规矩要继续保持，甚至要有意识地去营造老百姓定期赶集的氛围，不能让撤掉的乡镇从此"落寞"。

打造成务工返乡的"乐居地"

伴随人员工资的大幅上涨，外出务工人员的收入也增加不少，回乡购房的愿望日渐强烈。竹园镇作为南部片区的中心镇，本身就具备强大的居住吸引力，同时还有青川经济开发区的工业平台，也集中了一批产业人口，发展房地产，吸引返乡农民和产业工人居住是繁荣竹园镇的一条必不可少的路子。另外，竹园镇还有条件成熟的教学区，能够发展房地产业的大平台和大空间，充分发挥长安地产首个商业地产项目的引领示范作用，将有力助推该镇的地产发展。集中了人口，才能带来消费，才能繁荣发展，发挥竹园镇的磁吸作用，是推动竹园镇华丽转身的关键。

打造成东西协作的"样板区"

东西部扶贫协作是国家战略，是最大的政治责任、最大的民生工程、最大的发展机遇，如何落地见效是关键。目前，竹园镇正在推进东西协作中的"八里竹园""湖羊入川""万亩雷竹"等累计超2000万元的项目，项目的建设正在让竹园镇的形象发生较大改观。同时，竹园镇党建工作与吴兴区八里店镇党建工作结对，也属于全市第一次对基层党建结对的探索，两地还共同搭建了"竹园大讲坛"，定期邀请八里店镇党政和专业人才来做专题讲座，打造"带不走的协作内核"。只要持之以恒地抓下去，让产业项目持续见效，人才项目思想迸发，"软硬"两方面发力，"远近"两阶段结合，成为东西协作"样板区"将变成现实。

外面，雨一直下，它润泽大地的策略不是"坚持自我"的冲刷，而恰恰是"保持无我"的流淌。

最根本的策略，恐怕是"无我"。

2019 年 10 月 24 日

应该鼓励村干部带头创业

"现在的条件已经很好了，这个地方是我们从另一个地方搬过来以后住的，现在路也通到了家门口，说实话，共产党真好。"这是一个52岁的老百姓（驾驶员刘师傅的亲家）说的。

从他们家吃完饭出来，我在院坝里抬头看见了这辈子见过的最干净、最明亮的星空，那些发光的星星，好像就在头顶，似乎伸手可摘。冰凉的风迎面吹来，脑海里浮现出刚才那位伯伯讲的这句话，内心不禁感到丝丝温暖。在这深山里，几乎与世隔绝的日子并没有让他们退缩，而是仍然大步向前。他们最大的幸福来自跟自己的昨天比，而不是跟别人的今天比。美好生活，可能就是这大山深处的粗茶淡饭。

昨天，受观音店乡的邀请，我跟张县长去调研协作项目工作，去了青竹村一名村干部家，因为他想发展产业——养高山鸡。村干部自发发展产业，我们认为值得鼓励，因为只有自己发展了产业，才能带动老百姓发展产业，才能在群众中形成威信。只是没想到的是，他们家所在的那个山真的是名副其实的高山。我们驱车从乡政府出发，一直沿着高山峡谷边的公路开，开到一处岔路就开始掉头上山。不去不知道，一去吓一跳，沿着今年才通车的一条水泥公路一直向上开，大约开了半小时，到了半山腰才见到零星的五六户人家。一路上，我们都在感慨，在这大山深处居然还有人家居住，为什么不搬迁下山？在这样的地方生活，他们是怎么坚持下来的？

村干部叫杨清虎，是驾驶员刘师傅的女婿，一个二十七八岁的年轻小伙子。我记得第一次在刘师傅家见到他的时候，他管我叫叔叔，让我瞬间觉得自己真的老了。小伙子看起来比较清秀，戴了副眼镜，倒还真不大像一个村干部，倒像个第一书记。

房子应该是20世纪八九十年代的木头房子，虽然有些破旧，但立在青山之间，给人以世外桃源的感觉。房子的周边种了核桃、樱桃、李子等水果。一头黄牛被关在一个破旧的小牛圈里，悠闲地吃着草，似乎很享受的样子。杨清虎带我们看了他准备养鸡的场地，虽然地不少，但是都在山坡上，成阶梯状，缺乏大平地。虽然我们对场地并不是十分满意，但是看到杨清虎，看到他们一家人期盼的眼神，我们并没有反对，并向他们提出了一些方案和建议。晚上本打算抓紧下山，因为天黑后在山路开车更加危险，但是杨清虎的家人早已准备了丰盛的晚餐，真的盛情难却。杨清虎的父亲和大伯让我想起了我的父亲，他们都一样的本分、朴实，中国农民的吃苦精神太伟大了。我敬了二老不少酒，喝这样的酒，有回家的感觉，在异乡也有家的温暖。

席间，杨清虎的父亲坐在我的右手边，谈到这个房子的时候，他说这已经是搬过之后的家了，原来的房子还要偏，根本没有路，现在这条件已经很好了。据说在没有修公路的时候，他们到观音店乡集镇去买化肥等必需品，早上天不亮就要出门，买好回到家已经天黑了，老百姓把这个称为"两头黑"。生活不容易，但他们的生活仍在继续。我问他们打算搬不，他们很坚定地回答说不搬了，子孙后代都去外面了，老一辈想着等以后自己这代人老了去世了就埋在这周边，这里就慢慢没有了，所以也没有打算新造房子。是啊，老一代不在了，村庄自然就消失了。在青川，像这样的地方应该还有很多，村落正在逐渐消失，这是时代在进步，自然的消失比人为的搬迁要更和谐稳定，父辈们永远都有"故土难离"的情结。

我内心十分支持杨清虎创业，但从目前条件来看又很担心他失败，地理位置、养殖技术、市场销路等都将是他要面对的问题。但是，事业是干出来的，是闯出来的，这么个年轻小伙就在村里工作，不同时开创一点自己的事业，简直就是浪费青春。席间，我敬了杨清虎一杯，很认真地对他说："作为比你年长的哥，作为四川老乡，我支持你创业。你还年轻，放手干一场。"这是我的真心话。

我来到青川一年多，也接触了不少这边的村干部，跟东部地区的村干部相比，从谈吐、衣着、气质等各方面来看，还是有不少差距。诚然，大量人员外出拼搏使这边的农村流失了不少能人，但打造好一支各方面都比较优秀，确实能带动群众致富的村干部队伍，从某种意义上说是真正实现振兴乡村、推动致富的关键。

就此问题，我认为至少可以从几个方面着手，给村干部们的成长创造更大的平台和机会。

政治上给通道

对能力特别突出的村主职干部，经考察可以直接进入该乡镇班子，享受公务员和领导职务待遇，虽然名额不多，但可以起到很好的激励作用，让大家有盼头，这在浙江已经有先例。比如我原来工作的八里店镇的党委委员褚云江，之前就是移沿山村的村支部书记。进入班子之后，他很快适应工作环境，工作能力和水平比起科班出身的领导毫不逊色。青川在这方面可以积极向上争取，可以参考吴兴做法，成为试点，切实培养出几名优秀的村干部，并落实有关待遇问题，形成面上示范带动作用，让干部们放开手脚去搏一搏。

氛围上推创业

东部地区的村干部有底气，因为他们基本是"双创双带"人才（带头创业、带头创新），基本有自己的产业，腰包是鼓的，腰杆才是硬的。只有这样的村干部才能具有较强的说服力和影响力。目前，西部地区出现的村干部辞职问题，很大程度上是由于待遇低但工作量大，难以维持基本开支。因此，要在全县范围内大力营造村干部创业的氛围，各种会议、各种场合都要大张旗鼓、旗帜鲜明地支持他们发展产业。对已经创业成功的要加强宣传，对创业失败的要加以鼓励。

政策上要支持

创业需要资金投入，在脱贫攻坚和东西部扶贫协作的大背景下，全县各类产业扶持资金不少。因此，在拟定项目时可以优先或单列一部分资金专门用于村干部创业扶持。观音店乡探索试行的《村级产业发展基金申报使用办法》就是一个很好的创举，是专门针对村干部创业贴息补助的办法。我们受此启发，认为可以使用吴兴村企结对的帮扶资金，成立全县"吴兴青川东西部扶贫协作村企同心扶贫基金"，基金池里的基金部分用于慰问，部分专门用于村级发展产业的贴息等。我相信，项目成立运行后，应该能达到预期效果。

晚饭后，杨清虎的家人送我们上车返城。后视镜里，我看到他们全身洒满了银色的月光，希望他们的人生也是如此闪亮，即使在这高山深处，也可以绽放生命之光。

当晚，我梦见了父亲。

2019 年 11 月 4 日

要充分发挥专业合作社在乡村振兴中的作用

"也许我与其他91名援派同志唯一不同的是，我是四川人，出生在四川荣县的一个偏远乡村，从小生活不富裕，在做工作的时候，我能换位思考，将心比心，带着真感情去帮助需要帮助的人，将扶贫效益尽可能扩大。"这是在浙江省委组织部考察组与我谈话的时候，我所谈的内容中的一段。

本次浙江省委组织部组织的中期考察，我可能是本组中和他们谈的时间最长的一个，足足交流了一个小时。谈话组的同志听我介绍了有关东西部扶贫协作的工作情况后，他们才对这个工作有了比较明确的了解。谈话组的同志还建议我们要加强宣传，让更多的人知道这个事情的重大意义。

11月7日，驻川工作组组织全体挂职干部在成都召开了会议，会议主要内容是部署年终考核和安排我们接受浙江省委组织部组织的中期考察。考核部署会上，三个去年被国家考核抽中的县做了经验介绍，陈利江副秘书长提了工作要求。本次会议十分及时，也很让人受启发，尤其听了去年接受国家考核县区的发言，我深刻感觉到考核任务之重，考核要求之高。陈利江副秘书长介绍说，今年考核时间提前到12月中旬，并且总基调以查找问题为主。从三个县交流的情况来看，共同点就是认为：工作在平时，台账要完整，解释要及时，整改要迅速。总之，无论怎样，考察组都会提出很多让人难以预判的问题，要随时做好心理准备。

下午的会议上，浙江省考察组组长、省委组织部部务会议成员曹锦喜作了工作讲话，传达了省委的问候，并提出了明确的工作要求。讲话结束后，大家填了测评表，然后就是组织谈话环节。

通过本次谈话，我想通了很多事情。我们总是缺乏自信，又总是表现出某种自负，其背后往往皆是一种执念，一种自我保护，一种自欺欺人。真正的自信，应该是如实地看清自己，了解自己，知晓自己有敞开的能力。我们的确有能力放弃固执的自我，走出种种迷恋和成见。

回归到现实中来，我们真正的自信应该是从容不迫地做好眼下的工作，各种考核都会一一败倒在从容的工作应对之中。所有工作取得的效果，不能单看考核的名次，不能单看创新的亮点，归根到底还要看人民群众的笑容，所有工作的出发点和落脚点都应该回归到人民群众身上，人民群众受益且满意是对自己最好的交代。至于个人成长，那都是综合因素，拿了一手好牌，如果没有好手气、好牌技，最终都可能会输。

如果没有记错，这应该是我们入川以来，工作组组织的第七次全体会议。每次来成都，我都被这里日新月异的变化感动。从青川山区走到平原，从小城走到大城，总能切身感受到四川发展的极不平衡。四川的区域差异、城乡差异太大，这将严重限制四川的持续、稳健发展。瘸子总是跑不过矮子的。

最近，我思考了如何充分调动村干部干事创业积极性的问题，也查阅资料，并分析了中国农村目前存在的诸多问题，其中我认为农村目前最缺的是"技术"和"团体"。村党支部委员会、村民委员会是自治的议事组织，但过于行政化，虽然有利于推动上级党委、政府的工作落实，但在振兴乡村经济发展方面，我认为专业合作社的力量不可低估。近年来，"农民合作社"已成为关注焦点，《农民日报》每年都会发布"农民合作社500强"榜单。只是问题在于，当前具有一定合作程度的合作社主要集中在传统优势农产品产区，如赣南脐橙专业合作社、盐城渔业专业合作社等。另一方面，合作社合作的程度、精细化经营程度还有待深入，目前主要集中在种苗经营、产品销售等环节，跟日本的地方农协会相比还有很大的差距。

　　就青川而言，我们在发展农业特色产业的时候也组建了不少的专业合作社，但是组织化程度、合作程度还远远不够。真正的农业合作组织才刚刚起步，相信伴随乡村振兴战略的大力推进，农村专业合作社一定会发挥越来越大的作用。

　　农村要活，首先经济要活、文化要兴。期待将来的农村可以在闪烁的霓虹灯光中看见满天繁星。

2019 年 11 月 7 日

盼望春天

赵照在歌曲《老子》中唱道："地里的麦子熟了，请你替我去收割。河边的蒲公英熟了，就让它随风飘过。"

这两天的湖州，秋意正浓，天高云淡，吴兴区行政中心的法国梧桐叶子纷纷飘落，风一吹，扬起来就像是在空中跳舞。现在已是初冬，然而人们的衣着仍在深秋。据说冷空气即将到来，寒冬的脚步已近，还未裹紧衣领迎接寒风，我已在盼望春天的到来。就像赵照的歌词，麦子是我们种下的希望，无论如何都要收割，而生命旅程中不期而遇的蒲公英，如果熟了，就应该让它随风飘过。

前天，我随罗云书记一行回到吴兴开展东西部扶贫协作工作对接，参加了联席会议，考察了企业、农村，此行一切安排都很顺利，在考察中我也深刻感受到了吴兴发展的脚步。反观青川，我们太需要塔吊、厂房、行人、车辆……

今天午饭后，罗书记一行先行返回青川。下午，我到吴兴区农业农村局协商了湖羊入川事项，结束后到发改经信局与杨元江主任等人会商了年终考核事项。11月7日，驻川工作组在成都召开了考核工作专题会议，邀请了去年参加了国家考核的南部县、通江县、马边县三个县做了考核经验交流介绍。听完情况介绍后，我感觉压力很大，因为考核严格的程度可以用苛刻来形容，坚持问题导向，不看亮点，只找问题。台账要求真实可靠，现场要求形象、进度、内容三到位，尤其是利益联结的分红，要进行电话抽查和入户询问。如发现弄虚作假情况，将一票否决。12日晚，浙江省发改委副主任、省对口办专职副主任陈伟和四川省发改委有关领导到广元召开了专题座谈会，又很严肃地强调了考核问题。考核的脚步越来越近，工作的节奏越来越紧。

考核将近，一年也就要结束了，这一年经历的事情太多了。尤其是奶奶去世后，我每次见到父母，都发觉他们老得好快，头发变白，行动变缓，就连家里的房子都开始变老了。前段时间，我总是梦见去世的爷爷奶奶，梦里他们的样子是如此的清晰，就像是在自己身边一样。醒来后，我偷偷哭了。小时候，哭着哭着就笑了；中年后，笑着笑着就哭了。小时候，觉得一天好长；中年后，感觉一生好短。小时候，幸福很简单；中年后，简单很幸福。

童年的单纯，少年的期盼，青年的浪漫，中年的精进，老年的恬淡，晚年对于轮回的无所畏惧，人生就是这么一个过程，一眼可以望见尽头，但从来不知何时能到头。

迎考、统计、台账、方案、接待、梦境、期盼……

下巴上的胡子长了，就让它们长吧。柿子树上的柿子熟了，就让它掉落。

2019年11月15日

人是不可或缺的发展要素

顾城在《我会像青草一样呼吸》中写道:"早晨的花很薄,午后的影子又大又轻,风侧过身穿越篱笆,在新鲜的泥土墙上,青草开始生长。"

早上,到新青川大酒店送走吴兴区发改经信局的三位来做年底考核台账的同志后,我沿着乔庄河步行到行政中心。清澈的流水,潮湿的薄雾,匆匆的行人,飞翔的小鸟,忽明忽暗的阳光……构成了一幅青川县城周末常有的画面。银杏叶子已基本掉落,青草地上仍有小草小花在发芽生长,它们举起透亮的露珠,骄傲地展示着顽强、自信的生命。生活就该如此,走在寒冬中,行在春风里。

吴兴区发改经信局的三位同志在这里花了整整两天的时间,带去了他们做台账所需的各种资料,同时也与青川相关部门充分对接,确保数据和口径上的一致。台账的整理,也是对一年工作的梳理。一个部门上交台账的质量可以反映出部门工作的态度、思路以及执行力。这两天观察下来,我觉得青川的同志们做事总体是认真的,态度是好的,美中不足的是在面对棘手的问题时,方法、点子少了一些。另外,周五下午叫他们参加会议或具体办一件事情比较困难,因大多数本地干部的房子都在广元、成都或绵阳,周五都要赶回去看孩子。就这个情况,有一个同志说,其实他们也没办法,这边条件稍好的家庭都把孩子送去外地上学，即使在上学地买不起房子，也要租一间，因为不想让下一代输在起跑线上。绵阳，这座城市我去过几次，发展很好，教育产业的蓬勃发展，更是为这座科技之城增光不少。但是教育产业化发展会给教育事业发展带来多少益处，这个很难评判。对当地而言，推动了教育地产的蓬勃发展，对城市化起到了积极助推作用；对全省而言，因为重点大学到各省招收学生的名额是限定的，无非是"此起彼伏"。

离开一个地方，到更好的地方去，这是人们对美好生活的向往，本身也是一种社会进步。

对一个地方的发展而言，人是决定性因素，不管是哪一层次的人，都不可缺少。以东莞为例，1997年，东莞户籍人口147万，外来暂住人口145万；1999年，户籍人口150万，外来暂住人口达245万，比两年前增加100万；2004年，户籍人口162万，外来暂住人口487万，5年翻了一番，平均每年增长约48万人；2005年，户籍人口166万，外来暂住人口585万；2018年户籍人口232万，常住人口839万，也就是说非户籍人口607万。人口增长与经济增长基本是同步的。2005年，东莞全年实际利用外资14.68亿美元，比上年增长51.7%；新签项目158.6万美元，比上年增长43.4%。东莞外资高速增长始于2000年，高峰是2015年，达到53.2亿美元，是2005年的3.6倍。四面八方、世界各地的人汇聚到一起，是因为发展而汇聚，同时也在不断推动发展。

"人随产业走"是人口流动的基本规律。城市是人口流动的最主要方向，提升城市的能级和影响力，增强城市对人口流动的吸引力尤为重要。由此，我想到一个事情。我家属在吴兴区卫健局工作，主要负责人事，她向我抱怨说现在区级医院招引人才太难，完不成上级下达的指标，很多人在招聘会上投了简历，但压根就不会来，有的来湖州看看又走了。作为一个新湖州人，我觉得湖州挺不错的，一直认为这里很适合工作、生活，对于人才引进难，我还真不知道这个情况。湖州在浙江的 11 个地级市中，整体经济总量虽排名中下，但从发展的均衡度、文化底蕴等方面来看都在上游，为什么会吸引力不足呢？我个人的体会是，湖州的城市建设确实还缺少点感觉，沿太湖形成条形布局，各板块之间比较分散，地标建筑单一，没有形成建筑群，没有大板块的吸引人眼球的中心或广场，也就是说缺少宣传城市的"网红打卡点"。比如绵阳，在三江口打造的建筑群就十分震撼。湖州是一座过于生活化的城市，缺少艺术和创新的力量，这也是三、四线城市的共同特点。所以，近几年来，湖州人口变化总体稳定，没有形成波动。这两年湖州也下足了猛劲"抢人"，各大利好引才政策纷纷出台，相信不久的将来人才引进难的问题一定会大大改善。

再来看温州、台州，曾是省外人口的首选集聚地。但近十年，两市人口流动状况发生很大变化，从人口净流入地变成人口净流出地，2011—2018 年，两市分别累计净流出 42.9 万和 12.3 万。原因大概有这些：一是产业转型的"阵痛期"。劳动密集型企业全球布局调整，企业搬出，人随企业走。另外，浙江发展要素紧张倒逼企业转型升级，"低小散"企业生存困难，被淘汰一批。二是人力竞争的"边缘化"。国内各大城市出台各种引才新政策，引发"抢人大战"。温州、台州两市虽也出台了政策，但因城市能级不高，没有引起足够关注。杭州、宁波进一步放宽落户政策后，周边地级市自然被"边缘化"。三是城市建设的"被挤出"。温州、台州两地近年来大力推动"三改一拆"工作，原先作为流动人口居住的"安乐窝"的城中村被大量拆除，直接让很多外来人口"被挤出"，不得不到其他相对好解决居住问题的地方就业。2017年，温州拆除了55个城中村，使人口平均降幅达37.9%，外来人口减少47.2%，其中三分之一的迁出人口离开温州。

人口流动，是人口发展和经济社会发展中的重要现象。经济层面上，人口流动直接影响劳动力关系和创新要素集聚，进而影响产业转型升级；社会层面上，人口流动直接影响社会群体利益和家庭功能转变，进而影响社会关系和社会稳定，最终对区域综合竞争力和高质量发展产生深刻影响。

如何留住人、引进人，核心在于发展与人群相适应的产业。同时，注重城市建设，用"颜值"吸引人也是重要途径之一。

天，依旧阴沉，愿我们能"走在寒冬中，行在春风里"。

2019年11月23日

文字也是有力量的

沈颢在《星光》中写道："细风弥缝了二月的伤痕，唤醒了镜中陌生的倦容。正想着昨夜梦中的自疗，抬头看见月牙收割星光……没有道路通往内心终点，除了星光，你一无所有。"

沈颢是南方报业集团著名财经报人，曾写过"阳光打在你的脸上，温暖留在我们心里"等著名的新年贺词。才华横溢的他，2014年因涉嫌敲诈被捕。他在狱中四年，写了369首诗，出狱后，出版了诗集《人间情书》。《星光》是其中一首，一字一句都饱含着深情。

在青川这些年，应该感谢文字以及文字背后的思考给了我充实的内心。很多心里想去探索的东西，只有用文字去认真地串联起来，才能形成体系。感谢孤独，让我在工作之余用文字的方式与你较量。

文字的力量很温柔，也很温暖。今天，古董发了一张照片给我，是我读大学的时候在宿舍拍的，照片不怎么清晰，却明显看到了瘦削、青涩的自己。我很纳闷，他怎么会有我的照片，于是我问他从哪里搞到的。他说："你忘了？上大学时你给我写信，那时候你寄给我的。"我隐约记得给他写过信，还真不记得给他寄过照片。古董还补充说："你那些信和照片我都还留着，那些文字真的让人很受鼓舞。那时候收到兄弟的信，感觉就像收到精神食粮。"其实，我已经不记得当初给他写过些什么，但我相信，一定是鼓励之类的话。

今天，我看到微信朋友圈里八里店镇的同事发了一则新闻，国家一级作家蒋巍老师为八里店镇城市化进程写的一部报告文学作品《行走的村庄》获得了浙江省"五个一工程"奖，这是一个分量不轻的奖，其中有一个章节的一部分专门写到了我在八里店镇工作期间的拼劲和干劲。我没有蒋老师写的那样好，但是在八里店镇工作期间的我，即便承受了巨大压力，承担了大量工作，精神状态是真的很好，每天都像"打了鸡血"一样，透过再阴沉的云，都能看到明亮的天。

文字表达情感是温柔的，推动工作却是刚强的。

当前，对于东西部扶贫协作工作而言，重中之重就是充分做好迎接国家和省的考核工作。考核工作涉及方方面面，有基础分，有加分项，全县绝大部分的部门和乡镇都会有涉及。推动这项工作，开会动员部署是必不可少的，但是光开会部署，很难达到理想的效果。人都有惰性，都有畏难情绪。因此，做完整的工作方案，把每一块工作都分细，落实到具体部门的具体人员是一种很有效的工作方法。具体工作的同志拿到工作方法，操作起来也十分便捷。这个时候，文字的力量是刚强的、有力的。

最近，看了一篇题为《影响中国企业家的，是乔布斯，还是乔布斯传记作者?》的文章。大部分人对乔布斯的印象，来自那本大名鼎鼎的畅销书《史蒂夫·乔布斯传》，作者是沃尔特·艾萨克森。"只有那些疯狂到以为自己能够改变世界的人，才能真正改变世界。"这句话是乔布斯说的，但乔布斯的形象，更多是这本书的作者塑造的。

一个成功的人，往往真的有一个好故事可讲，而故事离不开文字表达。

2019 年 11 月 25 日

羊来了

成吉思汗曾告诫他的部下们："你的心胸有多宽广，你的战马就能驰骋多远。"

想到成吉思汗和他的这句话，是因为湖羊。传说，湖羊是成吉思汗时代从内蒙古传到江浙一带，尤其湖州地区，从放养变成圈养后，逐步变种驯化而成的一个独特品种。我是从湖州师范学院出来到吴兴区委办公室工作时才接触到湖羊的，这种羊给人的感觉是温顺可爱。

今天，谋划已久的"湖羊入川"项目终于取得实质性进展，316只种羊从吴兴启运，预计明晚12点到达养殖基地。项目的进展未能达到预期的原因，主要是项目选址几经调整，不过好事多磨，目前项目选址地是最理想的地方，靠近公路、远离农户，地势相对平整。

湖羊作为湖州农业的一张名片，已经有很长的时间了。从2014年起，湖州市援疆指挥部就把"湖羊入疆"作为重点产业项目进行扶持，先后运送了2600只湖羊到新疆。目前，新疆的湖羊产业已经具有一定规模，取得了明显成效。

"湖羊入川"项目的落成离不开两个关键的人，一个是吴兴的费明峰，一个是青川的欧阳云飞，他们是项目的运营业主。我始终认为，产业扶贫中，没有市场主体参与的项目，会缺乏生命力，很难持久有效地发挥应有作用。费明峰是八里店镇明峰湖羊养殖场的负责人。我与他正式打交道，熟悉他的为人，是在正式到八里店镇工作以后。他给人的总体感觉是憨厚老实，但眼光敏锐，不缺智慧。欧阳云飞是我来青川后经张筱部长（时任）介绍认识的，他和费明峰的共同特点就是给人以憨厚的感觉。其实，湖羊给我的感觉也差不多，所以注定他们跟"湖羊入川"这份事业牵扯到了一起。

从确定项目的合作模式，到确定欧阳云飞来具体实施运营这个项目，我跟他的接触也逐渐多起来。从8月底看地，到10月底第一座厂房建起，他真的让人刮目相看，把一片玉米地变成了养殖场，用了不到两个月的时间。最近他在跟我交流的过程中，谈到了他的很多想法和思路，绝大部分我都很赞同。我也跟他谈了一些我的想法，关于品牌问题、营销问题、三产融合问题，尤其是我提议将项目基地名称改为"湖羊谷"，他很赞同。

在农村发展养殖业，我一直很感兴趣，也是因为心中有一个情结。高中毕业那年，我的高考成绩没达到预期的分数，加上那时候家里条件不好，想到大学四年要花费好几万元，我当时有放弃读书，在家创业的打算。当时，我最想干的事就是在家养羊。那时候一般养传统的黑山羊，因为家里已经养了五六只，每年也能卖点钱，我觉得羊很温顺，并且不容易生病，就寻思着扩大规模，种草圈养，争取赌一把，做一个农村致富带头人。虽然母亲知道我去上学对家里来说意味着什么，但她当时语重心长地对我说："你可以选择不去上学，但错过这次，以后就没有机会了，到时候不能后悔。"那段时间，差不多有一周，我几乎每晚都失眠，左右为难，不甘心，又不忍心。

最终，我还是选择了上学，带上亲戚朋友凑起来的一点钱，坐65个小时的绿皮车到了浙江。浙江是我的福地，从上学到就业都十分顺利。最初选择了留在大学工作，以为再也不会接触农村了，没想到后来又到地方工作，又到乡镇基层工作，又参与到扶贫队伍中来，再次与农村亲密接触。农村是一个可爱又可恨的地方，可爱之处在于它的纯朴与真实，可恨之处在于它暂时的落后与衰败。

当前，国家已全面启动乡村振兴战略，农村迎来大有可为的历史性机遇。目前，大家都力推这项工作，但我认为，有很多发展思路还是存在一定问题。尤其是很多地方把乡村振兴跟乡村旅游等同起来，搞规划搞旅游，办节庆引人气，发现最终很难达到预期效果。乡村振兴，根在产业，事在人为。因地制宜地发展产业，尤其是特色农业产业，才是利长远、富百姓的根本之举。在老百姓还缺乏旅游营销思维的条件下，在交通基础设施和旅游资源不够独特的条件下，发展乡村旅游，不能操之过急。

青川发展旅游业是富民强县的必经之路。不得不承认，这几年以来，青川全县上下为旅游产业发展下足了功夫、动足了脑筋，青川县的名气也越来越大，创建成为首批国家全域旅游示范区，但是目前还存在着"政府干、百姓看"的情况。一是旅游发展的业主缺少，目前最大的业主还是国有公司，大市场主体还没有参与进来。二是老百姓的旅游致富意识还不够强烈，老百姓还没有真正参与到这项事业中来，比如沿途节点摆摊卖特产，比如改建房子做民宿等还不多。而我们到其他旅游热门的地方去，总能看到老百姓的身影，售卖特产、开车拉客、招揽吃饭等，很主动，很积极。

旅游热起来需要一个过程，急不得，但也等不起。

现在，300多只湖羊正在来青川的路上，希望它们的到来，能真正兴起全县的一个新产业。

羊来了，想参与到这项事业中的"狼"准备好了吗？

2019 年 11 月 27 日

不要丢了蹦蹦跳跳的勇气

庄子在其文《马蹄》中写道："马，蹄可以践霜雪，毛可以御风寒，龁草饮水，翘足而陆，此马之真性也。"

这是庄子眼中的马，庄子对马充满赞誉与喜爱。"翘足而陆"的意思是蹦蹦跳跳，十分形象。前段时间，一个戴着安全帽的建筑工人下班时蹦蹦跳跳的视频刷爆了微信朋友圈和抖音，那种单纯、自在与可爱，总能给人以暖心的感觉。我又想起姜文的电影《邪不压正》里，彭于晏饰演的习武少年李天然在屋顶蹦蹦跳跳的样子，那是一个"正"的能量，自然无拘束。

在这快节奏、多任务的生活中，还有几人能蹦蹦跳跳？

前两天，我被省驻川工作组抽调到成都，和大家一起修改浙江帮扶四川的模式典型案例材料。在陈利江副秘书长、浙江省发改委对口帮扶处叶建军处长等领导的带领下，大家整整修改了两天两夜。各位领导坐在大屏幕下和同志们一起逐字逐句修改，让人很感动。这种工作作风在浙江是很寻常的情况。我时常被浙江作风所感动，觉得这种可贵的精神应该也是浙江模式、浙江发展中的重要因素。任何成功的路都是一步一个脚印走出来的，来不得半点虚、半点空。

昨天上午，我从成都乘高铁赶回青川，下车后直接去了竹园镇。午饭后，我陪同领导到村里调研。我们调研了黄沙村软弱涣散组织整治工作后，参加了银沙村和河口村的 2019 年东西部扶贫协作项目带贫减贫的分红大会。我们到村委会的时候，乡亲们早已在村委会的院子里等候，大家扎堆聊天，很热闹，就像办喜事大家聚在一起的样子。天气虽然很冷，但他们脸上都洋溢着幸福温暖的笑容。

看着衣着朴实，显得有些沧桑的老乡们，我突然想到了我的父母和老家的乡亲们，他们都还好吗？由于我老家不属于贫困地区，他们从未享受过这样的分红待遇，有时候我回去跟他们讲起国家如此优厚的扶贫政策，他们表现得很惊讶、很羡慕。

农村虽然在市场经济的冲击下，变得不再单纯、不再简单，但是中国的农村仍是中国社会最朴实的地方。在分红会上，领导们问老百姓，想不想摘掉"穷帽子""贫困户帽子"，大家异口同声地回答"想"。其中一个老乡还补了一句说："我马上摘！"说完，把头上的帽子揭下来，这一举动，逗得在场的近百名老百姓哈哈大笑。

现实生活中，我们都太忙了，太在意别人的感受，太珍惜自己的羽毛，不敢开玩笑，不敢侃大山，更是失去了蹦蹦跳跳的能力和勇气。

身在城市的我，仍然是个中国农民。天冷了，我们可以自己给自己一点能量，最简单的办法，就是蹦蹦跳跳。

2019 年 12 月 1 日

扛得住才赢得了

马云曾在演讲中讲道："今天很残酷，明天比今天更残酷，后天很美好，但是绝大部分人死在明天晚上。"

我对马云印象最深的是纪录片《书生马云》里的一些情节。1996 年，马云到北京推销自己的"中国黄页"，身材瘦小的他梳着小分头，背着一个黑色单肩包，敲门找人，逢人便讲"我是来推销中国黄页的"，但没人相信他讲的宏图大业。有个编导干脆跟记者说："这人不像好人！"吃了无数个闭门羹的马云，坐在车上说："再过几年，北京就不会这样对我了。"

成功的人，总有其成功的道理。正是因为马云的坚持，才有了他现在所拥有的一切。他没有死在"明天晚上"，因此他等到了"后天的美好"。

想到三国时的人物刘备，他的一生，多走在崎岖坎坷之路上。刘备 47 岁仍寄人篱下，从军以来，小战偶胜，大战皆败。他五易其主，四失其妻，将近 30 年的时光里，漂泊不定，手里甚至没有超过 1 万兵卒。就是这样的一个人，一路跌跌撞撞，终于有了自己的一方天地。刘备称帝那年，已经 60 岁。

刘备最大的才华，就是他用惊人的扛事能力，去给现实以反击。

《明朝那些事儿》里写道："只有真正了解这个世界的丑陋与污

浊，被现实打击，被痛苦折磨，遍体鳞伤，无所遁形，却从未放弃对光明的追寻，依然微笑着，坚定前行的人，才是真正的勇者。"

这样的道理、这样的故事不胜枚举，但我们是不是经常拿这样的道理和故事来安慰、激励自己呢？现实中，我们需要这样的阿Q精神。

沉得住气，扛得住事，不管是否能找到对策，即使没有，那也是一种成功。很多事，都是靠时间去化解的。一切的锋利，在时间面前都将变得柔软。

现在已是2019年的最后一个月了。时间过得很快，它就像手中的流沙，抓得越紧，就流逝得越快。在青川将近两年了，我看到了青川的春去秋来、人事变动、区划调整，这里发生着巨大的变化，但又始终保持着不变，不变的是干部群众追求美好生活的执着。这两年，我做得最多的事是沟通协调、联络接待、处理文字信息等，与在八里店镇工作期间相比，节奏是慢了。以前的我独当一面，做起事来风生水起，整个状态虽然很忙很累，但感觉很有力量。

记得有一个青川的同事是这样对我说的，他说："这三年是你的'沉淀期'，唯一要做的事就是工作和等待。"他这句话经常在我脑海里浮现，耐心地等待，就是"扛住"，就是坚持。

当前，考核已到，今天开始接受省考核组的检查，中旬抽签是否迎接国检还不得而知，但是我们要做的是全力以赴，做好迎考准备。

我们要始终相信，只有"做好了自己"，才能"干得过别人"。

2019 年 12 月 2 日

旅游"吸人"还得能"吸金"

张小砚在其作品《走吧，张小砚》中写道："要么旅行，要么读书，身体和灵魂必须有一个在路上。"

这句话曾经红遍大江南北，现在去细细品味，仍然觉得很有道理。世界是一本书，去旅行、去看世界的同时，也是读书。就像那句老话说的，"读万卷书不如行万里路"。读书和旅行不是同一回事，但是似乎又是同一回事，都能让人增长见识，获得成长。

伴随着经济的发展，旅行成了人们生活中越来越重要的一部分。旅游产业成为很多地方政府大力主导的产业之一，甚至成为支柱产业。但是，我们必须清醒地认识到，乡村振兴不等同于乡村旅游，旅游"吸人"，并不一定能"吸金"，将两者有机结合，才是关键。

谈谈网红城市重庆。据重庆官方数据，今年国庆假期，有3859.61万人次来到这座山城，人气远超排名第二的武汉（2262万人次）和排名第三的成都（2017万人次）。重庆市人口是3101.79万，国庆外来游客超过常住人口。

我今年暑假去过重庆，确实很美，很热，也很挤。高楼大厦高低错落，酷似宫崎骏电影作品《千与千寻》里的场景。网红地洪崖洞以最具有巴渝传统特色的吊脚楼为主体建筑，依山而建，气势恢宏，夜晚灯光亮起时，美轮美奂，堪称一绝。

从 2017 年起，重庆就开始把旅游业作为支柱产业培育。根据《重庆市建设国际知名旅游目的地"十三五"规划通知》的规划目标，到 2020 年，重庆市将把旅游培育成为综合性战略支柱产业。重庆市旅游的爆红，与政策的导向是分不开的。

有人把旅游产业比喻成"无烟工业"，很形象，却值得斟酌。

有组数据很有意思。今年国庆假期，重庆 3859.61 万人次创造的旅游收入是 187.62 亿元，人均消费 486 元。而到成都旅游的人次比重庆少了约 1800 万，旅游收入却多了近 100 亿元，人均消费 1420 元。初看觉得不合理，仔细一想还是有道理的。人们到重庆旅游，多是到网红地打卡，凑热闹的居多，吃火锅的消费也不高，旅游产品单一且消费不高。而成都除了宽窄巷、锦里等网红打卡地外，还有大量的博物馆和购物中心，远洋太古里、国际金融中心（IFS）都是去成都的旅客必去的地方，并且消费都不低，所以人均消费自然就上去了。

如何想方设法让游客留下来，心甘情愿地消费、买单，是一个地方发展旅游产业首要思考的问题。捧人场只是干热闹，赚到钱才是真本事。人均消费过低，反映出旅游消费产品的单一和低廉，这一点成都做得很好，在全国都是领先的。

作为一个四川人，成都、重庆这两座城市我都十分喜欢，两座城市的气质也和四川、重庆两地人的性格很像。相比于两座城市的热闹非凡，青川显得太过冷寂。今年国庆，因车俊书记节后要来视察的原因，我提前返回青川，当看到如此冷清的青川街头，我突然很伤感，没有人气的旅游只是空的广告牌。

期待热热闹闹的青川，胜过郁郁葱葱的山头。

2019 年 12 月 7 日

平常心

余华在《活着》中写道："做人还是平常点好，争这个争那个，争来争去赔了自己的命。像我这样，说起来是越混越没出息，可寿命长，我认识的人一个挨着一个死去，我还活着。"

小说主人公徐福贵经历了万般磨难，但还是活到了最后。近两日的青川特别寒冷，银杏树的叶子已经掉得精光，开裂的树枝像是被寒风吹破的伤口，显得格外沉重，好像一碰就要破。我们无论看到了什么、经历了什么，有时候还真要有点徐福贵的那种平常心。

大街上扫地的工人和农家里烤火的百姓，似乎都习以为常地过着他们理所应当过的日子。也许扫地的人心里暖，而烤火的人心里却是凉的。每个人都有不同的境遇与处境，都有不同的感受和体会，也有不同的活法和态度。一个地区的发展又何尝不是呢？

昨天，湖州市对口协作高端智库专家一行到广元、青川做了考察，高端智库的成员都是市里刚退休不久的市领导和部门一把手，还有湖州市重点企业的负责人。他们都是经验丰富、见多识广的专家，组成智库为对口协作工作把脉问诊，是一件很有意义的事。本次考察团以湖州市原副市长、原人大副主任周杰为首，一行十人。

昨天早上，我带政府办和发改局的同志去广元市嘉华酒店接到他们，先是去考察了广元市经济开发区的一个铝业项目。广元被四川省定位为发展铝业的产业基地，虽然这是一个高能耗产业，但至少可以带动财政税收，拉动就业增收。项目建设现场很壮观，大建设、大厂房，这样的场景在青川不曾看见。之后又去了娃哈哈二期项目，项目已建成，并即将投产。工厂的设计、管理都很规范。车间里的设备都是全自动的，很有现代感。厂区十分干净整洁，体现了大企业的风格。

车辆行驶在广元市的工业平台，眼前所见虽然没有东部地区大平台那样震撼，但还是体现了发展的良好态势，至少还有大块的平地和矗立的厂房。无工不富是真理。

看完广元经济开发区，我们就赶赴青川，先后看了"白叶一号"基地和孔溪食品园区的部分企业。在青川的大山之间，能有园区和企业其实真的不容易了，我一直这样认为。

今天上午，召开了座谈会。座谈会上，湖州的专家们谈了很多，总结起来主要有以下几个方面。

第一，看到了青川灾后十余年的巨变，与当年的情景形成了强烈的视觉冲击。考察团中有三位同志都在地震援建期间来过青川，他们感受很深，讲的时候很激动。

第二，长效帮扶、扶贫协作要突出产业，一、二、三产都要用力，一产要着重突出白茶和湖羊，三产要大力发展度假式旅游，二产建议要和广元市委、市政府对接，仍然采用当年"飞地园区"模式，在广元经济开发区建立"飞地"，利用经济开发区的优惠政策和各项资源，通过东西部扶贫协作引进企业入驻。产值、税收可以和开发区分成。

第三，加强人才的培养，尤其是发展旅游产业，要组织人员到德清、安吉等地学习先进经验。

听了专家们提的意见，我很受启发，尤其是建立"飞地园区"的想法。其实地震之后，浙江从援建资金里拿出了一部分在广元市打造了"浙川产业园"，也帮助引进了一些企业。目前有些企业还在运营，有些企业已经不在了，当时也谈了税收分成的问题，只是后来不了了之。青川县又斥资在竹园镇打造了3000亩工业平台，并设立了经济开发区。开发区的平台确实也是震撼的，只是目前引进的企业还不多。是听取专家们的意见，还是集中精力先抓好县内工业平台的招商呢？一开始，我也觉得很难，现在一想，其实两者并不矛盾。

首先，向市里争取这个"飞地园区"很有必要。一是本来就有基础，以前就曾这样做过。二是充分利用市里的资源吸引企业入驻的可能性更大，毕竟条件不一样，吸引力就不一样。谈到"飞地园区"，落实地块和运作机制，可以为青川增加一个工业平台，让企业可以二选一，多一个选择就多一个机会。

其次，谈定"飞地园区"并不影响开发区平台的建设和招商，反而可以推动开发区平台成为"飞地园区"企业的产业链基地，形成两个基地的招商互动、资源互补、产业互通。

两条腿走路，是一个可行的办法。

座谈会上，专家们谈到了去广安考察的体会，似乎对广安的工作更为满意，认为落实的效率更高。

广安的条件和青川的情况不一样，两者差距很大，我认为没有可比性。

走在青川的寒冬里，我心中突然冒出一句话：人生天地间，忽如远行客，风雪千山、功名半纸，任他大江东去。

2019年12月9日

马公乡之行

歌曲《山海》中唱道："我听着那少年的声音，在还有未来的过去，渴望着美好结局，却没能成为自己。"

很多摇滚歌曲的歌词都相当简单，却可以直击人的心底，这可能也是仍然有很大一部分人是摇滚爱好者的原因。理想很丰满，现实很骨感，不能成为渴望中的自己，就朝着这个方向走去。

来到青川，我听很多人提到过马公乡，大家都说马公乡有"小西藏"之称，山高路远，地广人稀，是个神秘的地方。于是，我一直想去看看，但因时间安排问题，加之那边也没法实施东西部扶贫协作项目，于是一直都没有去成。

今天，几经周折，总算去成了那里，我内心最大的感受是"不容易"，干部、群众都不容易。

早上，我们看完竹园镇的"湖羊入川"和"八里竹园"项目后，就从河口村出发往马公乡去，途经江油市的几个乡镇。从河口村到江油市雁门镇的路是在中华人民共和国成立后的第一条铁路"宝成铁路"的老路基上修建的，一路穿过了不少当年修建的隧道，大家都感慨，在当年的条件下修建如此艰险的铁路，中国共产党和中国人民实在是伟大。那些隧道和路边的护坡比我们的年纪都要大上好几十岁了，在岁月的洗礼下，仍然体现了质朴与伟岸的力量。

　　车行至雁门镇集镇上的时候，被正在硬化道路施工的工程队拦了下来。工程队的人告诉我们，前方正在施工，没法通行。这个消息让我们突然无计可施，如果换一条路过去，起码要增加一个小时车程，何况那时候已经是中午11点多了。正在大家一筹莫展的时候，我突然想到一个办法，把我们的车停在雁门镇上，到施工场地的另一头租车前往不就解决了吗？这个方案得到了大家的认可，于是我们一行几人租了两辆五菱宏光面包车。传说中的一代神车跑得飞快，农民朋友特别喜欢，能拉人拉货、上坡下坎。

　　从雁门镇出发，经绵阳旅游北线前往马公乡。路是去年修建完成的，沿着山边修建，双向两车道，建得很好，但因山体不稳，很多路段在今年的洪灾中损毁严重，正在修补。车上，马公乡党委书记党顺涛很感慨，他说修这条路，在一个乡镇的投资额就达到3.6亿元，这在青川县是做不到的，青川县的发展跟江油市相比差太远了。

　　果然，路到了马公乡境内就变成乡间道了，党书记说这已经很好了，原来根本没有路，到乡里只能走河坝。车沿着路一直往里面开，山特别高，并且山与山之间靠得特别近，根本找不到一块像样的平地。路上，零星分布着一些老百姓的房子，基本都是木结构的房子。地震当年，马公乡也是重灾区之一，但是老百姓的这种房子在地震中依然坚挺，倒塌的基本都是砖混结构的房子。因为榫卯结构在震动中有缓冲的余地，比砖混结构更容易"吸力"。下午1点钟，我们终于到达马公乡政府所在地，一看确实很特别，因为它不像一般乡镇一样，政府所在地总有商贸集镇。这里，乡政府和几栋民房错落交织在一起，房子也没有明显的区分度，要不是挂着醒目的牌子，根本分辨不出来。

　　我们的午餐是在乡政府食堂吃的，点了几个土菜，大家围坐在一张简陋的圆桌上品尝着大山里的味道，很像是一家人在吃饭。

席间，党书记介绍说这可能是大家最后一次聚在马公乡吃饭了，厨房的阿姨在这里烧了六年饭，这可能也是她最后一次在这里做这么多菜了，马公乡马上就要撤了，合并到石坝乡去。话一说完，大家都有些伤感，虽然乡小，但乡政府也是一个"阵地"。撤乡后，这里将留一个便民服务中心，红旗会永远飘扬下去。

午饭后，我们去考察了一个名叫窝前的地方。这是一个当年地震抛洒的土方量远超过东河口的地方，虽然居住的人口少，但当时仍然有38人被埋百米之下。远处山上飞来的土方上经过11年的自然修复，都已经长起了一些树木，只有突兀的岩石能让人联想起当年的场景。土方边上有一个当年形成的堰塞湖，水是碧绿色的。我问当地干部这湖大概有多深，他们说这个很难讲，水潭下面百米深处有当年埋掉的房子。堰塞湖边上仍有几户人家居住，在高山峡谷之间，真有世外桃源、与世隔绝的意境。他们的晚辈都到城里买了房子，而老一辈难离故土，仍然坚守在这里。

有群众的地方，就要有党和政府。我很敬佩耐得住寂寞和清冷的马公乡干部，他们的工作或许是少一点，但是他们的隐忍一定多一点。

夜深了，那里留守的老人们一定烤着火，回忆着他们的过去，不管乡镇如何撤并，他们一定认为自己仍然是马公人。

灾难已成为过去，愿逝者安息、生者坚强。

2019 年 12 月 11 日

2020 新年贺词

没有一个冬天不可逾越，没有一个春天不会来临。

还有 17 天，2020 年就会到来，岁月的年轮又会画上一个圈。年轮的圈不是闭合的，永远是"延展"状态，所以我们所期望的"圆满"，这只是一种期待。

今年是我在青川度过的完整的一年。这一年，太长了，长到把对家人思念的弦拉到快要崩断的临界点；这一年，太短了，短到还有很多想做的事都来不及做。

回顾这一年，碌碌无为；回顾每一天，忙忙碌碌。

这一年，很多人依然在工地上挥汗如雨，依然在车间里守着流水线，依然在蜿蜒陡峭的山区道路上为老乡们奔康奔波，或者像候鸟一样满世界飞翔，寻找商机或舒心游玩……无论我们有多忙，走得有多远，都被一种力量牵住，这份力量叫"责任"。

中年如风，自然来回吹，回忆那逝去的岁月，我们也许更有力量去前行。

1 月，吴兴—青川东西部扶贫协作产业园项目投资协议顺利通过第三次常务会议审定，方案、基调总算定格。价值 200 余万元的青川农特产品，经过两天两夜 1700 多公里的长途跋涉，从青川顺利抵达吴兴。吴兴人民在餐桌上品味青川特产的时候，不知道会不会想到青川，想到我们。

2月，元宵节后第一天，青川首批建档立卡贫困户劳动者背上行囊，怀揣着脱贫致富的梦想，怀揣着家人的期盼，踏上赴湖州务工专车，开启新年新征程。2月12日，奶奶去世，送她上山后，我发现爸妈真的老了。

3月，浙江省和湖州市分别召开了对口工作会议，对今年东西部扶贫协作工作提出了新任务、新重点、新要求。省里发文公布，青川县摘掉"贫困"帽子。

4月，湖州市委书记马晓晖率队来青川考察对接东西部扶贫协作工作，吴兴—青川东西部扶贫协作产业园奠基开工。

5月，四川省委书记彭清华到第八届四川国际茶博会青川馆参观，深切关心"白叶一号"种植情况。

6月，广元市在青川县召开了安吉"白叶一号"茶产业发展推进会。

7月，青川代表团赴吴兴对接工作，两地举行联席会议，商定项目推进和工作落实。

8月，四川省发文，青川获省2018年东西部扶贫协作及对口支援考核"好"等次。

9月，浙江省"援建初心"中秋主题晚会在杭州举行。四川省视频连线点放在青川县青坪村，广元片区挂职干部代表援川干部参加了活动。干部视频连线家人，温情中有泪点。中秋前夕，我给曾经工作过的紫金桥村两委和全体村民写了一封信，表达了祝福和希望。

10月，浙江省委书记车俊来青川考察指导东西部扶贫协作工作。我有幸与书记握手，领导的手温暖有力量。

11月，考核要求发布，同志们都加班加点准备迎考工作。浙江省委组织部按惯例对全体挂职干部进行了中期考察。

12月，四川省考核组对工作进行了考核，全面把脉问诊。

此时，高山山顶上已积起了薄雪，农村留守的人们正在烤火，等待着春节的到来。快过年了，农民养的猪还舒服地躺在猪圈里晒太阳，它们还不知道未来几天会怎样。

一年来，每次见到孩子都发现她长高了一截。个子在长高，学习成绩在下降，我很担心。

一年来，很多曾经一起工作的同事都被提拔重用，甚至成了中坚力量，我只有原地仰望，但也很欣慰。

电话中，老父亲说不知道为什么酒量持续下降。我开玩笑说因为酒太差，下次整点好酒回去就会发现酒量没有下降。其实，我骗了他。我不敢说出真相：我们都老了！

始终有两种力量，在我们一生中激荡，一种推着我们向外走，一种拉着我们向内收；一种力量去远方，一种力量回原乡。

曾经，我们以为努力工作、抛洒汗水，就可以自然收获。但总有一些意外，跑得比明天还快。

无论如何，愿世间美好，与你环环相扣。

2019 年 12 月 14 日

隔离的是"毒"，敞开的是"爱"

阿贝尔·加缪在其作品《鼠疫》中写道："在全城绝望的境地，所谓英雄就是每一个微不足道，坚守正直与善良生活的人。"

鼠为十二生肖之首，春节为一年的岁首。这个鼠年对每一个中国人来说都太难忘、太特别了，一场"新冠"病毒疫情蔓延，一批人把自己关在小区足不出户，一批人冒死上了"战疫"前线，一批人日夜坚守卡口。正如网上段子调侃的那样，"全民成了厨子，医护成了战士，老师成了主播，公务员成了门卫，父母成了私教"。调侃的背后，是可见一斑的现实。

"不出门就是为国家做贡献！"这样的口号响彻各大居民小区。正如阿贝尔·加缪在《鼠疫》中说的那样，在疫情暴发的特殊时期，在家做好隔离，不成为病菌传染的介质，的确就是在为国家做贡献。面对这次疫情，如果不是果断采取封城、隔离、阻断、封闭等看似"简单粗暴"的做法，那么伴随本次春运"大迁徙"的，就是疫情扩散的"大悲剧"。

任何事物都具有两面性，疫情一方面带来了人民生命财产的巨大损失，但另一方面也给我们带来巨大反思。我们可以在反思中不断纠偏、不断改进、不断提升，推动社会更加全面持续地发展。有学者提出，2003年的"非典"促使党中央提出"科学发展观"，直接推动了刘强东从"档口"实体店到"线上"虚拟店的进程，从而产生了"京东"。我们无法用精确的论据去证明或驳回专家的论断，但我始终相信，每次"灾难"所带来的积极变革迟早会到来。作为一名基层干部，我大抵看到了这次疫情带来的关于"线上服务""基层治理""公共卫生防疫""大数据使用""智慧化系统"等方面的变革，但我尤其看重的是"灾难"带来的"人性"教育，至少可以让全体中国人接受一次深刻的爱国主义洗礼，"一方有难，八方支援""有国家才有大家，有大家才有小家"等思维再次冲击着每一个中国人的心。

大到"请战"一线，萌到"丢下"口罩就跑，小到"微笑"配合基层干部检查，每一个镜头都是一本教科书。

每一次陪同来宾在青川地震博物馆参观的时候，走到其中的一个展厅，看到2008年大地震后广大青年齐聚北京天安门广场呐喊"中国加油，四川雄起"等口号的画面时，我都会情不自禁掉下眼泪。我相信，那种呐喊是发自内心的，是对逝者的哀悼、对生者的鼓励、对政府的点赞。

因为疫情的原因，按照浙江省委组织部统一要求，我们暂时不能入川，但我通过青川公众号发布的新闻和工作微信群时时关注着青川的疫情。经历过地震灾难的青川人民是自觉、主动、给力的，有600多人春节前夕从湖北，其中大部分从武汉回来，面对如此巨大的风险，青川广大干部群众科学施策、严防死守、积极努力，没有确诊一例。我开玩笑说是因为青川空气太好，负氧离子把病毒给干掉了。在全国人民都担心空气中有病毒的时候，我十分想念青川的空气，依然有那种"只会醉氧，不会醉酒"的自豪。

在青川挂职快两周年了，我对青川的山水资源有深刻的感情，在面对本次大疫情即将带来的大变革中，作为"还是世界本来的样子"

的青川，应该抓住怎样的机遇，变成"世界垂青的样子"呢？青川县委、县政府在报告中对战略战术都很明确，举生态旗、走旅游路是必然之道。作为一名扶贫协作干部，我不禁想到了以下几点。

要保护+修复

再好的山水林田湖草等资源都可能在人类活动和大自然变迁中遭受破坏，唐家河国家级自然保护区也是在停止砍伐、农户搬迁和封山育林后自然修复和孕育而成的，成了野生动植物的天堂。"保护"和"开发"不是矛盾体，而是相辅相成的。要坚持保护优先、适度开发、能迁则迁、集中居住，这样才能更好地和大自然相处，给大自然空间。比如，种植茶叶可以涵养水土、稳定山体，但在垦地养苗期间一定要做好防护，一草不见、只见青苗、满地黄土的办法值得商榷。相对来说，保护、修复的工程更难，因为涉及资金量大，但我们始终不能绕过。广平高速横穿青川县内大部分乡镇，建设期间山体、河道受到了不同程度的破坏，建成后应尽可能对破坏的植被和土层进行修复，裸露的山体、淤塞的河道，随时可能是安全的"隐患"，也是风景的"伤疤"。

要农业+旅游

就青川而言，农业是根，旅游是本。青川有良好的农业基础，春秋战国时期就已经农耕繁衍。"七大国标"农产品是"镇山石"，山珍产业是打出市场的"拳头"。如何"量质双升"，使优势更优、特色更特，青川开展了大量工作。但是"低小散"的情况不同程度地存在，如何"适度增量、着力提升"是关键。加强与科研单位合作，提升产品质量，研发新型品种，深度开发产品，显得尤为重要。另外，鼓励发展"大户",适当建设"散户",有利于控制产品质量,提升产品产量,减少竞争中的压价,"大户"吸收"散户"从业务工,也是普遍增收直接有效的办法。依附于农业的康养旅游,很可能成为疫情后炙手可热的项目。疫情在城市暴发后,关在屋子里的人们,无不向往着"诗和远方"。当大家认可"免疫力"成为个人"竞争力"的时候,绿色、健康就将进一步成为大家的急需品,是最有效的"防护服"和"口罩"。

要品牌+营销

没有品牌就很难赢得机会,没有营销就会留在原地。这段时间,我也一直关注抖音,一是关注疫情变化,二是看到很多年轻人返乡后拍了很多有情怀的作品。那些打动人的作品,点击量都非常高,传播速度也非常快。偶尔也看到青川的网友拍的抖音作品,大多反映日常生活,也有拍青川农产品的,但很零散,也缺乏主题,冲击力不强。在电视上看到丽水遂昌小伙周功斌辞去了杭州的公务员工作,回老家创业,组建"蚂蚁探路"团队,开发越野自驾路线,推动乡村旅游的故事,很让人感动。他创办的"丽水山路"品牌,是继"丽水山耕""丽水山居"后的又一个响亮的区域品牌。由此,我想到了青川名人李正军,他们夫妇从北京回乡创办的"山谷原舍""山谷原宿""山谷原味"等"山谷"品牌正在逐渐深入人心。打造区域公共品牌是"政府营销"的路径之一,区域品牌加个体品牌的"组合拳",可能会打得更加名正言顺、招招有力。

左宗棠曾题诗卧龙岗诸葛草庐"文章西汉两司马,经济南阳一卧龙",这里"经济"的意思是"经邦济世",其实这才是"经济"真正的应有之义。经济不光是财富、GDP、各种指标等,这可能是这次疫情给我们的另一个启示。

"2020"被大家戏称为"爱你爱你"。果然，在 2020 年之初，我们深刻明白"山川异域，风月同天"。我们始终相信，隔离的是"毒"，敞开的是"爱"。

2020 年 2 月 14 日

"疫"后我们需要什么样的乡村

今年春节，对很多中国人来说都是煎熬，"新冠"疫情让医务工作者冒着生命危险作战"疫"线不能回家，寻常人则"关"在家里不能外出，但大家有一个共同的想法：疫情早点结束，美好早点到来。

因为疫情原因，我从浙江回四川老家的计划取消了。在抖音里，我看到弟弟发的视频，他坐在院子里的椅子上，配合抖音里的音乐，深情地"假唱"，背景是父母辛苦一辈子建起的两层小楼，炊烟袅袅，阳光正好，他的两个孩子一个在做作业，一个在玩耍。

我不免被这一幕打动，回忆起儿时的情景，想到当下的疫情，也憧憬未来的乡村。疫情让"关"在几十或者上百平方米房子里的城里人无比想念乡下，或许开始懂了家里的宠物狗渴望"被遛"的心情。城市封了，就真的要"疯了"，而乡村封了，农民们也"疯了"，是乐疯了。通过抖音、微信朋友圈里的视频和照片可以看到，年轻人在乡间"耍帅""作死"的不少，无不让人为之向往。

我生长的那个地方是川南的乡村，老百姓不富裕，但过得安逸。林语堂的《苏东坡传》中有这样的描写："四川的居民，甚至远在宋代，就吃苦耐劳，机警善辩，有自持自治的精神。"

改革开放40多年来，我国的城市化率从19%提升到了60%，农村"空心化"现象突出，但是并不影响中国的发展。很多国外专家，甚至国内学者都感到惊恐,其实这只是我们发展中的一个过程。我们的改革是逼出来的,活力是闯出来的。中国智慧孕育了中国方案。

反思当下,憧憬未来,"疫"后(以后),我们需要怎样的乡村?

可以整齐划一,但不是千篇一律

在美丽乡村建设、乡村振兴发展的浪潮下,乡村引入城市理念,开始了统一的规划设计和改造建设,很多村庄都发生了翻天覆地的变化。有的地方年轻人外出务工,回乡时甚至"找不到回家的路,认不出自己的家"。统一规划和建设十分必要,但要避免同质化,防止"千村一面",必要的基础配套、文化场所、休闲步道、排污处理等都可以一样,但是建筑形态、绿化种植、乡村底色大可不必过分统一。中国约有260万个村(行政村),如果样子都差不多,那是多么可怕。我在乡镇工作时,分管过乡村改造,去考察过一些"先进村"。有些村庄甚至模仿城市,盖起了"迎宾大道",笔直的柏油路很是"风光",但也是"风险",交通意识并不是很强的乡亲们很容易躲不及飞驰的汽车。蜿蜒的小路,陈旧的小桥,参差不齐的杂灌林本身就是中国乡村的"原味",大可不必刻意改变。我们乡村需要"中国特色"。

景色要有人欣赏,土地要有人耕作

宋代诗人翁卷在其诗作《乡村四月》中写道:"绿遍山原白满川,子规声里雨如烟。乡村四月闲人少,才了蚕桑又插田。"乡村,本来就是一幅画卷。现在,很多村庄一夜之间成为"网红",大量游客前来"打卡",一派热闹景象。一些农田变成了"花海",一些田野变成了"公园",人们尝到了"卖风景"的甜头。这无疑是乡村振兴的一条有效的路子,但绝不是唯一的路子。土地是乡村最大的生产资料,是农业发展之根本。"耕地"不可以少，不能"种了别人的自留地，忘了自己的责任田"。抗"疫"新闻中，各省老百姓从自家菜地里收起新鲜蔬果支援武汉，这个时候，蔬菜比什么花儿都要漂亮。就像"山川异域，风月同天"这句被捧上天的诗，在救命的危难时刻，永远没有"武汉加油"来得有力，来得雄壮。

自治是最高境界，法治是底线保障

我们要建得起城市的"文明新风尚"，也要容得下"庸俗大老粗"。城市建立文明体系不是一朝一夕的事，在群众文化程度相对较高的城市，文明风尚建立也是浩大的工程。在大力推进法治建设的背景下，当今中国城市文明飞速发展，城市"温度"不断上升，这次"疫情"考验就交出了很好的"答卷"。相对城市而言，乡村更应该注重发展自治体系，老百姓看似"懒散无纪律"，是建立在几千年农耕文化下的生活态度，自有底线。网上有些段子调侃一回农村就"比房、比车、比女友，问东、问西、问所有"。其实这并不可恶，可恶的大概是我们所缺的恰恰是被人们关注的。我依然相信，乡村的喇叭里，村书记"李二娃，李二娃，你家那条狗再不给老子拴好绳子，出来咬人，信不信老子给你打来下酒"这样"硬核"的喊话，也是乡村的风景。

未来的乡村会怎样？其实我们不用担忧，我们不需要统一的标准和导则，我们也不要去追求那样的速度和激情，中国智慧下的中国方案，在天时、地利、人和的时候自然就会给出一条"好走"的路子。

因此，未来会怎样？我们可以好好阅读正在展开的中国方案。

2020 年 2 月 16 日

一张来自青川的特殊汇款单

"汽车穿过一条隧道后，那个熟悉又陌生的小城豁然展现在面前，灯还是那样亮，水还是那样清。高山上的感恩阁，清水上的感恩桥，平地上的感恩墙，像熟悉的老朋友一样，在那静静等候。它们像撑起青山县的脊梁，用感恩的精神力量支撑着青川阔步发展，一个小小的县城，一直都有着大大的梦想，它从不自卑，也从不狂妄，倒像是一个打坐的智者，有着冷静的理性与平淡。"2020年3月4日，春节后，我从浙江返回青川县城，脑海中冒出这样一段话。

昨天，按照上级指示，经青川方面同意，我们踏上了返回青川的路途，开启了新的一年的协作之路。临行之前，吴兴区委、区政府给我布置了一个特殊任务——给青川县委、县政府和青川人民带去一封感谢信，感谢青川人民在并不富有的条件下，为吴兴募集了15万元捐款，给吴兴战"疫"送来青川问候。当时，得知这个消息，我为之感动，作为吴兴对口帮扶的受扶县，人民还深深记挂着远在千里之外的吴兴，因为他们得知吴兴已有确诊的病例，就立即开展了募捐活动。

这次捐款是一次具有历史意义的捐款，因为它打破了人们认为应该是帮扶地向受扶地捐款捐物的固有思维。这次捐款真正应和了东西部扶贫协作的概念，"协作"一词的本意就是双方互动。青川县委、县政府的主动、仗义，青川人民的感恩、善举，着实让吴兴为之感动。吴兴收到捐款后，马上在官方微信公众号上发表了一篇题为《一张来自青川的特殊汇款单》的文章。我相信所有的吴兴读者阅读之后也会感动。15万元对东部地区来讲，不是什么大数字，但是对相对偏远落后的青川县来讲，并不算小数目。

到达宿舍已是晚上10点，接待办的同志还来电话说为我们送吃的来，这么晚了，我们婉言谢绝，而管理局的同志已等在楼下，为我们准备了消毒的酒精。收拾好久未住人的宿舍已是半夜12点了，我躺在床上久久不能入睡，一是感动于青川人民的热情，二是内疚于在本次疫情中没有为青川做点什么。细细想来，我只做了两件事：一是写了一篇文章，关于疫情后青川发展的想法，全是个人观点；二是在微信朋友圈发了三锅镇苏阳村柿子滞销的事，可能起到了一些作用，因为很多人咨询我，说要购买，我让他们按信息上留下的联系方式去购买了。总之，我做得远远不够。第二天一早，我把吴兴领导托我转交的感谢信上交给有关部门，希望青川方面也能明白吴兴的真诚谢意。

有一天，我们将战胜这场"新冠"灾难，但这份战友的情谊不会被忘记。东西部扶贫协作连接起的两地，将永远像诗里写的那样，"青山一道同云雨，明月何曾是两乡"。

2020 年 3 月 5 日

安住才能奔跑

　　菲茨杰拉德在《了不起的盖茨比》中写道："我年纪还轻，阅历不深的时候，我父亲教导过我一句话，我至今还念念不忘。'每逢你想要批评任何人的时候，'他对我说，'你就记住，这个世界上所有的人，并不是个个都有过你拥有的那些优越条件。'"

　　按往常，这个时候各县区都在召开"两会"了。我有个习惯，就是把自己关注的地区的政府工作报告中过去一年的主要发展数据摘录下来，以便了解发展的基本情况。昨天晚上想到这个问题，我今早一起来就向吴兴区和青川县政府办有关同志讨要。不巧的是，两边的同志都表示，因受疫情的影响，还有些数据要订正和核实，会议也还没召开，因此不便外发。本打算对两地数据做一些比较分析，看来计划只能暂时搁置。在发展相对滞后的青川，想到正在蓬勃发展的吴兴，我由衷地想到《了不起的盖茨比》中的那段话。

　　其实对比数据可能得不出什么结论，毕竟不在同一地区，也不在一个能量级，但作为协作发展的双方，肯定有优势互补的地方。我在吴兴学习、生活、工作近20年了，对吴兴的各方面相对了解，而对青川，在这里虽然只有近两年时间，但体会也很深。

　　汽车穿过一个隧道，一座镶嵌在山谷中的小城就会出现在你面前，房子、公路、绿道沿河而建，大小绿地点缀其间。这座城市新而不耀眼，小而不自卑，偏而不离心，遭受大地震重创后，老百姓说它进步了30年，但是它没有年轻人的血气方刚，没有老年人的迟迟垂幕，没有江湖电影中的四海无敌，也没有爱情电影中的你侬我侬，散发出的是一种沉潜、自足、豁达、文明。

它是高与低的结合

高，是因为小城四周都是高山，虽然抬头只见簸箕大个天，但是人们没有坐井观天，他们仰望星空、脚踏实地，培养了以赵海伶、王淑娟等为代表的新青年网商人物，"95后"全国人大代表徐萍，返乡创业人物代表李正军夫妇等优秀人才。低，是因为小城在高山脚下，以山体为背景，以绿色为底色，有种"背山面水"的风水智慧；低，还因为纯朴的青川人民总保持低姿态，谦逊随和。走在青川的大街小巷，你会情不自禁地感受到一种"高不过青山，低不过流水"的随性生存态度。

它是快与慢的结合

快，是因为汽车在一条贯穿全城的沿河公路上不停地穿梭。为生活，为未来，人们急速前行。他们不甘心戴着"贫困帽子"，要急着把这富庶的绿水青山转换成金山银山，走上奔康大道。慢，是因为街边你能看到灯火通明、深夜经营的美食小摊。人们三五小聚，火锅、串串、烧烤、爆炒小菜，你想吃的美食都有。他们在意的也许并不是吃，就像垂钓者在乎的往往不在于鱼，他们都在寻找属于自己的《深夜食堂》。有时候，生活也好，事业也罢，快就是慢，慢就是快。

它是硬与软的结合

硬，是因为矗立在县城的感恩阁、感恩桥、感恩墙像是青川人民的精神脊梁一样顶天立地，撑起了青川人民在大地震后不服输、不怨天、不尤人的奋进精神。这种精神是硬朗朗的铁骨精神，是"有手有脚有条命，天大的困难能战胜""出自己的力，流自己的汗，自己的事情自己干"的两幅标语精神。软，是因为他们没有骄傲自满，没有忘记过去，而是处处感恩，时时感恩，老百姓时刻把"浙江亲人，浙江恩人"挂在嘴边，记在心里。青川老百姓的骨子是硬的，心肠是软的。

今天中午，青川又发生了3.9级地震，震感明显，我感到了一阵恐惧。青川朋友及时发来信息，说："千万别急别怕别跑，小震不用跑，大震也跑不了。"

对，我们立足当下要安住，但面对未来还是要用力奔跑，去创造更加美好的明天。

2020 年 3 月 6 日

用讲话指引工作

"要深化东西部扶贫协作和中央单位定点帮扶。当前，最突出的任务是帮助中西部地区降低疫情对脱贫攻坚的影响，在劳务协作上帮、在消费扶贫上帮。长远看，东西部扶贫协作要立足国家区域发展总体战略，深化区域合作，推进东部产业向西部梯度转移，实现产业互补、人员互动、技术互学、观念互通、作风互鉴，共同发展。"这是习近平总书记在决战决胜脱贫攻坚座谈会上的讲话中的一段内容。

回青川后的这几天，因为疫情的影响，暂时还没有正式开展工作。我虽然没有去办公室协调工作，但是电话不断，主要是关于协作项目推进问题。我在宿舍接待了刚从县委办和县政府办提拔到乡镇主政一方的两位同志。他们年纪都比我小好几岁，我一方面很羡慕他们，另一方面也为青川大胆使用年轻干部的做法点赞。3月6日，中共中央召开了决战决胜脱贫攻坚座谈会，习近平总书记发表了重要讲话。我认真学习了总书记的讲话，感觉本次讲话虽然不长，可能跟防控疫情提倡开短会有关，但是句句点到重点。总结成绩、分析问题、部署工作，作为一名扶贫干部，我感受至深、深受启发。

习近平总书记讲话，我认为至少对东西部扶贫协作工作提出了四点要求：一是短期上，要在劳务协作和消费扶贫上下功夫；二是长远来看，要立足国家区域发展总体战略，匹配与规划相适应，梯度转移产业；三是要在产业、观念、人员、技术、作风上形成双向影响，习近平总书记用了五个"互"字；四是强调最终实现共同发展，这是落脚点。

学习贯彻习近平总书记的精神，立足吴兴、青川两地2020年新一轮协作工作，尤其在产业项目打造方面，我想至少要从以下几方面考虑。

立柱架梁，拉开工作格局

要根据去年区划调整、人员变动，立即完善各个组织框架中的人员，确保每项工作落实到具体人员，避免人到其岗，不知其职。要根据上级部门意见和两地协商重点，及时调整、拟订2020年工作要点，把要点及时分解到各级各部门。要在做好抗击疫情工作的同时，及时召开领导小组会议，全面部署今年工作，让各项工作能分配到条线、部门、乡镇、人员，搭建起时间表、路线图，甚至还应签订《作战书》，全面打开工作局面，建立工作框架，拉开工作格局。

根据实际，发挥吴兴优势

每个地区优势不一，取其长补己短才是有效战术。就吴兴而言，能把优势发挥在青川的重点是三个方面。一是织里镇童装的外发加工。1.5万家大小工厂，转移小部分到青川，就可以让当地受益。这方面，今年应该继续重点打造凉水镇扶贫车间，加快培养出一批熟练工。二是八里店镇的农业优势。第一是雷竹种植，目前已经种了6000亩，接下来核心是管护和营销；第二是湖羊养殖，去年已引进种羊300多头，今年要继续引进，同时做好小羊繁育养殖的技术探索；第三是立体化工厂的养鱼项目，把具有前瞻性、科技化的立体养鱼项目引入青川，可以形成很强的示范带动性。三是妙西镇的旅游发展优势。建议妙西镇与青溪镇结对，在乡村旅游上互相学习供鉴发展，探索互通互惠模式。

以点带面，打造协作样板

根据目前实际，可以打造东南西北四个点。东，主要是沙州青坪村"白叶一号"基地，两省主要领导都到现场视察过。关键要在种活种好种出成效上下功夫，使该基地成为全县茶叶种植示范区。南，主要是竹园片区，包括雷竹园（含银沙片区）、河口村乡村旅游示范点和湖羊谷，打造农旅融合样板。西，主要是三锅镇、青溪镇农业和旅游项目，重点在旅游扶贫上下功夫，大力推进职工疗休养工作。北，主要是板桥农业园区的整合提升，形象上已经很好，重点在产品的种类和市场营销上做文章。

落细落实，确保群众实惠

所有协作项目的推进，目的只有一个，就是让群众得到实惠。在过去两年的实践中，通过探索"飞地扶贫""业主+基地+村集体+贫困户"等利益连接模式，确保了13000多人受益。今年是脱贫攻坚年，老百姓对协作项目带来实惠的期盼更加急切。在项目的实施上要更加注重精准和扩面，确保最大限度保障老百姓的利益。同时，只有通过实打实的工作，让老百姓感受到协作工作的温度和实惠，才能确保经得起今年的收官大考。

漫山遍野的樱花正在盛开，野樱桃虽然不如一般樱桃那样硕大肥美，但它们是山林中的小鸟最期盼的美味。希望我们的工作也一样，能像这花儿一样结出硕果，馈赠自然。

2020 年 3 月 9 日

东丝西移已成趋势

3月6日，习近平总书记在决战决胜脱贫攻坚座谈会上发表重要讲话，他指出："长远看，东西部扶贫协作要立足国家区域发展总体战略，深化区域合作，推进东部产业向西部梯度转移，实现产业互补、人员互动、技术互学、观念互通、作风互鉴，共同发展。"讲话明确了产业的梯度转移将是国家全面协调可持续发展的趋势和方向，通过产业协作促成西部产业兴旺，形成自我发展能力，自主脱贫致富，是协作脱贫的关键。

3月12日，应丝绸之路集团邀请，我到集团在资阳市乐至县的项目基地做了实地考察和学习。丝绸之路集团是湖州市的一家名片企业、明星企业，企业在四川已有多个基地。去年，该集团在乐至县投资的项目进展很快，携手与乐至县打造"中国桑都"，在业内影响很大。我认为"东桑西移""东丝西移"已经成为大趋势，符合国家区域发展总体战略，同时项目负责人谈金毛正好是我曾工作过的八里店镇的一名企业家，于是我决定去看看。

其人："带刺"的追梦者

谈金毛，吴兴区紫金桥村人，在吴兴区曾小有名气，小学没有毕业，但在纺织、农业领域俨然是个"学问家"，讲起来、干起来都头头是道。另一方面，他作为一个在企业、产业发展上执着到"顽固"的追梦人，多少有些"带刺"，对很多现实、现状都"看不惯"，曾作为区政协委员的他，会上敢"发声"，会后敢"写信"。

我没有调查过他反映的问题，但是他对梦想的执着打动了我。20世纪90年代浙江纺织行业发展迅猛，他洗脚上岸办起了工厂，买土地、建厂房、搞生产，一时间干得红红火火。后来纺织行业开始走下坡路，作为农民出身的他又开始干农业，在浙江大学教授、专家的指导下，他培育出来的"紫金桥玉米"竟成了当时的"网红"，以至于现在还有不小名气。他回忆说，当年在湖州人流量最大的观凤商城门口，有不少人卖起了"贴牌"的紫金桥玉米，为此他既兴奋又难过。在纺织和农业两方面都"摸爬滚打"后，2014年开始，他灵机一动把纺织和农业结合起来干，种桑养蚕，抽丝剥茧，搞起了很多人都不看好的行业。为此，据说他家属没少跟他吵架。但他没有妥协，毅然加入丝绸之路集团，开启了新的创业之路。

其业：从"丝绸之源"到"中国桑都"

2015年6月25日，中国湖州钱山漾遗址正式被命名为"世界丝绸之源"。在位于浙江省湖州市吴兴区潞村的钱山漾遗址考古发掘中，发现了绸片、丝带、丝线等一批尚未碳化的丝麻织物，经权威鉴定，这批织物距今已有4200—4400年历史，是世界上迄今发现的最早的家蚕丝织品。湖州素有"丝绸之府"之称，盛产的辑里湖丝，于1851年在英国伦敦首届世博会上一举夺得金奖。"湖丝"之称，见于记载，始于南宋嘉泰"湖丝遍天下"。清末民初，湖州商人到上海做丝绸生意，造就了不少富商大贾。

伴随产业结构、区域发展规划调整等诸多因素，近年来丝绸产业呈现明显转移趋势。以 2018 年为例，我国蚕茧发种量 1643.3 万张，蚕茧产量 67.9 万吨，东、中、西部地区蚕茧产量占比分别为 16.3%、6.9% 和 76.8%，东部、中部地区蚕茧产量占比较上年分别缩小 2 和 1.1 个百分点，西部地区占比扩大 3.1 个百分点。东部地区大面积种桑养蚕显然不能成为现实，谈总敏锐地发现了西部商机。他来乐至县后，用了"三个想不到"来表达他的惊喜，想不到四川有这么广阔的土地，气候条件也非常适合；想不到当地党委、政府这么重视，专门成立了蚕桑局；想不到当地老百姓这么支持，劳动力成本也不高。在多次谈判之后，乐至县决定与丝绸之路集团携手打造"中国桑都"，在原有蚕桑产业发展上再加一个"加速器"。丝绸之路乐至县项目落地，种植桑园 5000 亩，种植桑苗 350 万株，新建标准化小蚕工厂和桑黄种植工厂各 5000 平方米。缫丝厂建设项目正在积极谈判。目前所有项目正在快速建设中。

其梦：没有淘汰的产业，只有淘汰的企业

在跟谈总交谈中，他一直强调他认为的农业发展的核心关键词：科技、规模、品牌。这三个词在现在看来很平常，而在 20 世纪 90 年代，他就已经开始摇旗呐喊。四川也是重要的丝绸产地，"蜀"字本身就是指蚕宝宝，出生、长大在四川的我，小时候家里也种桑养蚕，到后来因为各种原因放弃了。从数据上来看，丝绸产业确实正在"爬坡过坎"。以 2018 年为例，全国共有 711 家规模以上的丝绸企业，实现主营业务收入 805.92 亿元，同比增长 0.5%，增速低于全国纺织工业企业 2.4 个百分点；实现利润总额 35.44 亿元，较上年增长 2.2%。丝绸行业亏损面 18.3%，较上年扩大 7.5 个百分点；亏损总额 3.3 亿元，较上年提高 18.5%。分类别看，缫丝加工企业、绢纺和丝织加

工、丝印染精加工企业亏损总额增幅分别为 11.7%、24.7% 和 24.9%，亏损面和亏损额增幅均高于全国纺织工业企业平均水平。主营业务小幅增长，行业亏损持续扩大。

谈总十分清楚行业发展现状，但是他坚定自信，认为亏损是企业不懂得创新，关键是理念和模式上出了问题。通过跟他初步交谈后，我理出了他至少三方面的创新点。一是种养模式创新：统一种、分散养，把风险降到最低。政府把土地流转后进行集中规划和整理，交出标准的土地，集团从浙江统一发苗、统一种植。种植完成后，发动当地积极创业的主体，把桑园和共育车间"分割"给他们，让他们成为分散主体。二是购销模式创新：先发苗、后付款，把利润留给大户。集团为调动各创业主体的积极性，桑园、苗种"转"给创业主体时，如果资金短缺的，可以申请卖茧时冲抵，极大地调动了创业主体的积极性。三是产品模式创新：高科技、延链条，把产业拉到顶端。集团公司积极与专家合作开发桑黄（一种极其珍贵的保健产品，药物产品正在进行临床试验，韩国、日本需求量很大），统一收购各养殖主体每年修剪下来的桑条，作为桑黄种植原料，解决堆放难和原料缺的问题。

离开乐至县，一路上，我在思考，这样的模式的确是高招，至于最后运作得如何要等待时间和实践的检验，但是谈总对"蚕桑梦""丝绸梦"的执着深深感动了我。

路虽远，行则将至；事虽难，做则必成。

2020 年 3 月 16 日

担忧还是有的

老子言："致虚极，守静笃。"他的意思是说，当一个人达到澄明之境，便寂静而笃定，什么外界因素都无法影响自己，不去试图改变什么，而是如实接受一切。老子提出的这样的境界是巅峰境界，常人根本无法达到。

今天上午召开了 2020 年项目的推进会，就具体个别项目的实施问题做了商量，下午去竹园镇现场看了个别项目的情况。总的来讲，我内心还是不能完全平静下来，没法达到老子提出的思想境界。

早上重点讨论了标准厂房建设、立体化工厂养鱼项目的推进问题。推进会过程中大家的激烈讨论，让我再次弄清楚了几个问题。

协作资金投向的合法性

在实施项目时，要明确，为什么把这笔资金量化成股份投到这个项目，而不是投到另外一个项目，也就是说，要搞清楚资金投给甲而不是投给乙的理由。经过讨论，大家认为今年在项目实施过程中，为了解决资金投向的合法性问题，务必要做好这几个方面的工作，并且资料要做完整。一是乡镇在申报项目的时候，一定要召开村民代表大会，协作资金助力乡村发展，村民代表大会要知晓、支持这个项目，并明确同意选定的实施业主；二是由乡镇递交县有关部门，并经县协作领导小组初审;三是初审后的项目再报市和省审定,省或市发文后,就算完成。其中,村民代表大会这一步尤为重要,不可缺少。这些步骤都不缺少,才能确保资金投向的合法性。

政府资金使用的规范性

如果是入股资金,200万元以下的,可以由业主使用,但建设的项目内容必须经过审计验收,采用报账制;如果超过200万元,又超过项目总投资的10%,必须由业主进行公开招投标后使用。如果不是与业主合作的项目,低于200万元的可以由村民自建(符合村民自建要求),低于400万元的也可以走政府采购程序,超过400万元的必须走公开招投标程序。

利益联结的合理性

东西部扶贫协作资金都要求有利益联结,通用的做法是为贫困户和村集体购买股份。青川县这两年的做法主要是为贫困户购买股份,并且是每一分钱都量化成股份。还有一种做法是50%量化为股份,50%限定期限"借"给实施主体,一般约定3—5年要全款退还给村集体。从合理性来讲,这两种做法都没有问题,但50%"借"的方式必须要业主给予一定的资产抵押,否则如果经营不善,破产倒闭,就会造成政府资金流失。

下午,看了湖羊基地、河口村乡村旅游开发等项目现场,我内心产生了几点担忧。

标准厂房的建设问题

2020年,广元市提出"6+1"战略,要求每个县区拿出不少于

1000万元的协作资金，建设一个标准工业园区，主要是标准厂房。建设标准厂房，筑巢引凤，理论上是很好的做法，但现实中，尤其是在青川这样相对偏远的地方，除了走完程序，开工建设很难在限定的考核时间内完成，更大的问题在于，这样的厂房建设好以后，难免出现闲置的问题，目前的闲置厂房就不少。青川缺的不是厂房，而是真正的产业项目，好项目、大项目肯定会按照自己的设计拍地建设。厂房的闲置和为引商免租金的情况势必带来资金使用效益问题。同时，按照要求，第一年应拿出资金的6%给贫困户保底分红，这笔钱从哪来，是个问题。

河口村乡村旅游发展的问题

河口村（八里驿站）的改造工程去年基本结束，投入了900多万元。整体来看，效果不错，上级领导来视察后，都表示肯定。但目前主要是运营问题，不能让这里仅仅只是一个美丽乡村。美丽风景如何变成美丽经济，这是一个必须解决的课题。让人欣慰的是，村里第一家农家乐已经在装修中；不容乐观的是，其他老百姓还没有经营意识，扎堆聊天、打牌的人不少，大部分老百姓不懂"讲故事"，也不会"卖风景"。

受助企业长期经营的压力问题

协作资金每一分钱都是贫困户的股金，"天下没有免费的午餐"，在分红方面的要求是，第一年要保底分红。因为一般项目都难以在当年见效，而保底分红要拿出协作资金的6%，假如享受了200万元的入股，当年就需要业主自掏腰包拿出12万元，这不是一笔小数目。同时，项目如果次年开始见效，那么每年进行分红，这个没问题。但假如企业经营不善，破产倒闭，这个后果就得业主自己承担，尤其是形成债务后，参股贫困户不可能因变成债务人而去偿还。当然，这只是假设，企业在运行中应该会加强风险防控，这种压力或许正是激励企业自身保持稳定发展的动力。

如何有效使用和看待类似于协作资金这样的扶贫入股资金是对政府的考验，是对企业的检验。这笔钱既不是"雪中送炭"，也不是"锦上添花"，它应该是"四两拨千斤"，要让政府资金成为撬动投资的杠杆和助力。

夜深了，不知道河口村的老乡们有没有躺在床上思考如何经营他们的"美丽风景"？

2020 年 3 月 20 日

发现问题才能找到办法

《庄子·达生》中有这样一句话："忘足，履之适也；忘要（腰），带之适也；知忘是非，心之适也……"意思是说，如果忘记了自己的脚，那是鞋子穿在脚上很合适；如果忘记了自己的腰，那是系在身上的带子很舒适；人一旦忘记了是非纠纷、恩怨情仇，那是你的心已适应了外界的环境，变得坦然平静。

"忘"是一种境界，这种"忘"不是简单的遗忘，而是弄清楚事实，淡然地去面对，而不是怅然地去纠结。

今天，广元片区召开了2020年东西部扶贫协作第一次会议，会议放在朝天区召开。会议安排了考察，重点考察了草莓基地、核桃基地和产业园建设，考察结束后召开了座谈会。本次会议的特点是明确要求各县区汇报工作时只谈2019年存在的问题，不汇报成绩，对新一年的工作也只谈思路和针对问题的对策建议。

这是务实的会议，就如同庄子所言，不用担心和纠结于过去工作中存在的问题，而恰恰是要以"忘"的姿态去淡然面对，这样才能让2020年的工作推进得更顺、更好。

各县区都做了认真汇报，也谈到了一些共性问题，有些是表面的，有些是深层的，对我有一定的启发。到青川工作马上两年整了，近期，我认真思考了工作推进的一些难处，或者说还没有达到理想状态的地方，主要体现在以下三个方面。

市场主体活力难以充分调动

开展东西部扶贫协作，政府是主导，市场是主体，但就目前情况来看，市场活力还没有被充分激发。比如，虽然建立了东西部企业就有关产品的销售等方面的联系合作机制，但是双方密切沟通、共推市场的力度还不够大，消费扶贫的空间还有待更大力度地拓展。又如，虽然建立了联合招商协调机制、平台资源共享机制、项目联动助推机制等，并在浙江聘请了4名招商特聘顾问、1名经济发展特聘顾问、1名全域旅游发展顾问，但从产业合作中的招商引资方面来看，东部企业投资意愿和活力还没有被充分激发。

互利共赢的局面难以充分形成

东西部扶贫协作应实现总书记提出的"五个互"的共赢局面，但由于各种原因，目前仍难以形成。比如，在土地指标增减挂钩合作方面，市县都在呼吁，但"天窗"仍然没有打开。又如，在劳务协作方面，虽然青川是一个劳务输出县，湖州也出台了优厚的就业补贴政策，但由于青川劳动力受多年来务工习惯的影响，喜欢到工地务工，时间自由，收入相对较高，所以东部企业招工仍然有困难。

群众参与的热情难以充分激发

目前，群众参与的热情还不太高，没有很好地把"要他干"变成"他要干"。比如，在所有协作项目的实施中，普通群众参与项目的方式一般以务工和分红为主，主动发展产业的比较少，尤其是建档立卡贫困户参与度更低。又如，在大力发展白茶和雷竹产业方面，因为还没有投产见效，老百姓参与自主管护、精心管理等方面还缺乏主动性，有些老百姓仍然还有等待观望的心态。

习近平总书记强调，东西部扶贫协作和对口支援，是推动区域协调发展、协同发展、共同发展的大战略，是加强区域合作、优化产业布局、拓展对内对外开放新空间的大布局，是实现先富帮后富，最终实现共同富裕目标的大举措。作为援派干部的一分子，从思想认识上，我已经坚信不疑，而具体推进中，仍然需要开拓创新、落细落实。

忘足，履之适也。工作推进中始终想到还有一些问题，说明问题还存在，工作仍需改进。

2020 年 3 月 25 日

三足鼎立促赶超发展

近日，浙江省发展规划研究院首席研究员潘毅刚在《浙江经济》上发表文章，指出长三角一体化不是一样化、中心化、行政化、最大化，而是发挥比较优势的协同化、培育更多中心的新型城市化、政府有限有为的市场化、引领改革开放的率先现代化。

作者对长三角一体化问题研究很深，尤其是认为一体化战略并不是一个大箩筐，什么都往里面装。由此，我想到青川县成功创建国家首批全域旅游示范县问题。在近半年多的时间里，每次下乡的时候，我总能发现全县很多乡镇都在进行一些景观的打造，在全域旅游示范县创建成功的背景下，各乡镇全面在走旅游发展的路子，提出了诸如将姚渡镇打造成森林康养小镇，将关庄镇打造成文化创意小镇，将沙州镇打造成滨水度假小镇等思路与方向。每一个乡镇都有一个发展定位是有必要的，这是党委、政府和老百姓奋斗的方向。但就青川县目前的状况来看，36个乡镇合并成20个乡镇后，相对于其他发达的地方来讲，仍然地广人稀，要实现以行政区划调整促进人口相对集聚发展，仍有一定的难度，至少还需要较长的时间。如何才能加速实现这个目标，我认为要突出重点，锁定聚焦本地人加外来人的目标，从而提升人气，形成商气，积累财气。

要把20个乡镇都打造成集聚人气的新型城镇显然很难，只有突出重点，分步实施，才是有效的解决办法。

关于这一点，我昨天在开发区想到了很多。

昨天下午，我和张县长赶到竹园镇（青川经济开发区），专题协商拟引入浙江韩冰制冷设备有限公司入驻产业园贷款事项。韩冰制冷已在青川开始冰箱、冷柜等制冷设备生产，目前厂房是临时租用的，企业反映有扩大投资的意向，于是我们打算将其引入目前由吴兴城投集团正在投资建设的产业园，既可以满足企业需求，又可以解决产业园建成后的招商引资问题。该企业虽然技术含量并不高，但属于劳动密集型企业，投产后可以解决不少劳动力务工问题，社会效益还是可以的。为了项目的落地，春节前我们专门到位于浙江省衢州市常山县的企业总部做了实地考察，通过实地考察、务实谈判，取得了重大进展，其他条件都达成了协议，问题就在于贷款融资问题。因为企业为租用厂房形式，现有设备的抵押额度不够，于是扩大投资存在资金上的困难。昨天下午，我们召集了县农商银行、担保公司、企业业主和开发区有关同志，经过认真梳理分析，旨在支持企业发展，农商银行李董事长亲自表示，以信用贷款的方式予以支持，于是顺理成章地解决了项目入驻问题。

企业融资问题解决后，开发区的梁书记带我们考察了即将开工建设的一个江苏企业。这家企业是与绵阳的一家企业合资创办的，要建生产四氧化三锰的流水车间，主要依托青川县丰富的锰矿资源。我们在工地上与其中一个绵阳的管技术的负责人碰了面。业主个子不高，若不是别人介绍，没有人能认得出他是大股东。他向我们介绍了企业的发展意向以及产品情况，他显然对青川县丰富的锰矿资源很感兴趣，认为企业落户后，与隔壁生产不同型号的四氧化三锰的中哲集团一定能成为中国市场上生产四氧化三锰的最大基地，并且可以有市场话语权。他认为，投产后会有大量的下游企业到开发区地块上落地。对于这个市场，我没有认真研究过，但我始终认为，开发区的产业定位应该与青川本地特有的矿产资源紧密结合才是最佳路子，脱离特有的石英石、锰矿资源开展招商会没有比较优势，无法形成吸引力和竞争力。听了业主的介绍后，我似乎对开发区的发展增加了不少信心。

正当我们在工地的时候，隔壁中哲集团董事长杨和荣等人过来了。中哲集团的总部在浙江宁波，杨董事长难得来青川基地，这次他来是协调公司内部事务，没有通知县里领导。去年我跟同事们去拜访过他们集团的宁波总部，当时想去谈集团旗下儿童安全座椅项目，想将其引入青川正在建设的产业园。集团热情地接待了我们，杨董事长直言不讳地拒绝了我们的请求。他谈了很多方面的原因，我明白他分析问题的视角，也深刻体会到他讲话的深度，很受打动。我对他的总体印象是睿智，清醒，善于学习研究。偶遇即是缘分，于是我们约好一起吃晚饭。

晚上，我们谈了很多关于锰矿产业发展，关于竹园镇和经济开发区融合发展，关于竹园镇新型城市化的问题。晚饭后，我们夜游开发区，从智慧岛、黄沙坝一直走。这是我第一次以这样的方式考察开发区，用脚丈量，用大脑思考。夜晚，满天繁星，时而有难得一见的绿皮火车穿行而过，在产业园第一个市场化运作的房地产项目——长安集团开发的长安·璟城项目部门口，一只野兔迅速跑了过去。开发区的同志说，野兔、野鸡等动物多得很，在这里，生产、生活、生态是融为一体的。我被这人与自然和谐共生的情景感动了。

竹园镇是地震后杭州市援建的，本来是拟作为青川县新县城来打造的，后来由于种种原因，县城没有搬迁成功，但是当时的基本框架和一些基础的公共设施建设都完成了。说实话，从城市建设开发的角度来说，竹园镇的条件比乔庄镇更好，这里有高速、高铁和普通铁路货运、客运火车，有作为工业开发的大平台，有作为地产开发的大空间，离绵阳、广元市区都近。

青川县面积3216平方公里，户籍人口25万，实际常住人口估计不超过15万，我认为按照突出重点、分步发展的路径更能发挥集中力量办大事的作用。走在空旷笔直的园区大路上，我的脑子里突然冒出一句话：青川县"只有3个镇"，大力发展好这3个镇，形成三足鼎立局面，支撑全县赶超发展。

打造政治文化中心：乔庄镇

乔庄镇是青川县县城所在地，位于青川县北部。这里作为县委、县政府所在地，县城人口约2万人，人口居住相对集中，整个县城基本为地震之后新建，建筑、交通、绿化等都不错。乔庄镇的打造要按照政治中心和文化中心来开展，充分发挥县城作为4A级景区的生态优势，更加精细化地管理和维护好县城的秩序和环境，营造宜居宜业的浓厚氛围。软件上，要充分挖掘和宣传好战国木牍文化、地震援建的感恩文化和奋力崛起的自强奋进文化，让这些文化能感染人、影响人。硬件上，要充分利用和维护好现有的公园、广场，尤其是10公里长的沿着河边贯穿全县的健康绿道。同时，在经济条件允许的情况下，在对生态的影响最小化的前提下，可以逐步做好绿道旁几座山的山体公园开发工作。虽然这几座山都做了一定的简单开发，但是缺乏整体规划，还处于"荒山"的状态。因此，要从软件、硬件上下功夫，把乔庄镇打造成为支撑全县发展的第一根大柱。

打造商贸经济中心：竹园镇

充分利用竹园镇和经济开发区的交通优势、地理优势，着力推动镇和园区融合发展，一套班子，两块牌子，力争将竹园镇推动和打造成为全县的经济中心。至少应该做好"招""建""拆""管"四字文章。以目前的平台空间来看，首要的是"招"字文章，就是大力引进项目，重点是现有平台的工业项目，既可以岗位留人、引人，又可以产生经济税收。在工业项目发展的同时，要大力引进地产和商贸酒店项目，实现产城融合，推动商贸经济发展。做好"建"字文章，就是在招引项目的过程中，政府要加大公共配套建设，如道路、河道、污水处理等匹配城镇化的基础设施。做好"拆"字文章，就是在空间利用到一定的时候，为优化环境和拓展空间，就要做好区域内农房的征迁工作，集中住小区楼房对优化城镇环境有积极作用。做好"管"字文章，就是要加强城市管理，增加管理经费和权限，改变过去加个井盖就要往县里打报告的情况。就目前来看，乱停车、环境卫生不达标、乱搭乱建的情况仍然严重。因此，要从以上四个方面入手，着力打造支撑全县发展的第二根大柱。

打造旅游集散中心：青溪镇

青溪镇是青川县的老县城，位于青川县西部，紧挨唐家河国家自然保护区，是去保护区的必经之地，有青溪古城等现有的旅游资源。青溪古城要打造成为青川县旅游集散中心、娱乐消费中心。从十色青溪地产的销售情况来看，其旅游地产的开发仍有潜力。在青溪镇的打造上，我倾向于引入超大集团，把城镇开发和周边旅游资源，包括官帽山和唐家河国家自然保护区的开发都整体打包给企业，由社会资金对其进行整体规划、整体打造，确保让绿水青山转化为金山银山的真正实惠惠及老百姓就可以。最终目的是企业发财、百姓发家、社会发展。因此，要用整体引入第三方机构的模式开发好青溪镇，将其打造成为支撑全县发展的第三根大柱。

推动"三足鼎立"，在领导的安排上，最好由三名县级领导亲自挂帅，有利于推动工作、整合资源。

同时，推动"三足鼎立"并不是放弃其他乡镇的发展，其余17个乡镇仍是全县的重要组成部分，仍然要努力做好为民服务的工作，只不过在发展上做一些让步。

我最想看到的，还是那些仍然住在高山险峻处的不愿搬迁的老百姓，能够在发展引领和历史变迁中早点迁下山、住下来，平安是最大的福。

2020 年 4 月 16 日

乱哄哄的繁荣也是繁荣

安妮宝贝曾说："平淡无奇的城市，是一面平静的湖水，轻轻淹没期求。"

青川的天气渐渐转热，知了和各种鸟儿开始发出与盛春时节不一样的鸣叫，变得低沉、浮躁。青川小城像一个年富力强的汉子，在烈日底下毫不畏惧地接受着烈日般凶猛的生活的炙烤。大地震过去12个年头了，这里的一切正向着更好的方向前行。

今年以来，前期因受疫情影响，部分项目的进展多少遇到些阻力，当前疫情影响逐渐消除，很多工作也已步入正轨，因此，我们的工作节奏也加快了。白天除了留在县城召集会议协调解决项目推动中的问题外，基本上都下乡到项目现场踏看和处理问题。工作在加速推进，时光在匆匆流逝。工作结束，从乡镇返回县城，夜幕下的青川小城变得不再宁静。感恩桥旁的美食一条街热闹无比，人们在露天的椅子上尽情地享受着各种美食。火锅、啤酒、烧烤、爆炒……各种热辣鲜香的味道弥漫在空气中，顿时小城像是沸腾的，犹如火锅一样充满吸引力。

这种市井烟火味该不该在城市的一角呈现？泰山不拒细壤，故能成其高；江河不拒细流，故能成其深。我认为这样的市井气息反而能点缀出城市的繁华，促进城市月光经济的发展，与文明不冲突，与现代不矛盾。

前两天有湖州的朋友反映，近期忙得不可开交，要接受全国文明城市复评，要组成志愿者团队，与城管、公安等部门上街联合检查，重点整治出店经营、违规设摊、露天夜宵烧烤等不文明的现象。他还调侃说，最好大家都别出门，否则都是扣分点，比如电瓶车停放不入线，行人闯红灯，每平方米出现多少垃圾等都是不文明现象，都要扣分。

近年来，随着湖州市大力推进文明城市创建，随着城中村和老旧小区的拆除，湖州的城市形象的确得到了很大提升，城市框架越拉越大，原有的"市中心"的概念也逐渐淡化，城市绿化和环境卫生都非常不错。但湖州给我的感觉是太安静了，没有闹市区、大排档，没有让月光经济更加市井化、平民化、年轻化的平台和载体。原先府庙一带的夜宵摊被取消了，湖州师范学院附近的"垃圾街"也被拆除了，湖东一带的各大小饭店都进行了规范管理。街道变得干净了，也变得安静了，晚上9点半以后湖州城似乎就开始昏昏欲睡。

有一个原先在湖东建设银行门口夜市卖烧烤的老乡，达州人，生意一直火爆，每月除了交给管理部门400元的物业费外，一家人打点烧烤摊能挣1万多元。启动整治后，他的烧烤车在湖州城各个地方都尝试过侥幸经营，结果还是没有空间可以继续，最后只能在湖东租了一间店面。老顾客认出了他，可是他们却反映他的烧烤已经和以前不是一个味道了，甚至有老顾客怀疑他因为进店经营增加了成本，所以烧烤食材就偷工减料了。达州老乡很无奈地告诉我，食材和原料都没有发生任何改变，他实在想不通。

其实，变化的是吃夜宵的环境，挤在小屋子里吃烧烤、喝啤酒的感觉再也不如曾经在星光下那么自由和放空。

　　我去过不少城市，每次最想去逛逛的地方不是各大商业广场，而是那个地方的夜市。月光经济体现的是城市活动，标志着一个城市的发达程度、开放程度和吸引力。月光经济作为大众经济、民生经济，直接反映出一个城市的繁荣程度，有利于扩大居民消费，拉动经济增长。

　　北京的王府井夜市出现超过100万人的高峰客流，上海的夜间商业销售占白天的50%，重庆2/3以上的餐饮营业在夜间实现，广州的服务业产值有55%来源于夜间经济。在当前中国经济受疫情影响，下滑压力巨大的情况下，在疫情被有效控制的前提下，大力发展月光经济是拉动经济复苏增长的有效做法。近日，浙江省人民政府办公厅发出的《关于进一步做好稳就业工作的实施意见》指出，合理设定无固定经营场所摊贩管理模式，预留自由市场、摊点群等经营网点。这是政府鼓励夜间消费模式、增加就业岗位、拉动消费的积极信号。

　　浙江省体改研究会副会长，浙江省信息化与经济社会发展研究中心首席专家、研究员卓勇良撰文指出，市场化和现代化进程下的国家治理，应该有一条很重要的规则，就是容忍市井烟火，容忍民间"乱哄哄的繁荣"，容忍发展的多样性。

　　我认为，发展月光经济，营造"乱哄哄的繁荣"，并不是推进城市文明的绊脚石，而是给现代都市人暂时放空的落脚点，也是拉动经济的加速器。

　　鼓励发展也不是无序发展，而是规范发展。

　　划定特定区域

　　在城市某个特定区域给夜市摊贩一个自由经营的场所，需要注意几个问题：一是不影响交通，二是不扰民，三是就近有公共厕所等配套设施。一个城市可以根据规模设置多个点位，同时配备专人进行管理，也可以采用市场化管理模式，把街区夜市管理交由经营公司负责，让管理更高效、更专业。湖州城的点位设置可以采用一中心多分点模式，即市中心衣裳街、状元街，另设湖东片、西南片和太湖畔等多点位。

设定特定时段

在夜市管理上，要明确时段，不能让"特定点"变成"特殊点"。白天要把街区让出来，夜间特殊时段要让街区热起来。夜市经济一般都以夜宵为主，因此不宜摆得太早，至少在晚上8点以后。夜摊不宜有过强的照明系统，一般借助于公共照明系统，防止出现乱接电线等情况。

制定特殊准入

夜摊的开放不能没有任何条件，至少要考虑到如下准入：一是经营类别，不能没有限制，一般以餐饮、文创等为主，影响安全的要严格限制；二是营业主体，从业人员要进行健康体检；三是食品安全，行业主管部门要加强监测。

"乱哄哄的繁荣"有时候也是一种美。突然想到了郭沫若先生的文章《天上的街市》，"远远的街灯明了，好像闪着无数的明星"。

2020年5月18日

新潭村的乡村振兴

村上春树说："你要记得那些黑暗中默默抱紧你的人，逗你笑的人，陪你彻夜聊天的人，坐车来看望你的人，陪你哭过的人，在医院陪你的人，总是以你为重的人，带着你四处游荡的人，说想念你的人。是这些人组成你生命中一点一滴的温暖，是这些温暖使你远离阴霾，是这些温暖使你成为善良的人。"

村上春树的意思是，你要记住生命中的点滴温暖，你要保持温暖善良。善良是一种力量，同样善良也可以温暖别人。

今天是5月20日，网络上关于"520"节日的各种段子和小视频被炒得沸沸扬扬，这并没有什么不好，爱就应该表达出来。来到青川两年多了，我脑子里经常会闪现东河口地震遗址公园的巨大雕塑，以及雕塑上的四个金色大字"大爱崛起"。

没有爱就没有生的希望，没有爱就没有重生的青川。

早上到办公室处理好事务后，看到我们政府办公室派到结对帮扶村担任第一书记的赵文峰回单位办事，我萌生了要去帮扶村看看的念头。扶贫第一书记要求全脱产并且住到村里，所以很难看到他回来。他说马上要给贫困户发鸡苗了，回县里农业部门再争取争取，看能不能拿到稍大一点的鸡苗。听说我想去村里看看，他很高兴，像是所做的工作得到了展示机会一样，拉着我上了他的车，一路向村里奔去。

我们政府办公室结对帮扶的是木鱼镇的新潭村，离县城不算远，全村140户、505人，其中贫困户49户、188人。在去的路上，我查了一下该村的吴兴区结对企业，是吴兴区织里镇的浙江东尼电子股份有限公司，我曾陪该企业代表到村里去过，于是有了些印象。这个村是从大山里搬出来的一个搬迁村，绝大部分群众都搬到了山下的集中安置点，一部分条件稍微好点的搬到了木鱼集镇上居住。让我印象很深的是该村的村部建造的地盘是另一个村——木鱼村的，当时我还开玩笑说："飞地扶贫飞得够彻底，连村里的旗子都飞到了别人的地盘上。"当时一行人还哈哈大笑起来。

来到村委会，刚退下来的老书记和新上任的王书记都在村里，正在整理扶贫档案，因为近期即将接受交叉普查。看到一盒一盒整齐的档案资料，我不禁想到他们辛勤付出的一点一滴。村里的公示栏清晰地公示着每一位村干部的职责分工、包户脱贫等情况。村委会旁边一条清澈见底的小溪哗啦啦流过，给这静谧的村子增添了不少生气。

村里决定带我去看他们的产业扶贫情况，这也是我们政府办公室领办的重要任务，去看生活垭的核桃和中药材套种基地，以及马家坪的高山水果基地。上了赵文峰的车，他一路给我介绍两块基地的有关情况，说叫我在车上不要怕，虽然路在高山悬崖上，但那条路他已经熟悉得不得了，老乡们都叫他"马家坪车神"了。他说新潭村的老百姓原来都住在大山上，现在搬出来了，但产业发展还是得回原来的地方。一路上车子先是沿着河谷开，一个大转弯后就沿着山一路盘旋向上。路的一面是悬崖，另一面是修路时用炸药炸出来的石壁，山上是郁郁葱葱的树林，嫩绿的叶子在阳光的照耀下闪闪发亮。上山的水泥路略微比汽车宽一点，一路不是陡坡就是急转弯。我嘱咐赵文峰以后下雨天千万别上山，这样的坡度如果有泥和水的话很容易打滑。汽车开了20多分钟后，我们到达了第一个点。目之所及，是一块打理得很干净的坡地，镶嵌在树林中，大约有70亩，坡度很大很陡，实在陡得怕下雨造成泥土被冲走的地方用普通砖块大小的石头码起了挡墙。地上1米左右高的刚嫁接好的核桃树已经有小手臂那么粗了，嫁接成活的鲜嫩枝条正在茁壮成长。村里的王书记说，这个品种叫"青川一号"，两年后就可以挂果。他指着山坡边树丛里的一块小土包说，他的老家原先就在那儿。他回忆说，当年出山根本没有路，2000年才通电、通路，下山买一次化肥要花一整天时间。我开玩笑说："你家这么好的风水宝地，怎么舍得搬走啊？"他笑着回答说："什么风水宝地哦，再不下山就完全被这个时代淘汰了。"说完，我看到了他眼中对这片土地的留恋和热爱之情。地里前段时间刚下了前胡的种子，我轻轻拨开泥土，发现有些种子已经开始发出白白的嫩芽。

站在山边，可以看到对面两座山上还有两块地，也是种的核桃和前胡。王书记说全村种了4块地共200亩，以前都是把核桃苗分到农户的，但是两年下来发现因没有见到效益以及交通实在不方便，核桃树管理不到位，于是村里着急，向上争取了管护资金，由村里统一安排人管理，核桃树和药材仍然是老百姓的。我说这样让老百姓不劳动就享受利益会不会不好，养懒汉怎么办。王书记说，精壮劳动力都到外地务工了，家里的老人没法上山来管理，这也是客观问题，不能怪老百姓，不能眼看这些核桃树就这么废掉。

是啊，我们很多时候不知道实情，总觉得这不行那不好，其实很多现实我们只要清楚了也就理解了。

离开生活垭，我们下山后又上了另一座山，也是一路陡坡向上，10多分钟到了一个小村子。这个小村庄叫马家坪，奇怪的是这里没有一户姓马，全都姓李。小村庄在一个相对平整的半山腰，四周坡地上种了200亩冬桃，30亩车厘子，30亩"白叶一号"茶叶，这边的发展模式有所不同，是由市场主体流转土地种植的，老百姓用土地入股，受益后长期分红。市场主体管护的效果不错，除草、施肥、修剪都很到位。被果园包围的小村子实在太美了，简直就是世外桃源，村里两棵黄连树要好几人手拉手才能围住，村里人讲，这两棵树已经有好几百年历史了。老百姓没有搬下山之前，大家都到树下乘凉、聚会，全村人都"围着树转"，没有这两棵大树不知道的秘密。如今，老百姓都搬到了山下，村子空出来了，这样绝佳的环境要是放在大城市周边，老早成为抢手的香饽饽。村子最靠前的一幢小平房目前已被三个回乡创业的大学毕业生租了去，打造成了一个网红直播基地，叫"我们仨"。房子、院子经过精心打造，非常漂亮。这个小小的基地，让我看到了村里发展的希望，要是有更多这样的项目，整个村子都活了。三个年轻人每天下午上山开直播、拍抖音，据说现在已经比较火了。房子边上有个老大爷在干活，是这个房子的主人，老大爷说房子年租金是2000元，还包括房子周边的菜地。老大爷表示，房子能租出去就很好了，何况还被他们打理得那么漂亮，他这辈子都没想到。

老大爷被汗水浸湿的衬衣口袋里清晰地展露着几张一元的和一角两角的纸币，不知道为什么，我看了感到一阵心酸。

下山的路上，我一直在思考，在乡村振兴战略的大背景下，如今从上到下都在喊着乡村振兴，我们真的不能盲从，要好好想一下该如何很好地把握和理解。我始终认为：

乡村振兴不是村村振兴

很多地方都在开展乡村振兴大比武、大讨论，要求每个村都要有发展目标、发展方向，把蓝图画得很大，包装项目、向上争取、招商引资等，生怕在乡村振兴的路上落下。事实上，乡村振兴并不是村村振兴的组合，很多村子，尤其是中西部地区的山区乡镇的村子，伴随历史发展，伴随人员外迁，会慢慢自然消亡；很多耕地，甚至不一定成功的农业产业地都会退耕还林，这也是自然规律。

乡村振兴不是马上振兴

发展都有一个过程，脱贫攻坚结束后还有一个巩固期，乡村振兴也不是一个结果，而是一个过程。很多地方在推动乡村振兴的过程中，操之过急，巴不得一下就跨入振兴行列。我们要清醒地认识到，乡村振兴的核心力量是村里的老百姓。老百姓的知识水平大都比较低，要实现人的现代化还要有一个过程。只有实现人的现代化，才能实现村的现代化，才有乡村振兴。

乡村振兴不是旅游振兴

乡村旅游确实是推动乡村经济发展的一个有效途径，但是不能把乡村旅游等同于乡村振兴。青川县入选国家首批全域旅游示范区，旅游资源确实丰富，但是全域旅游不是把每个环境好的地方都打造成景点。我来到青川后，到很多村去走访调研时，都有镇里干部、村里干部跟我讲，能不能找市场主体开发旅游，他们把发展旅游当成了乡村振兴的重要内容之一，这可以理解，但发展乡村旅游要根据实际情况，不能把乡村振兴的砝码全部压在乡村旅游上面。

下山后，天气变得炎热起来，一时难以忘记大山上的清凉和朴实的老人。也许人生就该这样，顺其自然，稀疏平常。

2020 年 5 月 20 日

把村子还给自然也是振兴

丘吉尔曾说："我没有路，但我知道前进的方向。"

也许很多时候，解决问题的办法不是"路子"，而是"方向"。所有对的事，前提是有对的方向。我希望，内心坚持的用"飞地"模式发展湖羊产业，让"自然"法则淘汰村庄，这样的方向是对的。

5月22日，为了加快"湖羊谷"二期建设，也为了进一步扩大湖羊在青川的养殖规模，让更多老百姓从湖羊产业中受益，我跟张县长一行去了竹园镇的项目基地和石坝乡准备扩养的点考察。不去不知道，一去吓一跳，虽然以前也曾去过石坝乡，但是没有深入考察，这次去看了一些村民点，真切感受到了大山之中的生活不易、发展之难。

下午两点，我们从县城出发，先去竹园镇"湖羊谷"基地，随行的有原马公乡的党委书记党顺涛。撤乡并镇后，马公乡并到了石坝乡，他回县里任总工会主席。竹园镇的湖羊基地是在他的一手推动下，从马公"飞"到竹园的。他是"湖羊入川"项目的经历者，其中的一波三折他都很清楚。一路上，我们还聊起当时吴兴明峰湖羊生态养殖公司负责人费明峰到马公乡考察基地时候的情景。他说当时费明峰看完马公乡的情况，一句话形容当时的情景，就是"把他吓糟（惨）了"。费明峰直接说了一句，"在这种地方养羊是不可能的，羊要摔死的"。聊起当时的情况，他自己都笑起来了。

大约1个小时的车程，我们到了竹园镇湖羊养殖基地，竹园镇、石坝乡和项目负责人已经在基地。基地8个养殖圈舍、1个堆料场、1个羊粪处理场已经全部建成，办公楼主体已经建成，正在装修，整个规模在广元的养殖基地来看应该可以排在前列。700头种羊已经入圈，繁育出的180头小羊已经成活并健康成长。本月底前还有400头种羊要从吴兴送来。我们沿着养殖基地察看了一圈，张县长对绿化种植、草料堆放等提了些要求，总体是要加快建设，早出形象，早出效益。

基地里有马公乡4个贫困村的股份，马公乡并到石坝乡后，石坝乡的党委书记唐天云第一次来基地考察。看了基地，他很满意，也很震撼，一再要求要在石坝乡扩大规模，再建部分养殖基地。唐书记是1981年出生的，在撤乡并镇前是另一个乡的乡长，刚被提拔做书记，看起来干劲十足。看完基地，他马上邀请我们去看石坝乡现有的一个湖羊基地，之前是一个在重庆做烤全羊项目的老板建的。唐书记想以另外3个村集体经济发展名义引入一批湖羊到这个基地养，带动村民增收。他说基地很适合，表现得很急切。

于是，我们立即出发去石坝。竹园镇到石坝场镇的距离大概是1个小时车程，汽车经过关庄镇后，路就变得很窄，只有一个车道，一直沿着大山脚下的河往大山深处开。路上，党主席介绍说这里就是当年大地震最严重的地方，幸亏是居住人口少，否则不知道要死多少人。仔细观察两边的山体，都是成片状的石块堆积，河道里全是涨水从山上冲刷下来的石片，山体看起来很松软，好像随时都可能塌下来的样子。山上覆盖的杂灌林长得很茂盛，但是再茂盛也难以掩盖山体滑坡撕开的口子。

车越往里面开，路变得越差，很多路面都破损没有修复。1小时后，我们到了乡政府所在的场镇，唐书记说继续去基地，不远。于是我们继续前进，刚开一段山谷就开始往山上开，脱贫攻坚硬化的水泥路勉强只有汽车那么宽，车子沿着蜿蜒的陡坡一直往上开。路两边的土地都是很陡的坡，种了些茶叶和土豆。但是由于今年太干旱，生长情况不理想，看着让人有些揪心。路上有五六个老人正在收割油菜，乍一看都是70多岁的老人。汽车一路往上，看到车旁的悬崖，我心里不由得产生恐惧，有三四个陡坡转弯点，汽车一把方向转不过来，很是捏了一把汗。大约开了半小时，才到达一座山的四分之三处，这里有相对较平的一块地，大约10亩左右，铁丝围墙里面有几个塑料盖起来的大棚，这就是去年建起来的羊圈。

车一停下，我们一行人一下车便感慨，觉得这太不容易了。山上因海拔高，非常凉快，和山下的温度形成鲜明的对比。远处的几座山上还有盘旋的公路，离公路不远的地方有零星的农户和庄稼地。我问唐书记，为什么不让老百姓搬迁下山居住。唐书记很无奈地说，山下也没有建房的地方，加上他们住在山上也好再种点地，基本可以保障口粮和喂一头过年杀的猪，生活是不成问题的。

传统社会中，中国人的故土难离观念在上一代肯定是根深蒂固的，我相信到了年轻一代，出去务工后，他们的思想一定会改变。

参观了基地，我怀着复杂的心情下山。下山的时候，那几个老乡仍在地里劳作，车子经过时他们都停下手中的活，直起原本佝偻的腰，目不转睛地看着车队。他们在想什么呢？是在期待着发展的未来，还是就看看这大山里很少经过的车辆和行人？我想这既有期望，又有好奇吧。

回到乡政府会议室，我们商量养羊的事宜。一行人都否定了在这个基地养羊的想法，认为交通运输问题会严重增加成本，还有就是高海拔寒冷等问题。大家都谈了一下思路和意见。轮到我发言的时候，我还是提出了自己的看法，建议用3个村能争取到的集体资金，通过在竹园镇现有基地租圈舍养羊模式，聘请村里有劳动能力的贫困群众去饲养，既可学到技术，又可增加劳务收入。同时，我还建议把"湖羊谷"打造成"湖羊社区"，植入人居社区概念，真正把"羊"当成"人"一样看待，精心饲养。同时，8个圈舍可以划分为8幢住宅楼，可以由其他想发展湖羊产业但又跟石坝乡一样不具备地理条件的乡镇来租住。由一个主体变成多个主体，辐射到更多贫困村，产生更大覆盖面的效益。而欧阳云飞作为大主体可以腾出更多精力来发展上游和下游产业，比如饲料加工和开拓销售市场。我的提法得到了大家的支持，张县长说以后就叫"湖羊社区"，并且要请人写字固定下来。

会议基本确定了石坝乡发展湖羊养殖的模式。会议结束时，已经将近晚上7点，于是我们就在乡政府边上的小饭店吃晚饭。陪同吃饭的还有副乡长和两个乡里的干部，都是"80后""90后"的年轻人。看到他们这么年轻就把青春留在这大山深处，为老百姓脱贫而努力工作，我内心十分感动。同样作为四川人，又比他们稍微年长一些，我敬茶的时候很真心地嘱咐他们，在这里工作永远要注意安全，山洪暴发的时候要懂得自我保护，即使群众遇到危险也必须科学施救，不能盲目冲锋。他们听了很感动，也表示很羡慕我能到外面工作。我说，其实在哪里工作都一样，都有不同的困难需要各自去战胜，一生只要做有意义的事，将来老了都是幸福的。

回县城，一路又沿着峡谷的山路开，两边的大山像矗立的巨兽，汽车的轰鸣声打破了峡谷的寂静，偶尔看到老百姓家亮起的灯火，那是生活的希望。即使将来有一天，人们都会离开这里，我也希望老乡们能健康长寿、生活富足。

我揣测，这里总有一天会还给自然，为了更好的生活，人们总会出去。就让这些村子慢慢消失吧，让走出去的子孙后代，只记住这里的欢声笑语，不记得这里的万般艰辛。

2020 年 5 月 22 日

崛起，需要生产力

　　"湖州要力争成为长三角最绿的绿地、最黑的黑马、最热的热土。我想，这是浙北再崛起的另一种表达方式。浙北要崛起，需要想象力，需要勇气，更需要有生产力。"这是6月5日，湖州市市长王纲在2020年长三角地区主要领导人座谈会上发表的题为"重估湖州价值"主旨演讲中讲到的一句话。

　　演讲刷爆了微信朋友圈，我在千里之外阅读之后也备感振奋，一是为如此有才华的领导，二是为讲话中梳理出来的湖州潜力。离开湖州两年多了，每次回去都能看到新变化，但是内心还是充满着期待，希望湖州更加快速地发展，希望湖州城市能焕发更多的生机与活力，让它不仅宜居，而且更加宜业。

　　崛起，需要想象力，需要勇气，更需要生产力。这句话讲得太好了，想象力和勇气最终还是要落到生产力上面。我们的发展不是停留在"行云流水的文字"，也不是"天马行空的故事"，生产力的核心，我认为是一切人和事的"脚踏实地"，克服一切困难，一步一步去实现既定目标。

　　忽然，我想到了我们打造的凉水镇的扶贫车间。4月底，我去了一趟车间现场，到厂区门口表明了身份和来意，保安才打开大门让我进去，厂区内停车也很规范，给人第一印象就很好。来到车间，我看到大约20个工人正在劳作，认认真真地做着镇上为全镇学生免费定制的校服。我站在一个工人旁边看他做，见到陌生人，工人有点害羞，因为他们还是学徒，技术还不稳定。我鼓励他说，没事，继续做，自信一点。看到挂在旁边成衣架上的小学生校服，我顿时很感动，在这大山之中，老乡们终于生产出了成型的产品。小小的校服，大大的梦想，在家门口就业的愿望得以实现。这个车间的诞生也经历了很多挫折，但最终还是办成了，并且成了全县21个扶贫车间组建的"扶贫车间联盟"的中心。

6月5日，我陪同广元市东西部扶贫协作督查组又去了三锅镇的展俊塑料制品玩具扶贫车间，我们用协作资金给企业购置了新设备，扩大生产量，主要让车间吸引贫困户和残疾人就业。车间很简单，租用了当年废弃的厂房，就是几间铁皮房。来到车间，工人们正在进行紧抓劳作，主要是给塑料玩具上色。这个车间采用的是计件方式，工人上班很灵活，家里有事或者接送小孩上下学的时候都可以离开。目前有大约30人稳定就业，其中15名是贫困人口，并且这15人中有14人都是残疾人。人均工资可以达到每月2500元左右，这在当地来讲是一笔非常不错的收入。

其他的扶贫车间，我基本也都去过，每次去，看到老乡们能够在家门口就业，做到"挣钱顾家两不误"，我心里就会乐开花，觉得钱投到了点子上。从无到有建车间、脚踏实地挣工钱，其中蕴含想象力和勇气，最根本的是落脚到了生产力。

近年来，各地脱贫攻坚都开展了大量扶贫车间的打造，有成功的，也有失败的，我认为在打造扶贫车间的时候，要做到"三个有"。

有订单的主体

很多扶贫车间都是政府投资建设的，车间做好就去找订单、招工人，有订单了就开工，没订单了就休息，并且缺乏科学有序的管理。没有主体的扶贫车间很难长久。我们在打造扶贫车间的时候，前提是要找到一个有订单的主体，这个主体要有长期稳定的企业合作关系，能随时为大企业做代加工。有主体参与的扶贫车间才有持续发展的动力，才有去开拓市场、拿到订单的想象力和勇气，才能持续长久。

有人气的选址

在市场经济的作用下，贫困地区大量的劳动力已经转移到了东部发达地区就业，一是就业稳定，二是收入相对较高。留在家的，基本是需要在家照顾老人、孩子的，或者是劳动能力相对较差的残疾人，他们的行动半径都不会太大。因此，在选址的时候一定要选人员相对集中的场镇地段或者搬迁安置点，最好是盘活一些废弃闲置的资源，避免重新建设导致的大投入。

有带贫的机制

扶贫车间少不了政府的支持保障，核心功能是"扶贫"的作用。在厂房租赁、务工挣薪、股金分红等方面务必要探索一套完整的机制，不能单一靠务工挣薪，老百姓"不患寡而患不均"，最好让车间的落户辐射到更多需要脱贫的人口。模式上还可以探索"车间+家里"模式，可以把产品原料带到家里去生产，集中回收，计件付薪，解决一部分老百姓实在不方便进车间劳动的特殊困难。

我最不忍的是，看见春节之后，那些不得不离开家乡、外出务工的老乡离开时的不舍，最担忧的是留守的孩子们的教育缺失。解决问题的途径最终只有靠发展。对，我们要有想象力，要有勇气，归根到底还要有生产力。最根本的生产力，就是要坚持脚踏实地。

2020 年 6 月 9 日

哪里有风景，哪里就有前景

"在那以后，每当我人生中遇到艰难和不如意的时候，我就会回想起当时在地震后看到的青川样子，就觉得不再那么难了。"这是王纲市长这次来青川调研吴兴、青川两地东西部扶贫协作的时候，在两地联席会议上深情讲到的一句话。王纲市长回忆说，当年"5·12"特大地震发生后，他就被浙报集团派到青川，负责采编工作。他说当年的满目疮痍给他留下了深刻印记，那些情景至今还时常浮现在脑海。

王纲市长的这番话让在场的参会人员都十分感动，联席会议结束后，有几个经历过地震的同志跟我谈起了当年的情景，他们都说有同样的感慨，觉得经历了那样的场景，现在很多事儿都不再是事儿了。他们还玩笑说："'感恩奋进'那都是官方的话，我们想的是，要好好活着，活着就好好干点事。"

送王纲市长考察团一行到高速口后，在返回县城的路上，我接到了广元市委组织部徐贵明副部长的电话，他邀请我去为秦巴山区贫困村第一书记讲一堂课，本次培训班是由广元市承办，有近千人参加，务必叫我讲点什么。

作为"四川的浙江人，浙江的四川人"，尤其是听了王纲市长此次青川之行再次跟我们谈起的地震援建的有关情景，我内心更加强烈地想再努力做点什么，于是欣然答应。回到县城，在原来研究探索的浙江乡村振兴有关实践的基础上，我想到了一个主题——"从'小浙江'到'大浙江'发展历程中的乡村振兴实践与探索"，主要是结合平时自己认真学习的由浙江发改委指导编撰的《浙江经济》中的一些文章，以及结合自己在农村和基层工作的一些经历和思考，梳理了浙江省改革开放至今的发展阶段特征，并以湖州和湖州市安吉县鲁家村为例探析湖州开展乡村振兴工作的实践。我把讲课主题和大概内容跟徐部长报告后，他觉得很好，于是我就围绕主题做了课件准备和讲课提纲。

昨天，我在广元市利州区的乡村振兴体验馆完成了讲课。讲课很成功，会场坐得很满，第一书记们也听得很认真，我自己对此次讲课也很满意，希望能对他们有所启发。

利州区的乡村振兴体验馆坐落在白朝乡的月坝村。之前早已听说过月坝村是广元市的网红打卡地，宣传口号是"离月亮最近的地方"，很让人向往。我是提前一天过去的，住在那边的一家民宿，民宿的名字很有味道，叫"正月十五"。据说是受安吉县"大年初一"旅游度假村的启发，同时"正月十五"又会让人情不自禁想到月亮，这又跟月坝产生了联系。民宿是村集体合作社利用当年搬迁安置的农户的房子做的，当时安置的时候就有开民宿的明确定位，请了高手设计，打造出了典型的川北民居风格。

月坝给我的感觉就是世外桃源，在海拔1430米的高山之巅，居然有一大片开阔的湿地，平静的湖面、青青的草坪、逶迤的青山、清新的空气、宜人的温度，无一不给人以"一切都刚刚好"的感觉。环绕湿地有一条5.5公里的步道，我建议白朝乡的党委书记张玉全把步道距离"改"一下，对外宣传就是5.2公里，把它包装成"520步

道"，把月坝打造成为年轻人的恋爱天堂，再把现有的景观点包装为
"浪漫月光""恋爱草坪""甜蜜森林"等，吸引恋人们来这里休闲度
假。市委组织部、区委组织部和白朝乡的同志们听了觉得很有道理。

昨天早上，我 6 点半起床，沿着"520 步道"走了一圈，再次被
眼前的风景和舒适的气候所震撼，那种置身仙境的感觉让人心旷神
怡、不忍离去。脑子里一下子浮现出三句话，于是情不自禁发了一条
微信朋友圈，配上两张照片，引来无数人点赞。在讲课进入主题前，
我和第一书记们分享了这三句话，也引起了大家的共鸣。

哪里有好风景，哪里就有好前景

"绿水青山就是金山银山"，已经成为至理名言和生动实践。全国
各地有无数的地方在"两山"理念的指导下，走出了特色发展之路。
在大时代、大交通、大数据的背景之下，人们越来越觉得距离不是问
题，"云聚会""云办公""云购物""云体验"等已经成为现实并越
发时尚，工作在哪变得不重要，而生活在哪变得越来越重要。我在讲
座上还谈到，月坝和上海外滩的距离，其实就是一扇落地玻璃和一片
窗帘的距离，打开互联网、拉开窗帘，享受"明月清风"，也不耽搁
"纵横商海"。

哪里有人情味，哪里就有人钱味

没有人不食人间烟火，年轻人独爱人间烟火。最近城市地摊经
济、夜摊经济一直很火，这不是炒作的效益，而是疫情之后，政府
"放"出来的活力。改革开放后的蓬勃发展，有效证明活力是"放"
出来的，困难是"改"出去的。只有"人气"才能带来"财气"，西
部很多城市经济落后的很大一个原因就是人气不足，本地人外出务

工，外地人不来旅游，各种商业无法活跃，影响整个投资发展体系。类似广元一类的城市，除了大力发展优势工业、农业体系外，就是要集中精力选择打造旅游"吸人"点。这个"点"一定是类似于月坝所拥有的这样的"稀世稀缺"。

哪里有好故事，哪里就有好本事

发展旅游，一定不能缺少故事。好的风景只是一张好的画布，讲故事的水平代表着画者的绘画水平。月坝的自然风光已经是绝好了，尤其是1400多米的海拔，盛夏季节能让人感到阵阵凉爽，到了冬季还可以看眼前飘雪、赏山顶积雪。老百姓说，月坝的来历就是在这个坝子上可以看到比晒粮食的竹匾还要大的月亮，所以叫月坝。月坝最好的主题应该是"浪漫"，营造"花前月下"的独特盛景，打造"520步道""浪漫月光""恋爱草坪""甜蜜森林"等让游客参与体验的重要景观节点，放大招吸引全国甚至全世界的恋人到这个高海拔的地方进行蜜月旅行、度假休闲。

纵观历史几千年，横看世界几万里，其实，发展没有好坏，只有先后。

祝福月坝，像有首歌唱的一样，"月亮之上，有多少梦想，在自由地飞翔"。

2020 年 7 月 10 日

后　记

　　到了书稿要截稿的时间了，载入这本小书的文章就此"刹过"（四川话，结束的意思），但工作还没有停，脚步还在继续。

　　千言万语、千恩万谢都在心里。感谢两地各级党委政府给我们的组织保障、关心关爱，对扶贫协作的真情实意、真金白银。感谢作家蒋巍老师为我写序；感谢青川县政协杨政国主席为本书题字；感谢吴兴区大后方的鼎力支持和青川县大前方的全力保障；感谢来青川关心支持青川发展，并捐款捐物的社会各界人士……

　　青川是一个"宝地"，来青川挂过职的所有干部和专技人才都深深热爱、久久留恋。秀美的青川山水、朴实的青川人民给来过青川的每一个人都留下了深刻印象。

　　青川是一个"福地"，我在整理文稿的时候发现，对来过青川考察对接工作的绝大部分同事在职务后面都加了"时任"二字，他们现在都到了更大的平台。我开玩笑介绍青川的时候总说，青川之名因"青云直上、一马平川"而得。

　　青川是一个"洼地"，这里有3000亩青川经济开发区可招商落地工业平台，有世界级旅游资源唐家河，有国家级风景名胜区1个、国家级水利风景区1个、国家地质公园1个、国家AAAA级旅游景区4个、国家地理标志保护农特产品7个等等，开发潜力巨大。

　　协作还在路上，未来更加可期。

远程医疗会诊系统、吴兴青川名师工作室、劳务协作工作联络站等都将继续运作。那些挂职结束的老师依然和这边的孩子、家长、学校有着密切联系……

时光匆匆，我们都逃不过岁月横流。

两年多来，经历了洪水灾害、脱贫验收、撤乡并镇、机构改革等发生在青川人民身边的大事，但最大的事还是全县上下一起携手脱贫。在这近三年的决战脱贫攻坚的关键阶段，我们坚决贯彻党中央关于脱贫攻坚决策部署，青川的清新空气里似乎都弥漫着"脱贫攻坚"的气息，我们大口呼吸、迅速行动、毫不懈怠。

两年多来，目睹了春节返乡的老乡们团聚时候的喜悦之情，也目睹了他们节后返程时的离别之殇，在"一方水土还不能养一方人"的现实无奈下，在对美好生活追求的梦想牵引下，他们义无反顾、勇敢前行……

那个跟着奶奶卖草药的小女孩，那些小小年纪就住校的孩子……希望你们好好学习、茁壮成长、回报社会……

那个背黄豆秆的老人，那个给我吃烤馒头、讲老故事的老人，那个向阳山上守庙的老人……祝你们健康长寿。

感谢青川，祝福青川！

李小红

2020 年 8 月 23 日

▲ 浙江省委原书记车俊到青川县考察东西部扶贫协作工作

▲ 浙江省委原常委、省纪委原书记、省监委原主任任振鹤到青川县考察东西部扶贫协作工作

▲ 浙江省委常委、常务副省长冯飞到青川县考察东西部扶贫协作工作

▲ 湖州市委书记马晓晖到青川县考察东西部扶贫协作工作

▲ 湖州市原市长钱三雄到青川县考察东西部扶贫协作工作

▲ 湖州市市长王纲到青川县考察东西部扶贫协作工作

▲ 湖州市吴兴区委原书记吴智勇到青川县考察东西部扶贫协作工作

▲ 湖州市吴兴区委书记吴炳芳到青川县考察东西部扶贫协作工作

▲ 湖州市吴兴区原区长陈江到青川县考察东西部扶贫协作工作

▲ 湖州市吴兴区区长潘永锋到青川县考察东西部扶贫协作工作

● 青川风光

青川县城

▼ 白龙湖风光

▲ 唐家河自然保护区风光

▲ 唐家河自然保护区浙川交流中心

▲ 八里驿站风光

▶ 百姓生活

▲ 晒粮食

▶ 烤火的老人

做萝卜干

收获蜂蜜

做菜干

▶ 日常工作

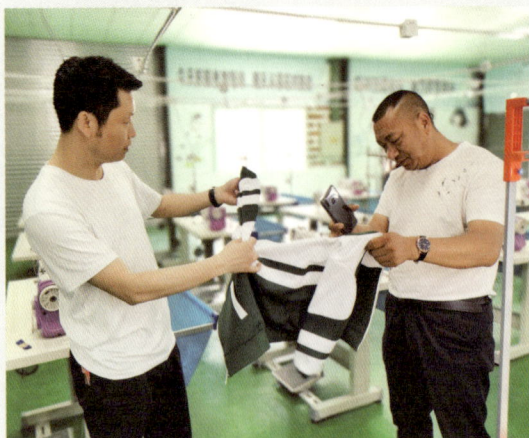

▲ 调研凉水镇扶贫车间

▲ 调研协作产业园建设项目

▲ 查看"白叶一号"茶苗生长情况

▲ 调研三锅镇扶贫车间

▲ 在广元市委党校为新提拔年轻干部上课　　　　　　　▲ 到村民家里拉家常

▲ 调研观音店乡两河村　　▲ 查看新潭村"青川一号"核桃嫁接成活情况

▶ 协作项目

▲ 茁壮成长的"白叶一号"茶苗

▲ 首批试采的"白叶一号"新叶

▼ 青川七佛贡茶园

▲ 捐赠雷竹苗

▲ 养牛场

▲ 段木木耳基地

▲ 羊肚菌基地

图书在版编目（CIP）数据

行走在山川大道：一名扶贫干部的工作手记/李小
红著. — 杭州：浙江工商大学出版社，2020.11
ISBN 978-7-5178-4138-8

Ⅰ.①行… Ⅱ.①李… Ⅲ.①扶贫－工作概况－青川
县 Ⅳ.①F127.714

中国版本图书馆CIP数据核字（2020）第196182号

行走在山川大道
—— 一名扶贫干部的工作手记
XINGZOU ZAI SHANCHUAN DADAO
—— YI MING FUPIN GANBU DE GONGZUO SHOUJI

李小红 著

责任编辑	张婷婷	
责任校对	何小玲	
封面设计	观止堂_未 氓	
责任印制	包建辉	
出版发行	浙江工商大学出版社	
	（杭州市教工路198号　邮政编码310012）	
	（E-mail：zjgsupress@163.com）	
	（网址：http://www.zjgsupress.com）	
	电话：0571-88904980，88831806（传真）	
排　　版	杭州红羽文化创意有限公司	
印　　刷	浙江海虹彩色印务有限公司	
开　　本	710mm×1000mm　1/16	
印　　张	23.75	
字　　数	285千	
版 印 次	2020年11月第1版　2020年11月第1次印刷	
书　　号	ISBN 978-7-5178-4138-8	
定　　价	69.00元	
